戴瑞坤著

陽明學漢學研究論集

臺灣學生書局印行

廖序

從前桐城姚鼐先生，說天下的學問可分爲義理、詞章、考據三方面。雖然異趣殊途，但同樣不可偏廢。因爲去掉考據，那麼義理就變爲無根；如果拋棄義理，那麼考據就陷於泥拙；所以只有尋繹它的義理，考校它的文詞，然後新義才能衍生無窮。

本校國文教授戴瑞坤先生，曾經在民國七十年間，出版「陽明學說對日本之影響」一書，內容非常豐富，理則非常周密，所以當時曾引起日本漢學界的注意。同年考取教育部博士後研究員公費留學考，前往東京大學繼續深造，所得更多；返國後利用課餘的空閒，仍然孜孜不息的鑽研，專注於陽明學的精義，漢學的東漸，宋明理學的奧蘊，作多方面的探討，並將近年研究心得彙集成書，名爲「陽明學漢學研究論集」。我看這本書所列的各篇章，都能旁徵各家，論議詳盡，足以攄發前賢的幽微，闡明聖學的功力。我一方面高興戴先生述學有成，一方面敬佩他能夠教學相長，所以特別在這裡寫幾句話，希望他繼續爲發揚中華文化而不斷努力。

中華民國七十六年六月於逢甲大學

廖英鳴

陽明學漢學研究論集目錄

「陽明學大系」評介㈠

——第一卷　陽明學入門

第二次世界大戰以後，日本史學界在學術上最著名的研究成果之一，就是明清史研究，特別是明清思想史研究，在明代思想史方面，島田虔次氏「中國近代思維的挫折」一文中，已談論到近代思維的問題，而陽明學卽此時期思想史的研究成果。繼島田氏之後撰述有關明清思想史的主要人物有山井湧、岡田武彥、山下龍二等數位。在此一連串關於宋代程朱及其他的論著中，可以得知戰前與戰後日本學者研究興趣之動態，而且不容否認的，朱王學等的儒學思想，至少給予研究思想者，提供新的方向，奠定其目標與基礎。現在姑不論其成果奠基於二次大戰以前，或追溯到明治維新以來，然其影響在日本近代化的過程，却扮演著重要的角色。且維持著儒家傳統的比重，反映著儒學史研究的精神和水準。同時由日本學者的熱誠，可觀其研究盛況。

筆者現在介紹「陽明學大系」卽可反映出日本陽明學的傳統與儒家思想深邃。該書的企劃和出版，乃是爲了紀念王陽明誕生五百週年而作的。値此世道日喪，人心澆薄，善惡不分，是非莫辨之際，深感陽明學之介紹，實有振聾起聵，裨益世道人心之功，爰乃摘其內容逐一臚列於后：

「陽明學大系」共十二卷，另加附卷一冊。

現在首先要介紹的是「陽明學大系」的首卷，正如書名標題所示，本書乃是研究陽明學的入門書，集錄論文共十七篇，著者中有研究中國哲學或陽明學的元老所寫的概說；也有關於近代思維論爭的代表人物所寫的論說。這不僅反映出戰後陽明學的研究水準，且包含著入門書及概說書以上的水準和意義。該書所收的論文如下欄所示：

一、序說	宇野哲人
二、王陽明傳	安岡正篤
三、陸王學譜（上）	岡田武彥
四、陸王學譜（下）	山井　湧
五、王陽明與明代政治軍事	中山八郎
六、王陽明與明代經濟	中村治兵衞
七、王陽明與明代教育制度	多賀秋五郎
八、王陽明與明代道教	柳存仁
九、陽明學與明代佛教	荒木見悟
十、陽明學與明代文藝	目加田誠
十一、陽明學與明代善書	酒井忠夫
十二、陽明學與現代科學	藪內　清

十三、歐美的陽明學　陳榮捷
十四、朝鮮的陽明學　阿部吉雄
十五、日本的陽明學　山下龍二
十六、陽明學與朱子學　唐君毅
十七、陽明學與現代　山室三良

書內的介紹除陽明的家世淵源外，還論析到其有關的明代政治、教育、經濟、宗教、文藝等方面。執筆者雖大部分爲日本人，但亦兼採外國人之論說，于此可看出編者意圖表現陽明學所具的國際性，尤其在論述朱王學的異同和陽明學的現代意義，在陣容方面來說，可謂新舊兼容並蓄。

卷首是以日本儒學界之元老宇野哲人和日本陽明學之權威作家安岡正篤兩氏作爲先驅，兩者所論乃傳統之道德觀。安氏曾說：「陽明學正傳於日本（頁十九）……幸未中斷，反而能發展其眞髓，不可不說是一美事。」由安氏自負之語，亦可看出陽明學盛行於彼邦情形，誠吾中土之一大憾事也。

其次由岡田武彥氏在陸王學線上來概述的「陽明學譜」（上）正與山井湧在朱王線上評詆的「陸王學譜」（下）意見相左。前者在其「王陽明與明末儒學」一書，已將陽明學在明清思想史上的地位固定；後者則由其「明清時代氣的哲學」一書顯示其研究視野與方向。

因此，岡田氏之論旨是站在宋明理學的立場，將其分為理學派與心學派，他否定王學的先驅是婁一齊→王陽明的路線。而認為是陸象山→陳白沙→王陽明的路線。他看陳王之差異在於唯心論上的主靜與主動面（頁一一八）。此外他又歸納陽明的思想為心即理說、知行合一說、格物正心說、事上磨練說、致良知說，陽明晚年則以超越主客之境而自客觀宏大的立場來論良知，將其大旨要約為拔本塞源論和萬物一體論，故其門下諸派衍生為現成派（左派）、歸寂派（右派）、修證派（正統派）（頁一二八）。

良知現成派起論於王畿、王艮，重點在王艮和其亞流，改觀於羅近溪、耿天臺、周海門、何心隱、李卓吾等人敍述良知現成，尊重自我現成和自然發露，有直接趨於本體與性命之傾向。而歸寂派的代表人物就是聶雙江、羅念菴、劉兩峯以及王塘南諸人，特別談到王塘南精究於「有無兩忘、悟修兩絕」的頓悟派（頁一三四）。最後修證派是努力於矯正現成派之流蕩與歸寂派的靜偏之弊，強調陽明所主張之良知即道德法則亦即天理之說，其代表人物為接近程朱的錢緒山、鄒東廓、歐陽南野等人。其特徵為㈠良知即天理說亦即道德說㈡致良知的讀書窮理論㈢知行說的誠意工夫論㈣重視本體工夫的敬修（頁一三五）。另外為明末思想界大放異彩的儒者，當推劉念臺。其學旨在於慎獨工夫與悟修一體，可以說是新王學的代表，因他具有王學的血脈，且重視生命（頁一三七），所以我們可直接地說，他賦予王學生命，使其再呈活氣。大體上來說岡田是祖述其師楠本正繼的學風，同時承認劉念臺的門人明儒學案的著者黃宗羲的立場。相反地，以氣哲學立說的山井氏，在其陸王學的系譜的論著中曾說：「朱王學大體是互相影響且混合共存的」（頁一四一）。又說：「純粹的陽明學者，已經式微，甚而斷絕」（頁一四二）。唯今只有求之左派（現成派）一途。因此他在詳論明末清初的陽明學者，時常與其氣的哲學觀、經世致用學觀連接一起。他將這時期的陽明學者分爲㈠孫夏峯、李二曲。㈡黃梨洲、唐綺萬。㈢顏習齋等三類。在㈠類他以朱王的分析（頁一四八）看實踐實學的傾向。㈡類以陽明學者自居的黃宗羲之主張，從經史尋找學問的本領。至於唐氏（鑄萬）的「潛書」，由整體觀之，蓋非陽明學者，因唐氏曾由經世學的轉化線上態度看陽明學。㈢類顏習齋爲經世濟民和實踐躬行之實學者的典型，所以顏氏之王學有陽明學眞正復活的一面（頁一五六），因此山井湧認爲明末清初陽明學之主流，是以正統派爲中心，折衷朱王學之形態而存在的。但由明末延續到清初，對於朱陸、朱王，一般的評價，皆是尊程朱而貶陸王，至習齋之門人（王崑繩等）始有人爲王學辯護，攻擊程朱，迄清代李穆堂更顯彰陸王學，可爲陽明學者之代表。清末又有譚嗣同之提倡仁學，現代則有 國父的「知難行易說」 蔣公的「力行哲學」，可見其生命之影響力迄今猶存。然山井氏想從陽明學徒的思想現象，來觀察朱王學的聯線上所展開的歷史現象，如依合理的觀點推之，他已犯了論理上的飛躍。

其次中山氏（八郎）的論著，以政治家兼軍略家王陽明之角度來概觀其與明代政治軍事之關連；中村氏（治兵衞）的論著，以明代經濟來觀察陽明說的經濟背景；多賀氏（祈五郎）的論著，由書院復興來看陽明的教學運動，藉以認識東林黨和宦官勢力對立的過程；再次爲與明代宗教有關連性的，有柳存仁先生的論著、柳氏欲從陽明思想之構成過程，找尋其受道教之影響，所以他主張修持工夫的根源，是由道家修持而來，進而肯定陽明學幫助三教歸一思想的發展（頁二八〇）；還有荒木氏（見悟）的論著，從佛教方面來看陽明學，其基本觀點一則爲儒佛對立，一則爲儒佛結合關係，後來的鄧轄渠、李卓吾讀楞嚴經而得知良知說與佛教信仰的關係，由此可以看出陽明學派的思想上所包括的三教合一的另一面。

「中國善書之研究」的著者——酒井忠夫，其論著主要討論的是三教合一論和王學的關聯性；「天工開物之研究」的著者——藪內氏（清），其論著在說明陽明學與明代科學的關聯；另外與文藝有關聯的即目加田氏（誠）的著作，以其研究的方向，來提示新的研究方法，然皆根據王學的立場來論述。

以陽明學的研究史而言，雖然缺少中國之陽明學研究，然由所收錄韓、日、歐、美之王學論著尚可綜觀近代陽明學研究的情況。

陳榮捷先生在其論著裏認爲陽明學是宋明理學研究的一環，陳氏介紹歐美陽明學是從一九二〇年的亨克（Henke）和威格（Wicger）兩氏的研究開始，而其眞正的展開乃在二次大戰以後。茲分述如下：

歐美陽明學研究之展開

㈠在大學設有專門的研究

㈡從百科辭典新補的認識

⑴有關陽明學著作的增加

⑵傳習錄的新譯

㈢明代思想之集中的研究

歐美陽明學研究之內容

㈠專尙良知

㈡王陽明與禪

㈢王學與西洋哲學之比較研究

除了文獻的介紹以外，陳氏提到在一九五〇年以前歐美的陽明學只尊重良知，一九五三年以後，涉及於知行與全部的研究，由於注重良知的關係，故其內容以王學的主靜面和禮的關聯性爲主，早在西洋人重視唯心論以前，陽明學的良知已先之矣。

在歐美陽明學與宋明理學之比較研究

陳氏在其論著上所提到之學者，除其本身外，還有張君勱和馮友蘭等中國學者所寫的英文著作，佔著很大之比重，與其說是歐美人的陽明學研究，毋寧說是歐美地區上的陽明學研究，或則介紹到「陽明學與宋明理學的比較研究」時，雖然說中國人的著作和西洋人的著作都有，但主要仍以中國人之論著爲主。陳氏在陸王關係上，介紹到張君勱、馮友蘭的著作；在朱王的關係上，介紹亨利（Henry）和謝壽昌氏將「朱子晚年定論」譯成法文。而在討論朱陸異同論時：陳氏指出前面張、馮兩位和他所提朱王學之基本的對立（頁三九七）；在談到王陽明與羅順欽湛若水的關係上，贊揚張君勱的功績（頁三九八）；最後在王門流派亦提到張、馮氏與霍克（Forke）的著作，而在明代思想之集中的研究，介紹「Self and Society in Ming Thought」（一九七一）一書，其中收有中、日、美三國學者的論著（頁三九九）依序爲唐君毅的「從王陽明到王畿道心觀念的發展」；其次岡田武彥以王畿體用一本的立場，說明良知卽現成且簡易的理論基礎，所提出的「王畿和存在主義」（頁四〇〇）；再次爲帝保利（De Bary）的「晚明之個人主義和人道主義」，他從何心隱、李贄的良知說所含的個人主義，乃至於明代的個人主義最高峯的形成過程，尤其李贄強調說「日常生活卽道體」的說法，可以說是人倫秩序的基本（頁四〇〇）。

附：王陽明之事功與日本

陳氏在日本對於陽明學的關心一節中談到：「歐美的中國學者僅知陽明爲大思想家，而很少述其偉大事功。」（頁四〇一），然後特別地贊賞張煌全的「年譜」選譯，而且對日本王學的發展影響，給予很高的評價（頁四〇二），他說歐美陽明學的研究只是開端，尚無研究的中心，且專家不多，有的話大部分是東洋人的一面之辭，但願歐美人士對陽明學的關心能日益提高，則今後之發展必可預卜。

阿部氏（吉雄）的論著，依其自述說，是根據李能和（朝鮮儒界之陽明學派）與鄭寅普（薝園國學散稿）以及日本高橋亨（朝鮮之陽明學派）之論著，增之以己見，而來概觀朝鮮之陽明學派（頁四〇六）。首先爲陽明學的傳來與李退溪的異端詆斥，南彥經、李瑤的接受王學，陽明門人宋應昌等的來援和鼓勵王學；張維（谿谷）崔鳴吉（遲川）的愛好王學；肅祖英祖年間鄭齊斗（霞谷）和其門人所樹立的陽明學，特別詳述鄭齊斗的王學的心性說，因阿部是衆所周知退溪研究的專家，故其論旨偏重於心性論，乃是當然之事，然此論旨仍是師承其師高橋亨。而高橋亨之論著，實植基於前記鄭寅普、李能和兩位，故阿部氏並未脫離其師研究之榘範，且對李朝陽明學研究不振的現況及韓國最近研究的成果隻字不提，還有韓末陽明學與儒教傳統及其和現代之聯繫性，亦未講到，此乃吾人宜應注意者。

日本陽明學的研究實態和研究傳統比韓國旺盛，因此山下氏（龍二）的論著很詳細地介紹，他以中江藤樹（一九〇八—一九四八）以後之日本陽明之著作，明治以後，尤其是一九〇〇年以後的陽明學研究書等有關的方面，來概觀日本的陽明學，此觀點已在其另一著作「陽明學的研究」詳細討論。此外有「陽明學」雜誌的發行，井上哲次郎「日本陽明學派之哲學（一九〇〇），其後又有高瀨武次郎、三島復、安岡正篤、秋月胤繼、山田準、山本正一等的著述，主要說明戰後的陽明學研究，其次有島田虔次氏的「中國近代思惟的挫折」（一九四九）在說明其後的王學爭論和自己的主張，他批評島田氏的看法：

(一)清末以來李卓吾的風潮是變革時期常有的反儒現象。

(二)在近代化的過程上，李卓吾之被視爲英雄，乃是常事，所謂「穿衣吃飯，乃人倫生物之本然」。（頁四五八）

(三)給予王學左派（現成派）的新評價，非僅島田氏一人。

(四)在戰後動向他提到應注意近世近代用語的統一性。

(五)特別提到行動和思想區別的必要性。（頁四五九）

他還批評楠本正繼的研究，過於依存陸王一線的見解（頁四六一）；又指出荒木見悟的研究，包含儒佛兩敎。而王學乃是由禪的心學、儒家的心學、儒家的理學三者鼎立過程下而產生的（頁四六三）。他認爲岡田氏的研究是楠本的續編，而且陽明學譜的分類，同樣是明儒學案的手法（頁四六五），同時對山井湧氏的研究給予很高的評價，因他不以陽明敎徒而以陽明研究者來論理性和分析方法，然對其分析方法，認爲陽明學與陽明敎一樣，朱子學亦如同朱子敎一樣（頁四六六）。

唐君毅先生的論著，是由朱王的發展系譜上看陽明學與陽明學的歸宗，陽明自言奉朱子之言，如神明蓍龜；而其所自悟者，則還契於象山之旨。陽明以良知言象山之心卽理，而其說此心卽理之名言，則又勝於朱子。（頁四六九），故其見解和前人向來陸王並稱的觀念不同，唐氏根據陽明之爲學次第，格物和修養工夫，認爲朱陸學宜應通貫，不是陸王，而是朱王（頁四八四），所以唐氏認爲陽明的爲學是從朱子學一轉而出，因謂陽明與朱子的關係密切，和象山的關係疏遠（頁四七一）。陸象山的追尊孟子，可對比於陽明在傳習錄所說「顏子歿而聖學亡」，而此說法與朱子追尊顏子的克己復禮說，都是以內心的工夫強調克己復禮，因此唐氏認爲陸王並稱，而疏忽其與朱子的關係，是不合理，亦非陽明之本意（頁四七二）。

朱子已發的省察克治和未發的存養，以陽明哲學而言，只是致良知工夫的貫徹（頁四七九），彼等在先秦儒學之承傳上，陸象山源於「孟子」；朱子、王陽明源於「大學」、「中庸」，故其結論謂，朱陸王學如一三角形之互資互發，而王學綜貫朱陸，溯其源乃由朱子脫胎而出。

最後山室三良氏的論著，談及陽明與顧東橋的「拔本塞源論」（一五二五，年五十四歲）「答聶文蔚書」（一五二八，年五十七）及「大學問」（一五二七，年五十六歲）等，是陽明最晚年之思想，特別「拔本塞源論」是陽明思想的根本。陽明云：「夫聖人之心，以天地萬物爲一體，其視天下之人，無外內遠近，凡有血氣，皆其昆弟赤子之親，莫不欲安全而教養之，以遂其萬物一體之念。天下之人心，其始亦非有異於聖人也，特其間於有我之私，隔於有我之蔽，大者以下，通者以塞。人各有心，至有視其父子兄弟如仇讎者，聖人有憂之，是以推其天地萬物一體之仁，以教天下，使之皆有以克其私，去其蔽，以復其心體之同然。」又云：「三代之衰，王道熄而霸其昌；孔孟既歿，聖學晦而邪說橫；教者不復以此爲教，而學者不復以此爲學。霸者之徒，竊取先王之近似者，假之於外，以內濟其私己之欲。」從這兩段話可以找出現代文明痛切反省的根源，故而山室氏特別提出「陽明學與現代」一文，俾重振人心。我們曉得陽明的「良知說」和「拔本塞源論」，是拯救現代文明的良藥，而「良知」又是造化的頂點，其絕對的天命就是率性，所以良知亦即眞愛惻怛的學問，良知能給予分裂的、概念的存在生命再復活（頁五一三），所以他以道德的價值觀作爲結論。

（原載華學月刊第五十九期65.11.21.）

「陽明學大系」評介(二)

—第二、三卷 王陽明(上、下)

大凡國家民族，所賴以連綿不絕，發榮滋長者，除軍事、政治、經濟各方面外，更需要有偉大思想爲其綱領。尤其世變頻仍，公理蕩然之際，此一精神力量之灌輸鞭策，愈是不可或缺。而此力量究何所指？陽明學說正是改善社會之指針，矯正人類行爲之準則，不唯適用於昔日，甚至今日與明日皆能歷古常新。

溯自十五六世紀之交，爲吾國文化復興之時期。孔孟學說爲中國文化之動脈，思想之主流。惜自漢儒以迄清儒，或長於考證，或長於義理，或長於徵實，而於孔孟創業垂統，開物成務之精神，終覺未能施展。中世紀時陽明誕生浙東，竭思力踐，慨然力追孔孟之舊觀。其於處困居夷之生涯中，深悟洞澈本源之思維。倡知行合一與致良知之學，其思想精神影響中國近幾百年來學術文化，同時遠及扶桑，造成明治維新，下開 國父與先總統 蔣公一脈相傳之道統與力行哲學之宏規。誠爲中國近代思想之最高峯，更爲文化復興運動之原動力。

吾人既知陽明乃中世紀提倡文化復興最力者，將中國古代文化，賦予新面目與新精神，啓發新時代，創造新世界。且陽明一生以講學爲志業，其最大志願卽在「爲天地立心，爲生民立命，爲往聖繼絕學，爲萬世開太平」。陽明曾云：「今夫天下之不治，由於世風之衰薄；而士風之衰薄，由於學術之不明。」陽明以學術不明爲天下致亂之源，故願以道濟天下之溺，於此可見，陽明不獨學承千聖之傳，道闡諸儒之秘，且光被四表，遺惠東瀛，其偉大處在此，今日擬評介之重要意義卽在此。

「陽明學大系」中，其二、三卷分爲王陽明（上）與王陽明（下），今依其編次，詳列於后：以見其梗概。

王陽明（上）

一、序　安岡　正篤

二、解說　安岡　正篤

三、傳習錄　上卷　三輪　執齋　佐藤　一齋

四、傳習錄　中卷　三輪　執齋　佐藤　一齋

五、傳習錄　下卷　三輪　執齋　佐藤　一齋

六、四言敎講義　三輪　執齋

七、王學名義　三重　松菴

王陽明（下）

一、序　近藤康信
二、解說　近藤康信
三、論王陽明之詩　濱隆一郎
四、年譜略　近藤康信
五、文集抄　近藤康信
六、詩抄　濱隆一郎

由目次觀之，執筆者有在日本儒學史中，號稱為陽明中興之祖——三輪執齋；有幕府官學之泰斗——佐藤一齋，有陽明學之權威作家——安岡正篤等人，皆才彥宿儒之士。在內容方面，除書牘、奏議未譯註外，蓋陽明全書，庶已盡錄其中矣。

陽明先生蔚為儒宗，其格致之學，良知之說，發宋儒之所未發，得孔孟之心傳，而其勛業文章，亦足相侔，彼空談者，何足相提並論哉？故能炳耀千古，廣傳絕學。其學頗行於東鄰，而吾國反寂焉無聞，墜緒茫茫，何可不思宣揚而崇行耶？

安岡氏於序中略謂，近思錄與傳習錄，乃明治時代讀書人，對照並讀之好書，然就其靈活之言詞，感人之性格而言，仍以傳習錄之愛好者佔大多數，安岡氏於學生時期，即醉心於中江藤樹，尤喜讀其遺文，在其中（中江氏）致池田子信中曾云：「余信朱學，用工甚久，但覺無入德之門。幸得陽明全集而熟讀之，於是宿疑不解者，渙然冰釋，而有入德之依據。」

（日本之陽明學上，頁一八六），予（安岡氏）之煩惱在此，卽其（中江氏）所謂入德之難也。其後改習傳習錄，漸次涉獵其傳記，文獻等，而以陽明子弟自傲。

明自中葉以後，朝政日非，邊患日亟，有識之士，蒿目時艱，乃引古籌今，求治安之策，其重知識事功，雖或不同，然重徵實經世則一，要在明體適用耳。其倡導者如李二曲，謂「陽明先生爲驛丞，宰廬陵，巡撫江西，總督四省，以講學爲務，挺身號召，遠近影從，斧鉞之際，兵臨之時，猶講學不輟，唯以王覇、義理、人鬼爲事，聞者莫不戚然動心，是時，士之徒爲詞章記誦者，已自滅裂，專以求學爲務。自陽明首倡，天下始求本心之立，始言人性皆善之理，人人皆可爲堯舜，一時學術昌明，如日中天。」（李二曲集、匡時要務）

日本學者於傳習錄之研究者，首推三輪執齋和佐藤一齋二位。本書卽其名著之採擷，山田方谷出自佐藤一齋之門，其學問經綸之偉大，鮮能與匹。若其出自幕末之大藩，則其於明治維新之貢獻，可想而知。在其入一齋之門前，曾於天保四年（一八三三·仁孝天皇）秋，游學京都，有傳習錄拔萃之作，於序中述明其志。

同爲傳習，何以世之學朱子者，極斥王學之非，蓋朱子學，合內外，該博約，是以其傳協以中，故不論昏明愚智，皆得循序以進；而王子學，專於內，約於壹，是以其傳遍者，有得有失，明智者，其性見過速，則失斷理於果；昏愚者，其師心過長，則失稽古於功。以此措事，速見其效，此其得也。善學者，舍其失，而擷其得也。癸巳之秋（一八三三），安岡氏閑居洛西，久未接物，時取王氏傳習錄而讀之，得心應口，猶空水明月，相映無間，益堅信其說，近乃擇取若干，置諸左右，亦善學者欲見其效耳。其所論者，或偶有未當，然不愧卓見。尤以幕末維新之時，人才輩出，此乃陽明學賜予之一大原因，傳習錄爲明治大正時求道之士，必讀之一書。此時「陽明學大系」之刋行，其第二卷爲傳習錄，是前述執齋與一齋，集諸家評註而成，由中田勝與柳町達也兩教授，苦心編纂者，安岡氏得以藉此說明回味少年時代之思想，實感慨萬千。

本傳習錄是以三輪執齋之「標注傳習錄」爲底本，以佐藤一齋之欄外書（附註）及參考其他學者之著作修正而成。至於四言教講義，則以享保十二年（一七二七）出版之無窮會所藏爲底本。是後之王學名義是以正德元年（一七一一）出版之無窮會所藏二本爲底本。並以新式標點印刷。卷末本附有傳習錄原文（漢文），爲免於附卷重複，故本卷省略。

現在擬由傳習錄之在日刋行與三輪執齋之關係，再作介紹。日本陽明學派中，仍尊重以儒教之堯舜禹相傳之道統——執中。卽「人心惟危，道心惟微，惟精惟一，允執厥中」之教。由三輪執齋之名號，可知其大略（名希賢，一六六九——一七七四）。倘謂陽明學之聖典——傳習錄，得以宏揚於日本，主要是受執齋之「標注傳習錄」新刻之庇蔭，絕非過喻。正德元年（一七一一）相當於清聖祖康熙五十年，執齋四十三歲，受命於時君丹波篠山藩主，著手標注，翌年九月三十日完成，適值陽明生辰，遂爲文以告以王子在天之靈，其文曰：

「惟日本正德二年，歲次壬辰九月盡日，希賢敢召告于大明新建侯文成王公曰：道無古今，心無彼我，恭惟先生得心傳於同然，指聖功於良知，德業輝於當世，餘訓流於萬邦，嗚呼盛哉！我京尹篠山源君，景仰其德，篤信其學，政務餘暇，使希賢講傳習錄，且考定刻行之。希賢固辭不得，叨奉嚴命，發軔於去歲八月，畢功於今月今日，謹考干支月日，悉皆正當先生誕辰，而曆號亦與先生存日同，實和漢萬世未曾有之一遇矣，其偶然與？將有數存焉與？則斯道之興，似有所俟也。謹以清酌茶菓奠，傳習錄新刻本，虔告功畢於我文成公，伏冀先生之道，大明乎天下，至治之澤，徧蒙乎生民。　日東平安書生三輪希賢謹告」

早於執齋傳習錄和刻本刊行六十年前（慶安三年，一六五〇），已有楊荊山本（萬曆三十年，一六〇二）內有句讀、標點、並附假名，由京都書肆風月堂所出。執齋曾云：「陽明爲明正德中人，其學非僅傳唱於正德，迄今亦未稍歇，從學者，不乏其人。」而執齋之傳習錄講，爲其篤學之門人川田雄琴，依其「傳習錄筆記」四卷增益而成，其中雜以假名，文趣深遠，誠爲不可多得之啓蒙書。其後幕府官學之泰斗佐藤一齋，對文獻學諸書之研究，而有「傳習錄欄外書」三卷傳世（天保元年，一八三〇），於有明一朝，考證詳審，幾無出其右者。明治時，梁啓超於日本期間，對於「傳習錄」與朱子之「近思錄」，並傳普及於彼邦，頗感驚奇，返國時特攜一本，附加評註出版，可見彼邦人士之重視。

「傳習錄」之成立與傳習之意義

現時通行之傳習錄，爲陽明門人弟子，將其語錄、信札等擇要精選編輯而成，分上中下三卷（上下卷是語錄、中卷是書札），上卷爲陽明門下顏回——徐愛（字曰仁，號橫山）所輯傳習錄之基本十四條；其次爲陸澄（字原靜）及薛侃（字尚謙，號中離）之筆錄，一百十五條，於明武宗正德十三年（一五一八）刊行，其後六年（一五二四）南大吉（字元善，號瑞泉）依前書，別選陽明書札八篇，增補發行（續刻傳習錄），並設稽山書院，延師講習，以此爲教科書，原版今已不傳。錢德洪（字洪甫，號緒山）據南本刪補附序，於南元善沒後刊行，即今「傳習錄」中卷，陽明沒後二十八年（嘉靖三十年，一五五六）陳九川（字惟濬，號明水）黃直（字以方）黃修易（字勉叔）黃省會（字勉之，號五岳）曾漢才等，據錢氏之手抄，增補編修而成下卷。

傳習二字顧名思義，乃論語學而篇：「傳不習乎？」依古注則：「傳，謂受之於師；習，熟之於己。」或謂傳爲博字之誤，誠屬無稽之談。要以陽明門人徐愛於「傳習錄」序所云：「得之言意之表，而誠諸踐履之實」爲正解。

「傳習錄」年譜略

西元	干支	陽明年歲	事略
一四七二	壬辰	一	九月三十日陽明誕生於浙江餘姚、湛甘泉二歲、羅整庵八歲、李夢陽生。
一四八七	丁未	十六	徐愛、南大吉生
一四九一	辛亥	二十	鄒東廓生
一四九四	甲寅	廿三	陳九川生
一四九六	丙辰	廿五	錢緒山、歐陽德生
一四九八	戊午	廿七	王龍溪生
一五〇七	丁卯	卅六	徐愛入門
一五一一	辛未	四十	在北京、朱陸異同說
一五一二	壬申	四十一	載「傳習錄」首卷
一五一四	甲戌	四十三	陸澄、薛侃入門
一五一五	乙亥	四十四	編朱子晚年定論
一五一八	戊寅	四十七	古本大學、朱子晚年定論刊行薛侃傳習錄刊行

一五二〇	庚辰	四十九	王心齋入門
一五二一	辛巳	五十	錢緒山入門
一五二三	癸未	五十二	王龍溪入門、南大吉問學
一五二四	甲申	五十三	南大吉、董蘿石入門、南大吉傳習錄增補刋行
一五二七	丁亥	五十六	錢緒山、王龍溪師陽明與天泉問答
一五二八	戊子	五十七	十一月廿九日陽明卒
一五五三	癸丑		曾漢才刻遺言於荆
一五五四	甲寅		錢德洪曾氏本「傳習續錄」刋行
一五五六	丙辰		現行「傳習錄」完成
一五七二	壬申		王文成公全書刋行
一六〇二	壬寅		楊荆山本刋行
一六五〇	庚寅		京都風月堂刋
一七一二	壬辰		三輪執齋「標注傳習錄」刋行
一八三〇	庚寅		佐藤一齋「傳習錄欄外書」刋行

四言教講義與三輪執齋

四言之教，爲陽明先生授於始入門者之定法，其學以格物致知爲主，以誠意正心修身齊家治國平天下爲歸。向以四言教「無善惡心之體，有善惡意之動，知善知惡是良知，爲善去惡是格物」爲其講學之宗旨。後來研究陽明學者；或疑四言教是龍溪所創，而非陽明言論。蓋未想到續錄成於緒山，緒山明謂：「侍坐天泉橋，各擧請正」，可見並非龍溪所創，彼邦人士或有誤襲此說者。此四句之主旨，意謂以良知本體，有如太虛，日月星辰等等，無物不有，而皆自然存在，一過而化，不爲太虛之障，無善無惡，心之本體，亦復如是，此卽所謂未發之中。上根之人，一悟本體，卽見功夫，物我內外，一齊俱透。其次爲習性所蔽，則須在意念上，施以爲善去惡之功，庶後渣滓盡泯，本體亦卽復現。故陽明謂此四句宗旨，是徹上徹下語，中人上下，無不接著，自初學以至聖人，只此功夫，以此自修，直躋聖位，以此接人，更無差失。

夫學貴致用，儒學者，正己濟人之學。故陽明曰：「念斯民之陷溺，則爲之戚然痛心，忘其身之不肖，而思以此救之。」又錢德洪傳習錄序云：「先師平生冒天下之非詆推陷，萬死一生，遑遑然不忘講學，惟恐吾人不聞斯道，以墮於夷狄禽獸而不覺，其一體同物之心，譊譊終身，至於斃而後已！」可見陽明心繫世道，志存拯溺之苦心。

四言教起於錢德洪與王龍溪之天泉論辯，其於日本之影響，茲錄三輪氏所言要點如下：

「此四言教，陽明王文成公對於入門之始教人之定法，人人可以受用之規矩。其本卽爲大學修身工夫，古聖繼天立極，引人入道之嫡嫡相承之要法，亦卽人皆可以爲堯舜之大典也。舍此而外，卽爲異端，似而效之，卽爲覇術，違而背之者爲惡，不爲之者爲愚。故學聖人之道者，必齋戒沐浴，謹敬奉行，起居動靜之中，絕無間斷而服膺之，斯可矣。」(頁三六〇)

其歸依王學之眞誠，躍然紙上，豈可誣以片言爲斷，僅得皮毛，而不自惕乎？

三輪氏就四言教，每句釋義如下：

無善無惡心之體：心爲無聲無臭，故無善惡之可名。此卽心體而至善者也。人人可以用力而至之鵠的。

有善有惡意之動：心自本體發動者善，自形氣發動者惡，惟動而後善惡分，此卽人人用力之處，學問之要點所在。

知善知惡是良知：雖有惡念，而本體之良知未嘗亡，故善惡不辨乃必無之事，所謂良，不出於人爲，乃自然而然。其爲物未易測度，惟其自然而然，故稱爲良知。是爲人人用力之規矩。

爲善去惡是格物：天下之事事物物，無不起於意。爲其意中之善，去其意中之惡，是爲格物。乃人人用力之實功。(頁三六一)

三輪執齋之生也，細川侯嘗有禁止陽明學傳習之令，然志操堅貞之士，未嘗因此而廢陽明之學。日本王學之緒，賴以不墜者，三輪氏之功也。

王學名義與三重松菴

陽明學說之中心理論，在說明心之本體爲良知，良知卽是非之心，乃未被私欲障蔽之天理，亦卽大學之明德，純乎天理之極之至善（頁三四）。以此良知之認識，施之於一切事物之關係，辨其是非善惡，正其不正以歸於正，是曰格物（頁三四）。實現此良知之功能，是曰致知（頁四六）。此指明以吾心爲主，而控御一切事物，正其關係，乃得下列之結論：

㈠心爲主而物爲從，故主一是專主一天理，此天理之念常存，馴至於美大聖神，亦只從此一念存養擴充耳，非如程朱格物之卽物窮理，就事事物物上求其所謂定理，而流於逐物之弊者可比也。

㈡萬事萬物不外於吾心，故合心與理而爲一，心卽理也，學者學此心也，求者求此心也，舉心而天下萬物之理在其中矣。故尊德性與道問學爲一事，道問學卽所以尊德性也。

㈢致吾心良知之天理於事事物物，使事事物物得其理，則致知之始，卽已屬行，故中庸博學審問愼思明辨四者，皆已是行，篤行之者，特敦篤其行，不息其功之謂，非謂前四者爲知，而篤行始是行也，是爲心理合一，知行並進。

㈣知行合一，故一念發動，即已屬行，如有不善，便當克去，倘以其為仍在知之階段，則以其未行，謂不即克去而亦無傷，其為害於進德修業可知也。

㈤良知為心之本體，即是天理，故心外無理，心外無事，心外無物，則人心與物同體，天地鬼神萬物，如無吾心，即不存在，故岩中花樹，亦不在我心外。

日人三重松菴，精研九經，折衷諸儒，揭示陽明致良知及知行合一之旨，故有王學名義之作，其後學豐滿教元才於序中略謂：「經曰：『自天子以至於庶人，壹是皆以修身為本』故君子不修身則已，思修身，則必問學，思問學，則必明名義，爰乃點醒大意，庶有志王學者，更易入門。唯卷帙浩繁，說解分歧，恐誤孔孟正宗，陽明心傳，於是王學名義二卷之刋行，其中夾以方語，證以淺例，誠初學者之津梁。其自謂『技屬雕蟲，道之餘緒，以俾諺粃糠，此之至道聖學。……然若名義未曉，而欲求道之通者，猶七年之病，而求三年之艾。』故其名義昭昭乎與日月同光，嘉惠後學。」倘能先識其名義，循次再讀全集，庶於此一代大儒，可窺其講學立說之精細博大處。

王陽明乃儒學史上，繼孔孟以後之大儒者，故其詩文，每為人所傳誦。文為古文正宗，詩亦秀逸有致。時於詩文中洋溢恤民之誠，家國之思，並不以遭佞倖而稍餒，處危阨而移志，反能胸懷坦蕩，悠悠浮雲，倘非鴻儒，何能至此。「陽明學大系」之刋行有見於此，乃將其詩文、年譜等譯註，收於王陽明（下）。

（原載華學月刊第六十二期66.2.21.）

「陽明學大系」評介(三)

——第四卷 陸象山

朱子博文約禮，集宋理學之大成，其時相與講論，主張先立乎其大者，頗病考亭以口耳支離爲學，而唱相反之說者，曰江西陸象山。南宋陸象山（九淵，一一三九—一一九三）學承北宋程明道（顥）之說，經謝上蔡（良佐）張橫浦（九成）等而成，所謂心卽理說之提倡，而形成唯心論之世界觀。後讀古書至宇宙二字，解者曰：「四方上下曰宇，往古來今曰宙」忽有所省悟，而超越時空。謂：「宇宙內事，乃己分內事；己分內事，乃宇宙內事。」又據其年譜載：「先生曰：『宇宙便是吾心，吾心便是宇宙。』」此種「宇宙便是吾心，吾心便是宇宙」之理論，亦卽「道卽吾心，吾心卽道，道外無事，事外無道」之意。象山曾云：「萬物森然於方寸之間，滿心而發，充塞宇宙，無非是理。」又云：「孟子云：『盡其心者知其性，知其性則知天矣。』心只是一個心。某之心，吾友之心，上而千百載聖賢之心，下而千百歲復有一聖賢，其心亦只如此。心之體甚大，若能盡我之心，便與天同爲學，只是理會此。」凡此皆說明吾人之心，本是宇宙全體，其出發點卽孟子之性善論。象山學尊簡易，主張先立其大者，常言不外乎「本心」、「求放心」。此乃其思想中心之大略也。

明代王陽明（守仁，一四七二—一五二八）其中心思想，歸宗近於陸象山之思想發展而成，所以後來有陸王之學並稱之說法。且象山與陽明之間，相隔幾三百年。本卷雖爲象山思想之究明，亦爲陽明學說承繼過程之縮影。

幾與朱子（晦庵，一一三〇—一二〇〇）同時而出之象山，有南宋思想界雙璧之稱。雖鵝湖之會，終不能使之強合。蓋紫陽以道問學爲說，主理氣論，其敎在於致知格物，而不滿於心性說；象山則以尊德性爲宗，主心卽理，其敎在於明心見性。是以宗朱者詆陸爲狂禪謂其太簡，宗陸者以朱爲俗學評其支離，遂成門戶之見。北宋理學大家群推周（濂溪）張（橫渠）二程（顥、頤）爲其發端，然眞能建立系統之性理思想而發生深遠之影響者，厥爲二程子無疑。明道（顥）之學，以識仁爲先，以定性爲本，而存之以誠敬，故謂人心不得有所繫，適道不可自私以用智。以生之謂性，心性本善，發之於情，則有善有不善。聖人愼其所發，故以「誠」以「敬」，導之於仁也。其弟伊川（頤），深明性命之旨，以「理」與「氣」爲天地萬物之本原。其論性，則以爲理無不善，故性亦善；氣有清濁，才稟不同，乃有善惡之分；論學，則以爲「涵養須用敬」，「進學則在致知」，致知格物，所以窮理；論倫理，則以爲明天理人欲之辨，案仁義孝弟之別，仁之理見，而人之道行矣。故二程兄弟實爲洛學之宗，而明道「誠」「敬」之敎，實啓象山心學之端；朱熹主「持敬窮理」之說，承伊川之統，而爲宋學大宗。是以後世學者，每謂伊川頗類朱子，明道寧似象山，良有以也。

清全祖望嘗謂：「陸子之學，梭山啓之，復齋昌之，象山成之」，後又云：「象山之學，本無所承，東發（黃震）以爲遙出上蔡，予以爲兼出信伯。蓋程門已有此一種矣。」黃震之言，未必得當。然而象山之學風類於上蔡及信伯，則甚明也。況程門高弟，壽春上蔡，向稱洛學之魁，橫浦亦多受於上蔡，橫浦亦曾有心傳錄、日新中庸說、孟子傳等傳世，所以子靜思想根柢，於此可見其大概。

先生晚年，歸鄉（江西貴溪）講學於象山精舍，從學者數以千計，其中以傅曾潭（若水，一名夢泉，字子淵）爲最傑出。象山嘗謂及門諸生，以若水爲第一，若水講學於水濱時，人稱曰曾潭先生，然後世咸謂象山學統之傳承最力者，向指浙江明州四先生。卽沈定川(煥)，舒廣平（璘），袁絜齋（燮），楊慈湖（簡），對後代影響尤大者，爲袁、楊兩先生。

袁絜齋字和叔，鄞縣人。以名節自期，親炙象山之兄復齋（九齡），及入大學與定川、廣平、慈湖等相琢磨，後從學於象山，而助其大成。每謂人心天地一本，精思以得之，兢兢業業以守之，則與天地相似。其言不類慈湖，蓋不若其極端也。常以反躬切己，忠信篤實爲本。今有毛詩經筵講義及詩文集、絜齋家塾鈔流傳於世。

楊慈湖字敬仲，慈溪人。以天地萬物爲一體，吾心之外無事，初於富陽師事象山，於學有深悟，提出本心二字。慈湖乃極端之唯心論者，已易說曰：「易者己也，非有他也。」一語道破之。謂天地者我之天地，變化者我之變化，天即己也。又曰：「人心自明，人心自靈。意起我立，必固礙塞，始喪其明，始失其靈。」要之，天地萬物一體，即此心也。心者本唯一無二，未嘗斷而復續，無晝夜，無古今，無少壯衰老之別。其有強弱者血氣也，無強弱者心也。有繼續者思慮也。此心無始無終，無遠近，無小大，無古今，無前後。心者究竟之理想，宇宙之本體也。慈湖之學，於象山更上一層，極其明快直截，然亦頗染禪味。遂使陸子之學為人非難之焦點，敬仲自亦不能辭其咎也。歷官頗有治績，其慈湖遺書為象山之學後傳功勞最大者。象山門人，不乏其人，大系本卷，獨採其書，詳加解說，誠非偶然。

宋社移鼎，元人入主中華，文教殊衰，乏善可陳。然儒臣修道仍以遵朱為主，加以朝廷以朱子學為官學，開科取士，悉以為資，其時為政當道者，如許魯齋（衡）表章程朱之學，尤尊信朱子小學及四書。劉夢吉（因，字靜修）靜修之學，斟酌於周邵張程朱之間，而尤推朱子之集大成。吳草廬（澄），上承伊洛關閩之統，兼取槐堂餘緒，折衷朱陸，議論純正，為元代理學第一。凡此皆一時之選，象山之學亦隱而未顯。

其後，元亡於朱明之世，此時有宋景濂（濂）以文章震世，劉誠意（基）則以事功煊赫，為明代學術之肇始，是以朱子之學脈得以延續。尤以建文（惠帝年號，乾隆元年追諡）時方正學（孝儒）之概然就義，成祖為之動容，向為士林所傳誦。其絕命詩曰：

「天降亂離兮，孰知其由。奸臣得計兮，謀國用猶。忠臣發憤兮，血淚交流。以此殉君兮，抑又何求。嗚呼哀哉兮，庶不我尤。」

孝儒工文章，醇深雄邁。永樂帝既得天下，依逆取順守之法，獎勵文學，其間有四書集註大全，五經集註大全，性理大全之勅纂，是以朱子學得趣於一尊。惟僅得朱子學之形骸，而失其精神之根本，爲世所詬病。其時固有朱子學者，眞誠追索於聖人之道，惜無特出者，如胡齋（居仁）之居業錄，薛敬軒（瑄）之讀書錄。然此間亦有不滿於朱子學所說，尤以理氣心性爲最，強調新見而爲大衆所矚目者如吳康齋（與弼），陳白沙（獻章），湛甘泉（若水），婁一齋（諒）等人。

吳康齋，其眞摯強韌之性格，頗受當時思想之陶冶，有靜虛墮落之傾向，然却給予象山學風重振之活力，可謂明代學風之轉機。曾提出：明德乃新（親）民之本，自省之第一要務在「心」。其門人白沙出，明代之學，更爲之一變，白沙嘗云：

「僕年二十七，始發憤從吳聘君學，其於古聖垂訓之書，蓋無所不講，然未知入處。比歸白沙，杜門不出，專求所以用力之方，既無師友指引，惟日靠書冊尋之，忘寢忘食，如是者亦累年，而卒未得焉。所謂未得，謂吾此心與此理，未有湊泊脗合處也。於是舍彼之繁，求吾之約，惟在靜坐。久之，然後見吾心之體，隱然呈露，常若有物。日用間種種應酬，隨吾所欲，如馬之御銜勒也。體認物理，稽諸聖訓，各有頭緒來歷，如水之有源委也。於是渙然自信曰：作聖之功，其在茲乎！」

由此可推知其心學之主張，其門有湛甘泉、婁一齋等再加發展。明代中葉，能以異軍突起，發明新義，承其薪傳，厥爲陽明，故有所謂陸王學之集大成與陽明學之確立。惟明代陽明思想中心之前驅，常指白沙而言，所以本卷特採陳白沙先生文抄，詳加解說。

「陽明學大系」中，其第四卷爲陸象山，現按其目次，以窺其大略：

一、序　　麓　保孝
二、陸象山之生涯及其思想　　友枝龍太郎
三、象山文集與參考書　　福田　殖
四、楊慈湖　　麓　保孝
五、陳白沙　　荒木見悟
六、陸象山文集抄　　友枝龍太郎譯註
七、陸象山語錄抄　　福田　殖譯註
八、陸象山年譜略　　福田　殖譯註
九、楊慈湖遺書抄　　麓　保孝譯註
十、陳白沙文抄　　荒木見悟・山根三芳譯註

本卷所用陸象山之底本，以四部叢刊初編本所收縮印明刊本「象山先生全集三十六卷」爲主，益以㈠清道光三年陸邦瑞刋重校評點本「象山先生全集三十六卷」，㈡清同治十年大

儒家廟刊「象山先生全集三十六卷」卷末附錄「校勘略」一卷，㈢四部備要子部所收「象山全集」，㈣明聶良杞「陸象山先生集要八卷」，㈤清李紱編輯「陸子學譜二十卷」參酌校訂。文集抄除介紹象山之生涯外，其重點在思想之提示。語錄抄則以象山思想之特色，爲收錄之準據。年譜略特以聶良杞之集要本爲參考，以明其事歷與思想，至於楊慈湖、陳白沙之底本，則兼採各家之長。

在日本，有近世儒學之祖之稱—藤原惺窩（一五六一—一六一九）於讀過象山文集後表明，以前之「象山文集」何日傳來，尚待考證，然爲時稍晚，蓋可斷言。大約於寬永年間（一六二四—一六二八）有內閣文庫所藏，寬永刊古活字本之象山先生全集三十六卷，又同文庫，元和九年（一六二三）有象山先生全集之寫本，又同時有江戶時代明之聶良杞陸象山先生集要四卷之翻刻。更有幕末文久三年（一八六三）佐藤一齋之門人—桑原忱（鷲峯），據李紱之評點本，選其其中一一二篇而爲「陸象山文鈔上下二卷」發行。

近來於日本發刊有關陸象山之研究書如：

陸象山之哲學　三島　復、寶文館　一九二六

陸王研究　秋月胤繼、章華社　一九三五

陸象山王陽明　山田　準、岩波書店　一九四三

中國哲學史—近世儒學　宇野哲人、寶文館　一九五四

宋明時代儒學思想之研究　楠本正繼、廣池學園出版部　一九六二
朱子學與陽明學　島田虔次、岩波書店　一九六七
朱子之思想形成　友枝龍太郎、春秋社　一九六九
王陽明與明末之儒學　岡田武彥、明德出版社　一九七〇
王陽明文集　岡田武彥、明德出版社　一九七〇
陽明學之研究（上）　山下龍二、現代情報社　一九七一
陸象山文集　福田　殖、明德出版社　一九七二

最後願列日本儒界耆宿－岡田武彥所寫之「陸王學譜（上）（下）」目錄，藉以究明陸王學脈之關係。或足爲吾人攻錯乎！

陸王學譜（上）

一、陸學之先驅
二、陸象山之思想
三、陸門之思想
四、陸學之衰頹與朱陸異同論
五、王學之先驅
六、王陽明之思想

七、現成派之思想
八、歸寂派之思想
九、修正派之思想
十、新王學之思想

陸王學譜（下）

一、明末以降之陽明學
二、明末清初之陽明學(1)孫夏峯、李二曲
三、明末清初之陽明學(2)黃梨洲、唐鑄萬
四、明末清初之陽明學(3)顏習齋
五、清代以後之陸王學——李穆堂等其他

（原載華學月刊第六十三期66.3.21.）

「陽明學大系」評介㈣

——第五、第六、第七卷 陽明門下（上、中、下）

陽明之教，始從學者，僅郡邑之士而已。然其歿後，從遊與私淑者，徧及南北，其錚錚者，如錢緒山與王龍溪。蓋當時信奉王學者，隨處皆是，並設壇講學，時四方之士，來學者甚衆，以緒山與龍溪親炙陽明最久，故能疏通其大旨，而後卒業於文成，一時稱爲教授師（日人稱講學家），時巡廻講述，傳習師說，堪稱王門之長老。黃梨洲於明儒學案中，則由地方區劃，說明王學者之類別：㈠浙中學派，卽陽明之鄉里，如錢德洪、王畿等十七人屬之，大抵陽明之學派，始行於此。㈡江右、爲江西地方，王門之另一派，其首爲鄒守益、歐陽德等二十七人屬之。㈢南中，如黃省曾、周衡等九人屬之。㈣楚中，如蔣信、冀元亨等二人屬之。㈤北方，如穆孔暉、南大吉等七人屬之。㈥粵閩，如方西樵、馬明衡等二人屬之。㈦泰州，如王艮、羅汝芳等十八人屬之。其中以浙中、江右、泰州三者，最爲著名。此等學派所屬之人，當然均爲姚江（陽明）之信奉者，唯大同中不免仍有小異，故於師門之旨，不能無毫釐之差。況陽明以良知教導門人，從不偏執於一，端視門人慧根與習氣，絕不拘泥，故門下諸派衍生，乃必然之事。如陽明之高弟緒山（持四有）、龍溪（採四無），其於四句教之見解互殊，卽其一例。又如現成良知之說，言之過易，而忽其涵養，衍至末流，成爲狂禪，遂與陽明學之精神，相去日遠，是以江右王門起而正之，如東廓之戒懼，雙江之歸寂，念菴之主靜，卽對見在良知之失而發。故姚江之學，雖風靡於二王（心齋、龍溪），然至明末，其學大壞，至李卓吾出，其弊乃至其極。

今先觀卷次，以知大略；次列版本，以究其源；末擷學旨，以總其要。

陽明門下（上）

一、序　荒木見悟

二、解說

錢緒山　吉田公平

歐陽德　荒木見悟

鄒東廓　吉田公平

聶雙江　佐藤　仁

羅念菴　福田　殖

三、錢緒山遺文抄　吉田公平

四、歐陽德先生文集抄　荒木見悟

五、鄒東廓先生文集抄　吉田公平
六、聶雙江先生文集抄　佐藤　仁
七、羅念菴先生全集抄　福田　殖

陽明門下（中）

一、序　荒末見悟
二、解說
　王心齋　佐野公治
　王龍溪　山下龍二
　羅近溪　荒木見悟
三、重鐫王心齋先生全集卷三卷四　佐野公治
四、王龍溪先生全集抄　山下龍二
五、羅近溪先生全集抄　荒木見悟

陽明門下（下）

一、序　岡田武彥
二、解說
　李卓吾　後藤基巳

劉念臺　岡田武彥

周海門　今井宇三郎等

黃梨洲　山井　湧

李二曲　山井　湧

三、李卓吾焚書抄、續焚書抄　後藤基巳

四、劉子全書抄　岡田武彥等

五、周海門東越證學錄抄　今井宇三郎等

六、黃梨洲明儒學案抄　山井　湧

七、李二曲集抄　山井　湧

日人荒木見悟博士，於大系第五卷序中略謂：「明末清初之文人錢牧齋（謙益，一五八二——一六六四）初學集重修維揚書院記：『講良知之學者，沿而下之則爲狂子、爲僇民，激而返之，則爲忠臣、爲義士。視世之公卿大夫，交臂相仍，違心而反面者，其不可同年而語，亦已明矣。嗚呼！聖人之言元氣也，孟子之言藥石也，姚江之言救病之急劑也。南宋之世，以正心誠意藥之而不效，故有風痺不知痛癢之證。今之世，以惻隱羞惡辭讓是非藥之而不效。故有頑鈍狂易之證，舍是而不加診治，則人心死矣。病在膏肓不可以復活矣，用良知之學爲急劑，號呼惕勵，庶幾其有瘳乎！』」荒木先生此語，一則說明錢氏顧慮左派（現成派）王學釀成狂蕩之風潮；一則維護良知說於思想史上之意義。可見姚江之學，乃人心瀕危之最好振奮劑。蓋陽明良知之說，旨在直明本體，復虛靈不昧之本原，豈彼狂放近禪者所能附驥，而損其萬一哉！故清儒懲其空疏之病，思以徵實之道，以救其失。荒木先生又於大系第六卷序中，引劉子全書卷十九、幾亭全書卷五十四、方望溪全集卷十四，明儒學案之泰州學案序。大抵上列諸書，同爲指責左派王學之失，姑不論其是非，甚至時至今日，對左派王學之評價，亦難論斷其得失，然其讓陽明學風靡一時，則爲不爭之事實，倘陽明學流能除去左派王學之異端，則良知之本體必臻善境。最後試觀岡田武彥先生於大系第七卷略云：「明清交替之際，僅念臺之蕺山派最爲盛行。而清初陽明學者，東南有念臺之門人黃梨洲，中州有孫夏峯，關中有李二曲，稍後則有李穆堂。彼等雖尊王學宗旨，然與王學亞流異趣。要在補空疏之弊，重踐履之實。其治學不再褊狹主觀，而一以經世致用爲主……其時並稱爲三大儒。」語云「物極必反」，其此之謂乎！

現將大系第五、六、七三卷——陽明門下（上）（中）（下）三册之編譯旨趣，稍加介紹，以明其取捨之標準。大系第五卷所收爲修證派（正統派）之錢緒山、歐陽南野、鄒東廓及歸寂派（右派）之聶雙江、羅念菴之各文集，從全集中採擇具有學術價值者，予以譯註。猶衆所周知者，修證派、歸寂派之基本資料，亡佚已多，而欲明其思想之最佳途徑，乃就其文、書、語錄中探討本卷爲世所稀睹，現將三先達之眞面目公開或有助於今後陽明學之研究。其次爲大系第六卷所收爲陽明學現成派（左派、泰州學派）之三巨擘——王心齋、王龍溪、羅近溪。從各全集中，採擇其思想最具代表性者，此爲其譯註之方針。再次爲大系第七卷所收，首爲王門左派之陽明三傳弟子——李卓吾，身兼「非儒」、「學佛」二者，後被視爲異端之尤者。次爲主張愼獨，一洗王學之弊之劉蕺山，再次爲拈王門天泉證道一篇，以無善惡爲體之周海門，其後爲宗周門人，清初故老耆學之一，著有明儒學案之黃宗羲，最後爲學承橫渠關學之統，以經世踐履爲教之李二曲。

各卷所採之版本與校勘，仍依此秩序，分別簡述如后。

錢緖山

一、王守仁自編王文成公全書（四部叢刋本）所收序跋書記。

二、周海門編陶望齡訂、聖學宗傳（九州大學藏）卷十四錢德洪之部。

三、周海門撰陶望齡訂、陳大綬閱王門宗旨（內閣文庫藏）卷十、緖山語錄。

四、孫宗元編理學宗傳卷十一、錢德洪之部。

五、黃宗羲撰明儒學案浙中王門學案一、錢德洪之部。

六、池上客輯證心錄（內閣文庫藏）卷下錢緖山之部。

歐陽德

一、王宗沐編校歐陽南野先生文集全三十卷。

二、李春芳選編歐陽南野先生文選全五卷。

鄒東廓

一、董燧編次東廓先生文集十二卷（九州大學藏）。

二、明萬曆元年序刊鄒東廓先生詩集九卷（內閣文庫藏）。

三、明萬曆元年序刊東廓先生遺稿十三卷（尊經閣文庫藏）。

四、明史藝文誌及道南三書三卷、明道錄四卷。

聶雙江

一、聶靜編纂雙江聶先生文集全十四卷明刊本。

二、聶靜編纂雙江聶先生文集全十四卷清刊本。

羅念菴

一、明嘉靖癸亥初刊本念菴羅先生集十三卷（九州大學藏）。

二、明萬曆序刊石蓮洞羅先生文集二十五卷（內閣文庫藏）。

三、清雍正元年重鐫念菴羅先生全集二十四卷（石蓮洞藏版）。

王心齋

一、明崇禎刊重鐫心齋王先生全集六卷、疏傳合編二卷（內閣文庫藏）採擇其中核卷三、四之部分，予以訓譯。

王龍溪

一、莫晉本、朱昌燕(丁賓)本龍溪王先生全集二十二卷。

二、貢安國輯查鐸校龍溪王先生會語六卷。

三、何泰寧刋李贄序龍溪王先生語錄鈔八卷。

羅近溪

一、明萬曆序刋羅近溪全集(九州大學藏)

二、明萬曆刋盱江羅近溪先生全集十卷(尊經閣文庫藏)。

三、明崇禎序刋羅明德公文集五卷(內閣文庫藏)。

李卓吾

一、李贄萬曆十八年刋焚書六卷。

二、汪本鈳萬曆四十六年刋續焚書五卷。

劉念臺

一、清黃无休劉子全書重訂本四十卷。

二、清沈霞西劉子全書遺編二十四卷。

周海門

一、民國五十九年東越證學錄文海出版社。

二、明萬曆乙巳序刋本明儒學案(尊經閣文庫藏)。

三、東越傳宗錄(東越)傳宗四種本(曹經閣本)此外並參照宗傳詠古、程門微旨、邵陽二先生詩微,唯刋年不詳。

黃梨洲

一、康熙三十二年（一六九三）故城賈氏刊本紫筠齋藏版（此稱賈本）。

二、光緒十二年（一八八六）故城賈氏補刊本紫筠齋藏版。

三、乾隆四年（一七三九）慈谿鄭氏刊本慈谿二老閣藏版（此稱鄭本）。

四、光緒八年（一八八二）慈谿馮氏補刊本慈谿二老閣藏版。

五、道光元年（一八二一）會稽莫氏刊本（此稱莫本）。

六、光緒十四年（一八八八）南昌縣學刊本南昌縣學藏版。

七、光緒三十年（一九〇四）湘潭黃氏蘇山草堂刊本。

八、民國元年（一九一二）國學研究會刊本。

山井湧先生上列明儒學案版本八種，以親自寓目者爲限，至於未見者，或石印本、排印本、影印本則從略，要以賈本、鄭本、莫本爲主。其譯註之範圍有賈本（醇菴）明儒學案原序，及南雷文定五集所載之序文，文章字句，雖略有不同，其歸則一，故予並載。次者譯其發凡，再次爲梨洲於各學案前所下之評語，及其代表者之姓氏，餘者從缺。

李二曲

一、清道光八年刊本二曲集四十六卷。

山井湧先生謂，由於篇幅之關係，僅將悔過自新說之全文與語錄之精華部分譯載，餘如四書反身錄十六卷，則予割愛。

最後，綜觀各派學旨，以知其師承、發展、得失……等。

錢緒山

錢德洪（一四九六——一五七四）字洪甫，號緒山，餘姚人。緒山於陽明之門，號稱篤實，而能用其力者。陽明之學，以良知爲宗，每與門人論學，提四句爲教。緒山秉承師門，以四有爲定本，龍溪則議爲四無之說，由是所見各異。

王龍溪

王畿（一四九八——一五八三）字汝中，浙江山陰人。別號龍溪，學者因稱龍溪先生。龍溪之學，乃承陽明致良知之教而來。其學大體以超悟爲主，緒山則主愼獨。梨洲明儒學案卷十一謂：「龍溪從見在悟其變動不居之體，先生（緒山）只於事物上實心磨鍊。故先生之徹悟不如龍溪，龍溪之修持不如先生。乃龍溪竟入於禪，而先生不失儒者之矩矱。」又陽明云：「德洪資性沈毅，汝中資性明朗，故其悟入亦因其所近，若能各舍所見，互相取益，使吾敎法上下皆通，始爲善學耳。」

歐陽德

歐陽德（一四九六——一五五四）字崇一，號南野，江西泰和人。屬江右王門，爲良知之正統派（修證派）。強調陽明所主張之良知，卽道德法則，亦卽天理之說，同時亦體認陽明之本性卽工夫，工夫卽本體之眞精神。曾謂羅念菴不契良知之旨。此派要在矯正現成派（左派）之流蕩與歸寂派靜偏之弊，更強調天理與性之重要，本體與工夫合用，卽主張工夫卽本體。

鄒東廓

鄒守益（一四九一——一五六二）字謙之，號東廓，江西安福人。亦屬江右王門，良知之正統派。宸濠亂時，卽從陽明受業，其思想雖本於「致良知」之學，却頗接近宋儒之「無欲」、「主敬」之說，而以戒愼恐懼爲主。東廓云：「敬也者，良知之精明，而不雜以塵俗者也。」又語錄云：「人倫庶物，日與吾相接，無一刻得離，故庸德之行，庸言之謹，競業不肯放過。如織絲者，絲絲入篋，無一絲可斷，乃是經綸大經。」故謂謙之之學，要求性體於人倫日用之中，合內外而爲一，以戒愼恐懼致中和，以擴充四端保四海，而以敬總其要，卽所謂良知之精神，而不雜以私欲者也。故梨洲贊之曰：「陽明之後，不失其傳者，不得不以先生（東廓）爲宗子也。」（明儒學案卷十六，鄒東廓傳）

聶雙江

聶豹（一四八七——一五六三）字文蔚，號雙江，永豐人。屬江右王門之歸寂派（右派），早年重在躬行實踐，事親從兄，皆孝弟忠信之事也。而晚年有悟於良知寂體，則一以涵養此寂體爲歸，然當時學者喜言良知現成，重其受用，不談工夫，故或有責其離動以言靜也。然其思想同爲懲浙中王門之流弊而發，故亦持守陽明早年「默坐澄心」之敎，梨洲述其學謂：「與來學立靜坐法，使歸寂以通感，執禮以應用。」

羅念菴

羅洪先先生(一五〇四——一五六四)字達夫，號念菴，吉水人。爲王門之私淑弟子，亦屬江右王門之歸寂派。始致力於踐履，中歸攝於寂靜，晚徹悟於仁體。時雙江以歸寂之說號於同志，念菴獨心契之。嘗謂良知有規矩而無樣式，有分曉而無意見，有主宰而無執著，有變化而無遷就，有渾厚而無鶻突，見好色自好，聞惡臭自惡，不思不勉，發自中節云云，此乃良知之本體。苟無稍有安排倚著，卽陷入私欲。故須以收斂翕聚之功，嘗令此心寂然無爲，則自然感而遂通。且奉濂溪「無欲故靜」之旨爲聖學的傳，而以主靜爲學宗。

綜觀上說，江右王門之學，皆有其共同之點：

其一：彼等主張全爲救正現成良知不假修爲之弊而作。認爲良知之發用，須經收斂與涵養。

其二：彼等立說之基礎，仍不離陽明心學之範疇，却能酌取宋儒寡欲、主敬、戒懼、主靜之思想，發揮陽明早歲論；「澄心寡欲」未盡之意。

其三：彼等認爲工夫愈進，則本體愈明，終必復得良知本體，使內心與外物合一。

其四：江右各家，皆具有親身踐履之精神，及謹愼小心之人生態度。

王心齋

王艮（一四八三——一五四〇）字汝止，號心齋，泰州人。屬王門之現成派。世人每以心齋、龍溪並稱「二王」。彼等隨處鼓吹王學，姚江之學爲之風靡一時。故黃梨洲明儒學案三十二卷嘗謂：「陽明先生之學，有泰州（心齋）龍溪而風行天下，亦因泰州龍溪而漸失其傳，泰州龍溪時時不滿其師說，益啓瞿曇（佛敎）之秘而歸之師，蓋躋陽明而爲禪矣！」考心齋之說，要在安身、格物二義。心齋云：「堯舜執中之傳，以至孔子，無非明明德親民之學，而孔子又於其中指出止於至善，至善者，安身也，安身者，立天下之大本也。」又釋格物：「格物，知本也，立本，安身也，安身以安家而家齊，安身以安國而國治，安身以安天下而天下平也……不知安身便去幹天下國家事，是之謂失本，……身不能保，又何以保天下國家哉？故「知得身是天下國家之本，則以天地萬物依於己，不以己依以天地萬物。」綜觀其中心思想在由安身以格物，卽所謂淮南格物說。劉蕺山嘗稱之曰：「後儒格物之說，當以淮南爲正，第少一註脚，格致誠意之爲本，而正修治平之爲末，則備矣。」

羅近溪

羅汝芳（一五一五——一五八八）字惟德，號近溪，江西南城人。屬泰州王門之現成派，良知現成派除起論於王畿、王艮外，泰州學派之羅近溪，可謂其改觀後之最顯著，近溪之學，原自顏山農（鈞），而山農嘗從學於心齋之門人徐波石（樾），是近溪卽心齋之三傳，而爲陽明之四傳者。其學旨以赤子良心不學不慮爲的，以天地萬物同體、徹形體、忘物我爲大。至於近溪之言仁、生、心知及明德等觀念，則直緣山農，上溯孔門言仁之教。而此時泰州學派諸儒，如耿天臺（定向）、耿楚倥（定理）兄弟，及焦弱侯（竑）、李卓吾（贄）、何心隱（梁汝元）等，亦多相互取益，唯其講學之風，受心齋、龍溪影響最深，亦最相契。

李卓吾

李贄（一五二七——一六〇二）初名載贄，卓吾之號爲世人所熟識者，此外有篤吾、宏父、溫陵居士、百原居士、思齋、龍湖叟、禿翁、李長者、李老子等別號。福建泉州人。屬泰州王門之知良現成派，王門致良知之學，發展至明中葉以後，可謂盛極一時，衍至明末，流弊漸生，蓋其時豪俊之士，間有不安于固陋，而思嶄然自現者。是以由徐波石、顏山農、何心隱等，一脈恣縱橫肆，至李卓吾之怪異奇行，可謂猖狂至極。因其資性頗高，使一般士人翕然響往，共習狂放。本爲直截簡易，實踐力行之安身哲學，因主良知現成，不假安排，忽其涵養，一變而爲不務實學，空言心性。當時學者或不滿王學末流之空疏，但其影響晚明社會學術士人之趨向者，實亦不容稍忽，今略而言之：

其一：泰州學派，如李卓吾、何心隱等輩，往往倡言異說，行爲怪誕，故能風動一時，致使士人欣然景從，而使上層社會之講學，漸趨於平民化。

其二：王學由浙東龍溪及泰州心齋之後，其講學之風，亦逐漸由講堂之傳授，轉而重視日常生活之隨處指點，使學問與生活合一，而更具情趣。故其後學之思想傾向，由儒入禪者，亦不乏其人。

其三：龍溪當日講學，嘗以良知範圍三教，蓋此三教合一之思想，固淵源於陽明，唯此思想之發展，則至晚明乃益顯著，並逐漸流行。

其四：由於王學末流之不重實學，空談良知，其平日之言行，亦多放蕩不羈，致爲一般學者所抨擊，東林學派自顧涇陽（憲成）、高景逸（攀龍）而下，亦多對王學末流，深表不滿。然正由反對陽明之「無善無惡心之體」語，以爲此是龍溪言「四無」後之流弊，乃倡言性善，以無善無惡言良知，東林之學乃緣之而起。

其五：由於晚明一般士人不滿王學之談空虛，不務實學，促成明末清初之程朱學之復興，乃逐漸有重歸先儒之說之思想，可謂王學反動之另一收穫。

劉念臺

劉宗周（一五七八——一六四五）字起東，號念臺，越之山陰人。初師事朱子學系統湛門派之許敬菴，後嘗受業於東林書院，因鑒於王門末流狂禪之弊，及反對以現成言良知，而有證人會社講學之舉，務以誠意爲主，而歸功於愼獨。臨歿猶語門人曰：「爲學之要，一誠盡之矣，而主敬其功也，敬則誠，誠則天，若良知之說，鮮有不流於禪者。」又論愼獨云：「無事此愼獨，卽是存養之要，有事此愼獨，卽是省察之功。又其「聖學宗要」一書，載周子太極圖，張子東西銘，程子識仁說，定性書，朱子中和說，王陽明良知問答等篇，可見其志在宋儒與姚江兩派之間者也。

日人岡田武彥先生：「宋以來之理學，自陽明歿後，有衰頹之傾向，至明末高忠憲、劉念臺二大儒出，始開拓新面目，使思想界大放光彩。其後之中國由於清朝之政策，理學衰微，達於至極，幸高、劉之大儒之學術思想，我（日本）幕末之朱子學者，陽明學者，攝其精華，遂開新局，此乃不幸中之大幸，尤以高劉二子中之念臺，非唯學術思想精絕，且其以身殉節之精神，幕末儒者爲之戚然，更使彼等之心，爲之一振。」由彼邦人士之親述，更足證明吾國學術影響之深遠，非僅本土而已，且遺惠東瀛。

周海門

周汝登（一五四七——一六二九）字維元，號海門，浙江人。屬泰州王門之良知現成派。從兄周夢秀聞道於龍溪，海門受其影響，自然慕其學風，後又師事心齋之門人近溪，故於心齋之門人近溪，故於心齋直覺透悟，頗爲心儀，稱揚爲「東海聖人」。蓋王門之傳，有所謂「四有」「四無」之教，自天泉橋證道後，世之議王學者，每以龍溪別提「四無」一說爲責難或附和者，衆說紛紜，影響自大，流弊亦多。泰州海門，早歲受龍溪之影響，平生論學，乃極推服龍溪，力主「四無」之說。甘泉門下許敬菴，則力反無善惡之說，兩者所騙，適相背馳，故於南都論學，各中己說（九諦與九解），互有得失。

黃梨洲

黃宗羲（一六一〇——一六九五）字太沖，號南雷，其鄉里之附近有梨洲山，學者因稱梨洲先生。浙江省餘姚縣人。其父黃白安（尊素）爲東林派名士，宗羲乃清初故老宿學之一，所著明儒學案、宋元學案初編，爲硏究學術史、儒學史不可缺者，明儒學案六十二卷於康熙十五年（一六七六）完成，其尤致力者也。該書將有明二百餘名之儒學者，依其學派，分別排列，前面冠以小序，附以略傳，並將其著述思想之概要，稍作評論。由此雖能知其梗概，唯亦不免使學者有先入爲主之感，或未能得各家宗旨之眞，蓋梨洲於王門之中，偏宗江右，亦如王學偏宗龍溪、近溪者之同未得其平也。然吾人亦不能因其小失而忽其大體。梨洲於序中曾表明其著者之旨趣與原則：「羲爲明儒學案上下，諸先生深淺各得，醇疵互見，要皆功力所在，竭其心之萬殊者，而後成家，未嘗以懵懂精神，冒人糟粕，於是爲之分源別派，使其宗旨歷然。」故其有功於後學，實不容稍忽。莫晉贊之曰：「黃梨洲明儒學案一書，言行並載，支派各分，擇精語詳，鈎玄提要，一代學術源流，瞭如指掌，要其微意，實以大宗屬姚江，而崇仁爲啓明，蕺山爲後勁，凡宗姚江與闢姚江者，是非互見，得失兩存，所闡良知之秘而防其流弊，用意至深遠也。」

李二曲

李顒（一六二七——一七〇五）字中孚，陝西盩厔人，學者稱二曲先生。關西原爲張橫渠講學處，其後寂然無所聞，中孚以承關學之統自任，以經世踐履爲教。其說則本諸陸王，其旨曰：「天下之根本，唯在人心，天下之治亂由人心，人心邪正由學術，凡學在乎反身，道在乎守約，功在乎悔過，自新必自靜坐觀心始，靜坐乃能知過，知則能悔，悔則能自新。」晚年聚徒講學，時北有孫奇逢、南有黃宗羲、西有李顒，並稱三大儒。

總觀陽明諸儒之學，其高明平實，各有所長，駁雜精純，不無區別，要旨莫不與時代文化，歷史背景，生平行事，有其相互影響之關係。故不能僅以其氣質才智之高下而衡之也。雖說王門諸儒，皆源出陽明，而其潛心所得，則各有不同。日人每於諸儒解說之前，必先述其學術思想淵源，及其時代背景，間或介紹其學脈承傳之關係。雖其擷譯或失斷章，然於重點之把握，未嘗稍忽，偶於思想義理之待通者，亦不敢隨加臆斷，尤以考證注譯之詳審，縱有清樸學之盛，亦此而已。本文中頗值一述者，如梨洲明儒學案於李卓吾之流，略而不語，然彼邦人士却予卓吾適當之評價，而不以門戶限之，或異端斥之，更由異中觀其會通，此客觀之態度，足資啓示與借鏡。

（原載華學月刊第六十五期66.5.21.）

「陽明學大系」評介㈤

——第八、第九、第十卷 日本之陽明學（上、中、下）

陽明學說在日本之興起，實肇始於中江藤樹，而導源於禪僧了庵桂梧。桂梧曾以八十三高齡，奉足利義證之命，遠使中國，與我明代儒宗王陽明相遇，東歸時陽明作序一篇相送，日本歷代學者，向極重視，如漢學家井上哲次郎謂：

「桂梧親與陽明接觸，爲哲學史上不可忽視之史實。」另川田鐵彌亦云：

「如桂梧禪宗之外，兼傳程朱之學，餘姚之學，論知行合一之義，爲日本王學倡導之嚆矢，其在斯人乎！」

其實早在陽明學移植日本之前，其先約一千六百年之歷史，已有吾國文字、孔孟程朱之學等輸入日本。可見其長期接受儒學的影響，忠君愛國之觀念早已深植人心。中日兩國文化之交流，早亦見諸施行。且日本陽明學之興起，乃朱子學派昌明中之一部分現象。蓋朱王兩派先後並起於日本，然朱學則流傳久遠，綿延不絕，而王學則時斷時續。井上哲次郎於「日本陽明學派之哲學」嘗謂：

「朱學爲德川時代官府之教育主義，王學則官府視爲叛徒，加之以壓迫，僅在民間傳佈。此德川時代兩派運命之所以異也。」

綜觀朱派中博學多聞之士多，然不免於固守迂腐之病。王學則偏於主觀之弊，能使學者單刀直入，得達於正鵠，自爲朱子派之所不及。故井上氏以爲兩派互有短長，不易分其軒輊。

今僅錄日本陽明學之承傳，借以知其大略：

陽明學
- 第一期：元祖中江藤樹
  - 熊澤蕃山
  - 淵岡山
- 第二期：中興之祖三輪執齋
- 第三期：近世陽明學
  - 佐藤一齋
    - 佐久間象山—吉田松陰
    - 伊東潛龍
      - 大久保田東
      - 西鄉隆盛
    - 柳澤芝陵
  - 大鹽中齋

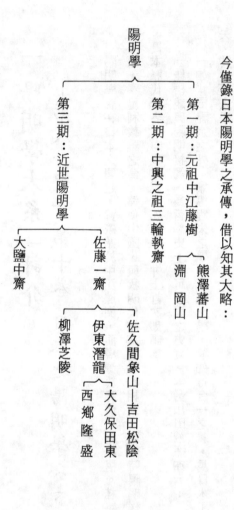

由上表及第八卷，知日本之陽明學乃以中江藤樹爲其先聲，其後經熊澤蕃山、三輪執齋，再經佐藤一齋，大鹽中齋，此五子向爲世所公認，及至幕末學徒輩出，日本陽明學之主流人物，可謂網羅殆盡，絕非過言。大系中之「日本之陽明學」（上、中、下）要在對於日本之陽明學者及王學思想家之學說與思想形成作說明，且以探討王學之眞髓爲目標。每卷分別由目錄（詳后）所列作者解說、譯注。第八卷除佐藤一齋（收於九卷）外，其餘四子之關係資料，皆收載其中。第九卷所收錄者，是關於日本王學後期之思想家（佐久間象山、山田方谷、吉田松陰）。第十卷所介紹者爲幕末維新之陽明學者（林良齋、池田草菴、春日潛菴、吉村秋陽、東澤瀉）。將幕末朱王學關係最深之明末朱子學、陽明學作一概略之敍述，並說明幕末朱王學於中國及日本之儒學思想上所佔之地位。

今列明目錄，以知其承傳；次分述諸儒，以見其主張；後分析得失，以觀其展望。

日本之陽明學（上）

一、序　後藤基巳

二、解說

中江藤樹　柳町達也

熊澤蕃山　藤澤　誠

三輪執齋　大西晴隆

大鹽中齋　後藤基巳

三、中江藤樹　柳町達也

大學考

大學蒙註

大學解

中庸解

書　簡

經　解

詩　文

和　歌

四、熊澤蕃山　藤澤　誠

集義外書抄

五、三輪執齋　大西晴隆

執齋日用心法

執齋先生雜著

執齋和歌集

六、大鹽中齋　後藤基巳

洗心洞劄記抄

洗心洞劄記附錄抄

中齋文抄

奉納書籍聚跋

日本之陽明學（中）

一、序　山崎道夫

二、解說

佐藤一齋　田中佩刀

佐久間象山　鬼頭有一

山田方谷　林　秀一

吉田松陰　山崎道夫

三、佐藤一齋　田中佩刀

大學一家私言

哀敬編

論語欄外書

言志錄

小學欄外書

愛日樓文

大學摘說

大學古本旁釋序

中庸欄外書

孟子欄外書

初學課業次第

言志後錄

吳子副詮

俗簡焚餘

言志晚錄

言志耋錄

省𠎝錄

四、佐久間山　鬼頭有一

附錄上

日本之陽明學（下）

二、解說

幕末之陽明學與朱子學　岡田武彥

三、林良齋

自明軒遺稿抄　岡田武彥

四、池田草菴

青谿書院全集抄　疋田啓祐

五、春日潛菴

潛菴遺稿抄　高橋正和

六、吉村秋陽　荻口治

七、東澤瀉　佐藤仁

澤瀉先生全集抄

由上表所列諸子爲中心，以觀日本陽明學之特徵性格，亦不難知其梗概。日人後藤基巳於第八卷序中歸納後謂：

其一、首揭良知，強調人類之自由與自律精神，否定形式之權威，傳統之盲從，而注重踐履現實之陽明學本身之體悟。

其二、陽明後學左派王學諸人，被指摘爲是「滿街之人皆聖人」之陽明學平等精神之繼承，然於學問非士人所獨佔之民衆教育，庶民講學之風氣，却從此開放。如被稱爲近江聖人—中江藤樹，其於鄉村教育之成功，乃衆所周知之事；三輪執齋於江都、京阪間之奔走講學，爲所習見；大鹽中齋之洗心洞學塾門弟子中，商農爲數不少。其促進日本社會之發達，經濟之繁榮，商人之抬頭，不無關係。

其三、陽明學致良知說在於強調實行精神及行動主義之繼承，尤其藤樹以後日本陽明學逐漸展開，遂有注重精神修養及內省性格之省察派（淵岡山）；與確信實踐具現及行動性格之事功派（熊澤蕃山）。然就陽明學之實行精神、行動主義之觀點看，吾人可以斷言事功派之活動，評價較高。幕末志士，人才輩出，尊朱子學者，雖亦有之，然奉陽明學者亦不乏其人，如開國維新之重要人物，吉田松陰、西鄉隆盛等，或皆直接受其影響。故明治維新之思想重心，實以中國儒家思想與陽明學說爲其骨幹。

張君勱先生在其「比較中日陽明學」一書中，分析日本所以提倡陽明學之原因有三：

其一、陽明學簡易直截，合於易經所謂「乾以易知，坤以簡能」之條件，因而合於日人快刀利刄之性格。

其二、陽明學側重於卽知卽行，合於日人勇往直前之習慣。

其三、日本人注重事功，將陽明學應用於人間社會，發生大效果。

由彼邦人士之自白與我邦學者之印證，則於日本之陽明學者，將能有更深一層之認識。

以下擬將江戶時期陽明學者之生平著作，作重點解說，而非考證文獻，並兼以著作之內容，闡明其思想之特質。

中江藤樹

中江藤樹（一六〇八—一六四八）名原，字惟命，號藤樹，別號顧軒、嘿軒。慶長十三年（一六〇八）生於近江高島，日人稱之爲近江聖人，爲日本陽明學之元祖。幼時讀大學中「自天子以至於庶人，壹是皆以修身爲本。」句，嘆曰：「幸哉！此經之存，聖人豈不可學而至乎？初治朱子學，以禮法自持。年三十三讀龍溪語錄，始與姚江學派接觸，然頗以龍溪近禪爲怪。其年譜謂：「始讀之時，悅其觸發之多，然恐其間雜佛語近禪學。」年三十七始購得陽明全書而讀之，自是捨朱子學而歸於陽明。其答池田子之函曰：「余信朱子學，命汝輩專以小學爲準則，今始知其爲拘泥之甚。蓋守規矩與求名利，原不可同日而語，然其害眞性活潑之體則一。」藤樹讀陽明全集後，雖僅四年而歿；臨終時猶語曰：「吾去矣。誰能任斯文者也。」由下數段可見其論爲學之方，深受陽明薰化，其言曰：

「學，除致良知之外，無他事。」

「學問，所以去心之汚，而身體力行之。」

「學者所以去後來之人欲，存元來之天理。此心達乎天理，無人欲之私，卽聖人之心。」

「讀書卽爲吾人心性之注解，讀注解卽所以悟本經。不知有己之良知，而專以窮究經書爲事，猶之不通本經之文字，而專以注解之訓詁爲事矣。」

藤樹仿朱子白鹿洞學規而斟酌修正之謂藤樹規，於朱子五教之目迄於處事之要，一仍其舊，惟在五教之目前，加「大學之道，在明明德，在親民，在止於至善。畏天命，尊德性。」二十二字，其謂：「三綱領之宗旨，壹是皆以五教爲定本，而其所以學之術，存養以持敬爲主，進修以致知力行而日新。」雖朱子復起，不易斯言也。又其釋良知曰：「良知卽天理卽明德，自反愼獨之際，炳然發露者，一念獨知，卽良知也。喜怒愛樂未發之『中』，亦卽良知之異名。」藤樹雖非直接陽明之人，然其瞭解如此之深，誠屬難得。倘吾人以藤樹所言與王氏傳習錄與明儒學案相較，覺王學末流，誤入歧途，至成狂禪。寧以陽明之眞正知己，非龍溪心齋，亦非東林諸人，尤非海門卓吾，而求諸扶桑藤樹與其後繼之人乎？

主著：翁問答、孝經啓蒙、大學啓蒙、大學解、中庸解等。

三輪執齋

三輪執齋（一六六九—一七四四）名希賢，字善藏，號執齋，別號神山子、躬耕廬。寬文九年（一六六九）生於京都，爲日本陽明學中興之祖。篤信陽明，祖述藤樹，爲最忠實之信徒，其學術思想影響於幕末維新甚大。年十九入號稱崎門三傑之一—佐藤直方之門治朱子學，年三十始得王文成公全書，孰讀「傳習錄」、「文錄」，漸有所得，乃捨朱而歸王。其

「日用心法」謂：「今之學王子者，憎平日之訓異於朱子，而不思其本之所寄。」年四十四得松平信庸之助標註傳習錄，其所事之藩主不以三輪氏之奉陽明爲然，因而辭職家居，以傳揚王學爲己任。執齋於日本陽明學史上得有中興之祖之稱譽，其「標註傳習錄」之刋行，純篤之人品，深邃之學術不無關係。張君勱先生於「比較中日陽明學」一書曾謂：「三輪執齋之生也，細川侯嘗有禁止陽明傳習之令，然志操堅貞之士，未嘗因此而廢陽明之學。日本王學之緒賴以不墜者，三輪氏之功也。」三輪氏既修朱子之學，亦不廢聖經賢傳之引證，同時注重內心分析，以發揮陽明特色，故有「信王固深，尊朱亦不淺」之自由也。

主著：日用心法、標註傳習錄、傳習錄筆記、四言教義、執齋先生雜著等。

佐藤一齋

佐藤一齋（一七七二—一八五九）名始用信行，後用坦，字大道，號一齋，亦稱愛日樓、老吾軒。安永元年（一七七二）出生於江戶（東京舊稱）與大鹽中齋同爲日本近世陽明學之佼佼者，後陽明（一四七二）三百年而後生，亦可謂奇緣。七歲入三井親和之門學書道，十九歲出仕於松平乘保之近侍，與林述齋相識，年二十一至大阪師事中井竹山，中井氏贈以「仆而復興」四字，且告以此爲王文成之語，自是轉而研究王學。二十九歲始專注於陽明之學，自成一家之言。一齋雖心服陽明，表面則避之。在其答大鹽中齋之信曾謂：「姚江之書雖嘗讀之，然僅爲自己箴砭之用，以云此間（昌平黌）所教授乃宋學，乃林氏家學。」但亦時受學者陽朱陰王之誘，外以林家立場講朱子學，內實尊信陸王。蓋因幕府尊朱子學，一齋言中似有不欲與之相迕。

一齋之思想，其「言志四錄」（言志錄、言志後錄、言志晚錄、言志耋錄）嘗謂：「從日月四季之運行，人之富貴貧賤，死生壽夭，利害榮辱至，集散離合，皆有定數。」此乃其天人一體之思想，又謂：「吾心卽天」、「良知卽天」而「心」之來源爲「太虛」。又「言志耋錄」中所言，意有與陽明如出一轍者。一齋謂：「學，一也，而等有三。初學文，次學行，終學心。」又謂：「教育有三等，心教，化也。躬教，迹也。言教則資於言矣。「孔子曰：『予欲無言』，蓋以心教爲尚也。」故其心教幾類於形上學之境界矣。其深悟有得，頗足吾人驚異。一齋之學問較爲固執，偏於文獻考證；執齋之學問較爲圓通，偏於思想史學。綜觀一齋之立場，乃是修正朱子學與陽明學正統派、右派合而爲一之折衷性學風。

主著：言志四錄、古本大學旁釋補、中庸欄外書、論語欄外書、孟子欄外書、近思錄欄外書、傳習錄欄外書等。

（原載華學月刊第七十二期66.12.21.）

大鹽中齋

大鹽中齋（一七九三—一八三七）幼名文之助，名正高，字子起，號速齋，後改中齋。早年喪母，育於大阪同姓之家爲養子，童年飽經憂患，深知民間疾苦，及長嘗遊江戶，爲林述齋門下，繼得古本大學讀之，乃依誠意致知之旨，私淑陽明。文政四年（一八二一）曾爲大阪東町執事高井山氏之輔，銳意圖治，政績頗著，時稱奇傑。其後高井山氏年老去職，跡部良弼代之，不滿中齋之鯁直，中齋乃辭官，立洗心洞學堂講學，自稱洗心洞主人，專以研究陽明爲事。其洗心洞入學盟誓謂：「爲學之要在於孝悌仁義之躬行」蓋日本近代陽明學者中，以實踐躬行主義行其內心信仰之最徹底者，當以中齋爲首屈，其遺風餘韻，更令後人仰慕，如西鄉隆盛、吉田松陰之殉，殆亦受其精神之感召。

中齋學說之總綱，曰太虛。乃其深思苦索有得。彼謂人之太虛與天之太虛通，如其不通，人無生存之理。蓋中齋立說乃以吾國周子（濂溪）曰：「無欲則靜虛動直」。明道曰：「心本至虛」。朱子曰：「虛靈不昧以具衆理」爲根據。除太虛之外，尚有四項頗足吾人注意者。一曰致良知。其意謂平日如聲色貨利之習氣既除，而後良知乃宛然出焉。三曰一死生。好生惡死，人之常情，惟王氏出入於千軍萬馬艱難困頓之中，而不以生死動其心，惟其達乎生寄死歸之義，而後能無惑於生死禍福之際。四曰去虛僞。其意曰，虛僞自人欲來，人欲既去，虛僞自隨之去。又其「古本大學刮目」爲其心血之作，集漢、唐、宋、明、清各家有關解釋大學之文，尤詳於王長各派之釋大學，故張君勱先生於「比較中日陽明學」一書稱之曰：「讀此書而後陽明恢復古本大學之意，躍然如在紙上。此吾國學者所應爲而未暇爲之，大鹽氏可謂爲吾國儒者補過之人矣。」

主著：洗心洞劄記、古本大學刮目、儒門空虛聚語、洗心洞詩文。

自中江氏迄於大鹽氏，所歷年代乃自十七世紀之上半，迄於十九世紀之下半，積其蘊蓄，至明治維新前後而發揮無遺。試觀日本文化之開始，典章制度之樹立，道德風俗之形成，揆其本源，雖有部分來自朝鮮、印度，然主要受賜於中國，自無待言。尤以開國與明治維新，受陽明學之影響，更爲事實之具現。惟明治以前，日人受我民族文化薰陶之處雖多，嗣因師事西洋，忘恩負義，侵略我國，招致慘敗，撫今追昔，良深感慨！玆篇所述，僅從促使日本近代化之明治維新言；致使日本民族脫離部落，進入文明之大化革新，暫予從略。然此兩者基本之精神原動力，皆長期深受我民族文化薰染之效，有以致之。此國人當引以自豪，今舉其開國維新之重要人物，以見一斑。

佐久間象山

佐久間象山（一八一一—一八六四）幼名國忠、後名啓，字子迪、後改子明。通稱修理，其號象山。文化八年（一八一一）生於信州松代。年十六從老鎌原銅山氏治經義文章，年二十三，遊學江戶，得入一齋渠範，始漸被矚目，年三十之後，轉而注意於西洋學術之研究，爲日人中以儒家而兼治科學之先驅。佐久間氏自述其學問淵源亦曰：「余少時師事一齋先生，灑掃於其門牆者二年，頗承愛育，聞作文之法。自一齋先生得入道之門，無所滯礙，雖不能追縱古之作者，然述意記事，受用有餘，皆先生之賜。惟先生主張王學，不好窮理。余守程朱之規，以窮天地萬物之理爲下手之始。漢人之所未知者以歐羅巴（Europe 歐洲）之說補之。此我之不能不異於先生者也。」又：「人謂泰西學行，孔子之教必衰。余謂泰西之學盛，而孔子之教益得其資。」又「處今世善讀大學者，應兼治西洋之學。」其詩云：「東洋道德西洋藝，匡廓相依完圈模，大地周圍一萬里，還須缺得半隅無。」其「礮卦」一篇卽易與砲術理論之融合。由此觀之，佐久間氏爲服膺朱學之人，不得列於王學，而佐藤氏之陽朱陰王，姑不深論。然其對東西文化之短長，作公平合理之判斷，使日本漢學派、洋學派之爭辯，消弭於無形，其於日本思想界之影響，厥功偉矣！

當日本攘夷論大盛時，其亦上書政府，力言攘夷之非。年五十四竟遭刺客暗殺而死，而其被宣布之罪狀曰：「此人唱西洋學，主交易開港之說，其誤國之罪難捨，是爲國賊，加以天誅。」

其一

「久憂邊事歎天遠，忽墜此中悲海深。
欲爲皇朝存至計，敢因吾利勞知音。
雞鳴不已晦冥夜，鶴韻應通蓊鬱陰。
寄語吾門同志士，莫將榮辱負初心。」

其二

「不思城下斥盟恥，却見忠貞抱忌疑。
伯昳議疆長崎澳，聖東假地下田湄。
異時輕敵已非策，今日伐謀知是誰。
幽憤滿胸無所泄，獄中瀝血寫茲詩。」

主著：省諐錄、礮卦、女訓、象山文稿、象山詩稿等。

山田方谷

山田方谷（一八〇五—一八七七）名球，字琳卿，通稱安五郎，其號方谷，備中松山人。生而溫順聰明，日習字於母親膝下，四歲卽能書，五歲入松隱之門，受程朱之學，兼學詩文號稱神童。十四歲慈母喪，翌年其父又喪，乃辭松隱門，返鄉躬農，暇時則勵於學。方谷之篤學，四方皆聞，嘗書「陽氣發處金石亦徹，精神一到何事不成。」十六字以自惕。二十六歲講友春日潛菴以「王陽明文抄」徵意見於方谷，大系中亦載其論學之書信。二十八歲至京都，始與春日潛菴、鈴木遺音、馬來南城、相馬九方等相往來。三十四歲以後，設塾授徒。其學旨以「氣先理後」爲主，尤特別強調「氣」故重視「孟子」「養氣章」，且將陽明學應用於實際政治。方谷認爲無學理之人，而有事功之人。其本人卽爲識時務之進退者，故能遂其永壽，非熊澤蕃山晚年之悲運可比，誠令人無限之感慨。

主著：孟子養氣章或問圖解、師門問辯錄、古本大學講義、中庸講筵錄、孟子養氣章講義等。

吉田松陰（一八三〇—一八五九）幼名虎之助，後改大次郎、松次郎、寅次郎，字義卿、子義，其號松陰。天保元年（一八三〇）出生於長岡。爲佐久間氏之得意門生，惜天不假年，短命以終。吉田氏死後之三十年，德富蘇峯稱先生實具日本男兒之眞面目，爲日本精神象徵之第一人。幼承家學，受父百合之助、養父大助、叔父文之進三人之薰化，尤喜朱子窮理實踐之學，於大義名分及國體尊嚴體悟頗深，對其後來實踐力行產生很大作用。嘉永四年（一八五一）遊學江戶，與師友多所接觸，特服膺象山，受其影響最大，爲其一生之轉機。吉田氏後此入獄，作幽囚錄，自述其與佐久間氏之關係云：「余師事象山，服其持論，每事取決於象山，象山亦善視之，常勵之曰：『士不貴無過，貴能改過。改過固可貴，能償過尤爲可貴。際此國家多事，能爲難爲之事，能立難立之功，乃償過之大者也。』」

次由吉田氏臨死前與父母訣別書，可以窺其死於家國，乃勤王倒幕之先鋒。其書云：「神州正氣，既已爲邪氣所消蝕歟，兒一念及此，食不下咽，寢不安蓐，惟悲死之不早而已。……是以兒私不自量，糾合同志，神速上京，獲間部（間部詮勝）之首，貫諸竿頭，上以表吾勤王之衷，且振江家之名聲，下以發天下士民之公憤，而爲擧旗趨闕之首魁，如是而死，死猶生也。」又其贈子遠（入江杉藏之字）將赴獄詩云：「寶祚隆天壤，千秋同其貫。何如今世運，大道屬糜爛。今我岸獄投，諸友半及難。世事不可言，此擧旋可觀。東林振李明，太學持衰漢。

松下雖陋村，誓爲神國幹。」由上述可知其受儒家薰染之深與實踐之徹底，宜乎德富蘇峯稱之爲日本男兒之眞面目，日本精神之權化也。

主著：武教全書講錄、講孟餘話、七生說、自然說等。

西鄉隆盛

西鄉隆盛（一八二七—一八七七）幼名吉之助，號隆盛。文政十年（一八二七）生於鹿兒島。夙懷勤王之志，爲「維新三傑」（西鄉、木戸、大久保）之一，幕末尊王思想受陽明學之影響頗大。西鄉氏卽爲日本勤王倒幕運動中之第一功臣。惟屢謀倒幕不成，明治六年（一八七三）又因征韓論，與木戸氏、大久保氏意見相左，乃罷歸鄉里，設塾講學。明治十年（一八七七年）西南亂起，兵敗遇難。雖年壽不如伊藤之長，然事功之著，迄今日人猶欽慕不已。西鄉氏早歲曾讀「近思錄」，後治陽明學，手抄佐藤一齋言志錄，爲其修身養心之功。今摘數則以作參考：

「士貴於獨立自信，依勢附炎之念不可起。」

「凡作事要有事天之心，不要有示人之念。」

「人貴厚重，不貴遲重，尙眞率，不尙輕率。」

「無一息間斷，無一刻急忙，卽是天地氣象。」

「自反縮者，無我也；雖千萬人吾往矣，無物也。」

「不可誣者人情，不可欺者天理，人皆知之，蓋知而未知。」

「學貴自得，徒以目讀有字之書，局於字，不得通透，當以心讀無字之書，乃有自得。」

「讀經宜以我之心讀經之心，以經之心釋我之心，不然，徒爾講明訓詁而已，便是終身不曾讀。」

「凡爲學之初，必立欲爲大人之志，然後書可讀也，不然，徒貪聞見而已。恐長傲飾非，所謂假寇兵資盜糧也，可虞。」

吾人但讀其手寫言志錄，可見其非輕率無謀之將才，乃深於王學不計成敗生死之人也。

主著：大學講義、孟子講義等。

伊藤博文

伊藤博文（一八四一—一九〇九）字俊輔，號博文。維新時著名之政治家，起家藩士，歷封至公爵。其爲人頗有豪俠之情，且敢於秉其所信而行其所是。留學英倫時，遙聞國內攘夷之論大盛，立即束裝返國，諫阻當局攘夷之策。明治維新時，赴歐洲考察憲政，歸國後任第一任內閣總理，手定日本憲法。主張於尊王大義之下，扶植民權，樹立政黨政治之規模。原先反對西鄉氏之征韓論，後中日開戰，併呑韓國，伊藤氏却參與其間。自其愛國觀點言，本無可非議，然却成爲侵略主義之實行者，終遭韓國志士安重根之刺殺。可謂能實踐吉田氏

「死而後已」之遺訓。

然吾人必須認識清楚，日本陽明學者如西鄉隆盛、伊藤博文所表現之勇往實踐精神，只能視爲國之忠烈，而不足以言君子之節義。蓋其死皆與征韓有關，乃不仁不義之擧，天下豈有泯其良知，從事滅人之國之陽明學者乎？故吾人可斷言：「日本之陽明學，促成開國維新是得善果，而維新之後又有征韓之論與呑韓之事，此則表示日本王學精神之死亡。」中山先生勸戒日本「勿爲霸道之鷹犬，應爲王道之干城。」日人誠宜深思惕厲。

林良齋

林良齋（一八〇七—一八四九）初名林壯，又時壯，後改久中，字子虛，通稱求馬，其號良齋，別號自明軒。讚岐人，生三月遭父喪，二十一歲喪母，有兄弟六人，中有三人皆早夭。本繼父職事藩，後以多病，又謙以才薄請辭，藩主憐之，允予退休，身居閒地，專主靜修講學，終生未娶，以讀書尙友終其生。良齋幼時好書，及長漸慕洗心洞中齋先生之精神氣魄，執弟子禮以事之，從習陽明之學，讀書誡玩物喪志，主張人人心中皆有心靈之獨知，能將私欲私意消盡，則能無我，無我則萬物一體，生機自生，故主愼獨工夫之重要，受中齋重孝之影響，同主孝乃天經地義之事。

主著：自明軒遺稿抄，陋說七條、四書略講主意、類聚要語、學徵等。

池田草菴

池田草菴（一八一三－一八七八）名緝、幼名歌也，字子敬，通稱禎藏，號草菴。但馬人，幼時記憶力之強，聞者莫不驚嘆。年十歲，慈父見背，又二年慈母亦棄養，乃入廣谷村萬福寺從住持不虛上人學佛書，幾近十年勤學精進不敢稍怠，後有儒者相馬九方，訪廣谷村，其人性情豪放，不拘小節，爲鄉里所不容，乃流寓各地，上人勸草菴跟其修習，乃捨佛入儒。草菴性喜荒謬，自稱西山隱者，杜門謝客，惟與潛菴時相砌磋。後返梓潛菴贈序相送，其中略謂：「方今之士，浪迹田野，日與山泉伴讀，視貧富得失，榮利寵辱，一無芥蒂，唯子敬一人，惜遭時不遇，壯志未伸。」三十五歲開設家塾，稱青溪書院，從此仕途之意絕，專以育英授徒爲志。草菴之摯友除良齋之外，在學問上之最大益友乃潛菴。

主著：讀易錄、書經贅說、古本大學略解、草菴文集、草菴日錄等。

春日潛菴

春日潛菴（一八一一－一八七八）幼稱直之助，長名仲好，後改仲襄，字子贊，號潛菴。京都人。有陽明學者勤王家之稱。十歲時從佐竹甲斐守句讀與書法，性魯鈍，然晝夜勤苦，數月間，學業大進，同輩不及，書法冠絕當時，十五歲從甲斐守之師－五十君南山，修經書歷史之學，十七歲時因南山之介紹入鈴木遺音（恕平）之門，習程朱之學。二十七歲得「王陽明全集」日夜誦讀，後遂篤信姚江之學。中齋大阪亂起時，世人皆謂王學之徒爲叛逆，都下諸儒亦被視爲異端，潛菴力排妄論，表明王學之眞精神，倡導聖學，聲名日隆，入門者加多，然以應接不暇，乃於私邸壁書謝客，潛心研讀。幕末時海內多事之秋，參與機要，心憂國政，唱大義名分，天下之志士相與往來，獨以教育英才爲樂。西鄉隆盛深慕潛菴，常語人曰：「今日青年之學問事業，如能以春日先生爲楷模，將來必大有所爲。」

主著：古本大學批點、傳習錄評點、讀易抄、潛菴初集、潛菴晚年集。

吉村秋陽

吉村秋陽（一七九七—一八六六）名晉，字麗明，通稱重介，初號六鄉史氏，後號秋陽。安藝人。出生不久卽告失怙，後由其叔父收爲嗣子，及長，並娶其女，生活雖窮，仍能力學不倦，幼時記性特強。嘗讀國史，無一字一句忘者，十五歲從廣島儒者山口西園，修古義學。十八歲遊京都，從伊藤東里學，三十以後已能立說授徒。後師事佐藤一齋，最能得其眞傳，於王學造詣頗深，讀書講解，貴體驗躬行，爲王學之信奉者，與一齋同主朱王折衷之立場。

今摘其語錄，以觀其治學踐履之功，語錄云：「聖門之學，統天人，貫古今，其體無所不備，謂之天德。其用無所不達，謂之王道。合言之曰道焉，分言之曰義焉，而皆一心也。心也者，神化之會，而道義之所由出，人之所以爲人也。是故自大而綱常，小而起居語默以往，至其端緒可窮，亦不外於我心，心之至貴至重如此，而一蔽乎私己，則百病卽聚於此，其患可勝道哉！是人生所以不可無學也。學也者，治其私而復其本之功也。用功之目非一，而其歸宿處，不過曰敬而已矣。斯一字，實聖聖相承之一滴血。惟反躬實踐者，然後其庶乎得之，世間多少學人，若不能及時立志，可惜終身憧擾錯用精神，直到風過花飛時，而後回顧平生，黯然涓沮，不亦傷乎。噫！此惟可與知而信者言，未可與固矣夫高叟言也。」

東澤瀉

東澤瀉（一八三二——一八九一）名正純，字崇一，又崇一郎，其號澤瀉，別號白沙、水月、迂怪、陳樓主人等。周防人。代代爲岩國藩主吉川氏之家臣。其父嚴正好禮，爲時人之模範。然成爲儒者之家則由澤瀉始，天資敏健，音吐雄壯，眼光絢爛，富英偉果敢之氣象。晚歲以風月自娛，胸懷灑落，有宋邵康節、明陳白沙之風。十歲始志於學，甚至廢寢忘食，十四歲修詩文，結社鑽研，年紀最小，然句出一座皆驚，同輩敬畏。於江戶首入一齋之門，後師事吉村秋陽。或評之曰：「筆有秋霜之氣」、「筆鋒峭厲難犯」、「直寫胸臆，筆力縱橫」、「文學韓王精勵、深入半山（王半山）之左腋，辭多鏡花水月，並能參行禪機，邦人罕與其匹。」晚年則「達融和之域，氣厚光深之狀，燁然可見。」慶應年間（一八六六左右）同志會尊王者，盡遭流刑，王政復古後，歸鄉里從事教育。

主著：大學正文、中庸正文、論語撮說、孟子撮說、近思錄參考、傳習錄參考、儒門證語等。

綜觀日本陽明學者之言行，雖不長於精微奧妙之議論，然其對於吾國哲學，在理論與實行方面自有其特長，今擧數點，或足吾人取資者。

其一、日本學者對朱王兩家，絕不徧袒，三輪氏嘗言，信王固深，尊朱亦不淺，佐藤氏陰王陽朱，亦卽此兼容並蓄之態度，良以道爲天下之公道，學爲天下之公學。

其二、日本王學對於知行合一與卽知卽行，尤爲重視。言而不行，日人引爲恥辱，此吉田松陰、西鄕隆盛，所以以身殉其所信也。

其三、日人對於道德觀念如忠君愛國、弔民伐罪視爲一種理念、或神聖工作，盡量求其達於眞善美，絕不容加以汚染，故知行合一，竟與置生死於度外，同一解釋，尤爲善之理念化之至者。

其四、吾國宋明儒者，非不知殺身成仁，如文天祥、陸秀夫之死，爲亡國之後不願降志辱生，如東林志士之死，爲言官犯顏極諫，其死爲消極。而吉田氏之開國勤王，西鄕氏之務勤遠略，以主動造成一種局面，而身殉之，其死爲積極。

其五、日人雖本其所信，各主其見，然爭而不鬥，猶能相互協調內顧國本，如朱王門戶雖分，而不失其「道爲天下之公，學爲天下之學」之根本道理。

最後就中日兩國關於王學如何截短補長通力合作，以圖彼此之交受其益。今擧日本儒家之言爲發端。

井上哲次郎爲高瀨武次郎所著日本之陽明學作序一篇，其中謂：

「陽明學乃發達於東洋之一種哲學。其理論雖不得謂為深遠，然其關於實行方面，實為偉大。是以世之以教育家自任者，誠能講究陽明學，定能大有所得。以德川時代之儒教哲學來分其派別，則有朱子學派、古學派、陽明學派、折衷學派四種。就中如陽明學派，人數雖不多，然均非腐儒，或以省察為事，或以盡瘁於事功，其所以裨益日本者，決非淺鮮。良以陽明學派在四派中最重實行故也。」

井上氏於其主持之陽明學月刊發刊辭謂：

「統觀倫理之大道義，參照日本固有之風氣士道，質之宇宙以內，通有之大原理而無悖者，其惟發明儒家大道之陽明乎？陽明一生工夫，不外「致良知」三字。至精至神，至明至妙，盡心盡性，盡道之極致，而無復餘蘊。」

高瀨武次郎於其所著日本之陽明學一書謂：

「大凡陽明學含有二元素，一曰事業的，一曰枯禪的。得枯禪之元素者，可以亡國；得事業之元素者，可以興國。中日兩國各得其一，可以為實例之證明。」又：「我邦陽明學之特色，在其有活動的事業家，藤樹之大孝，蕃山之經綸，執齋之薰化，中庸之獻身事業，乃至維新諸豪傑震天動地之偉業，殆無一不由於王學所賜與。日本之陽明學，反乎支那（中國）之墮落的陽明學派，而帶有一種懍然之生氣，能使儒夫立，頑夫廉，此由於國民性質之異有以致之也。日本國民之性質，比之中國，義烈而俊敏，傾於現實，富於實踐性，偶聞有微妙幽玄之理論，雖亦研究之，但未窺門奧忽轉而顧及實行如何，其不得實行者，則不取之。」

以上日本學者批評吾國之短，亦承認吾國之長，其所謂短者，吾人應坦白承認，其所謂吾國之長者，即指日人不長於精微高遠之理論言之，則今後理論上之發揚光大，國人應負起以爲己任。惟吾國既有明末狂禪一段教訓，應自高遠之玄談而返於實際。且西方哲學既已輸入思想上剖析分解之功，不能但以陽明所言爲已足，宜參以西洋學說足資發明者，使之更深刻更光大，此則中日兩國學者所應共同努力者也。

（原載華學月刊七十三期67. 1. 21.）

「陽明學大系」評介㈥

——第十一、第十二、別卷

日本自西元一八五三年美艦叩關通商，門戶大開，形勢爲之一變，激起一班愛國志士，大唱尊王攘夷之說，以勵國人。然此排外行動，除招致賠款開港外，徒使日本受嚴重之教訓，自是一改攘夷態度，終釀成維新之改革，政治之統一。何以衆人對於明治維新之印象，比大化之改革，建武之中興，或家康之覇權，皆有所不同。蓋彼等深知明治維新，乃由一種前所未有之思想，從深處所發出之力量影響而達成。簡言之，此思想之背景卽宋明之理學。

宋明理學實可溯源於儒家之道統，而此儒道中，日人最得力者，厥爲陽明之「知行合一」，彼等又竊取「致良知」之唾餘，改造衰弱萎靡之日本，統一支離破碎之封建國家。尤以維新以前之武家社會，受幕府之統轄，實施藩士教育，其思想中心，乃以久經儒家涵濡孕育國粹思想，此思想控有支配社會之力量，對國家政治文化，具有絕大之影響力，直至明治維新，睦仁親政以後，仍佔政治文教上長期之砥柱，故此根深蒂固之思想與立場，至幕末而更顯現。日本江戶幕府時代，朱學盛行，迨陽明之學傳入日本後，更有凌駕之勢。蓋時値封建割據之內憂，與武力侵凌之外患，陽明學者得此契機，發揮其良知良能，踐履篤行，或唱尊王攘夷之論，或作開國進取之圖，然陽明學說在日本，終未被時代潮流所衝擊，反而影響時代潮流，此乃陽明學說在中日兩國所處之時代背景使然。

本文所欲介紹者，首即「幕末維新陽明學者書簡集」（大系第十一卷），該卷以幕末維新之陽明學者池田草菴爲重心，由草菴與林良齋、吉村秋陽、斐山文子、東澤瀉、春日潛菴之間交往書信編集而成。卷後並附幕末維新陽明學者五子略傳。據岡田武彥先生略謂，書簡之整理頗費時日，幸承良齋、草菴、秋陽三儒之子孫等之保存珍惜，始得將此貴重難得之資料，有機會展現於讀者面前，吾人欣賞閱覽之餘，思古之幽情，油然而生。由此事實之表現，益覺陽明學說之可珍可貴，凡我有志之士，更應截長補短，紹恢前緒，不宜睜望彼邦人士專美於前。

今列本卷細目，以資參考。

幕末維新陽明學者書簡集　第十一卷

一、序說　岡田武彥
二、林良齋、池田草菴往復書簡　山口宗之
三、池田草菴書簡（致吉村秋陽）　井上　忠
四、池田草菴書簡（致吉村斐山）　井上　忠

五、吉村秋陽書簡（致池田草菴） 岡田武彥

佐藤 仁

六、吉村斐山書簡（致池田草菴） 岡田武彥

井上 忠

七、東澤瀉書簡 （致池田草菴） 井上 忠

八、春日潛菴書簡（致池田草菴） 佐藤 仁

幕末維新陽明學者五子略傳 岡田武彥

其次介紹者爲陽明學便覽（大系第十二卷）本卷純爲研究陽明學之輔助與利用編集而成。卷首之陽明學年表，在使吾人於中日兩國陽明學之發生發展之大要，作一概略之理解，並將有關各學者之學說、著述，依中國篇、日本篇之次第作成。另者再將本大系之主要記事之卷數、頁數作成索引，便於檢索。中國篇爲二松學舍大學講師川久保廣衞先生，日本篇亦爲同校講師橋本榮治先生負責編纂。至於明代儒學者一覽，本爲昭和三十二年（一九五七）楠本正繼博士在九州大學文學部宋明思想研究室之油印底本，後來再以「民國五十四年版之明人傳記資料索引」、「明史」、「明儒學案」、「姜亮夫之歷代名人年里碑傳總表」等補訂而成。卷末之文獻目錄，非僅陽明學關係之資料，廣及宋元、明及清初研究文獻，一併收錄爲主體，後經名大之山下龍二教授與東大之山井湧教授補苴若干而成，原則上收錄至大系刊

行年度（昭和四十六年，一九七一）爲止。其詳目爲：

陽明學便覽　第十二卷

一、凡例

二、陽明學年表

中國篇　川久保廣衞

日本篇　橋本榮治

三、明代儒學者一覽　楠本正繼

傳略一覽

學系一覽

姓名索引

名字別號索引

明儒學案一覽表

四、宋明學研究文獻目錄　山下龍二、山井　湧

日本之部

中國之部

再次介紹者爲傳習錄諸註集成（別卷）本卷執筆者二松學舍大學中田勝先生，先生謙云

，傳習錄乃先哲以生命躬自體驗所得，本不容後學者妄加注釋，唯時移人替，恐後人於先哲之謦欬，或有隔閡，乃依古人之教訓，以覺我後學，爰據三輪執齋之標註，佐藤一齋之欄外書，吉村秋陽之王學提綱，劉念臺之傳信錄，施邦曜之集評，許舜屏之評註等各家意見，以觀其會通。

執齋標註

傳習錄中，於學庸論孟引用之文頗多，執齋逐一將其語句之出典，俗語之原委，詳加標註，乃有標註傳習錄四卷之行世。

一齋欄外書

一齋於職務上雖標榜朱子學，然內心實心契陽明，於執齋標註傳習錄，更是勤加翫味，遂有傳習錄欄外書三卷之流行。

秋陽王學提綱

少時嘗遊京師，為一齋之門生，及壯始習陽明學，終其身服膺王學，無所更替。其王學提綱一書，非僅為初學者之入門書，於專家亦頗具參考價值，倘能握此管鑰，則能進窺王學全貌。

劉念臺陽明傳信錄

念臺於陽明學之宗旨—致良知之體悟，可謂善學之人，況其浸潤於其神髓既久，感受自深，故以愼獨爲宗，以誠意爲主，後乃有陽明傳信錄三卷之揭載。

傳習錄集評

日本王學盛行之時，奉化人孫鏘集諸家（孫夏峯、施邦曜、劉念臺、黃梨洲、陶會田、梁卓如）之評語，擇精棄蕪，遂有傳習錄集評二卷之編纂。

許舜屏評註

著者爲浙江人，其明澈之評註，適值王陽明先生全集刊行之際，後廣東番禺人徐紹楨對其評註之詳審，曾大力薦擧。

今列其目，俾對傳習錄諸註集成有更深之認識。

傳習錄諸註集成　別卷

一、凡例
二、解說
三、傳習錄諸註序
四、傳習錄上卷
五、傳習錄中卷
六、傳習錄下卷
七、傳習錄諸註告文及跋

八、跋

最後筆者願以王學慕道者之立場，對中日學術思想界之期望，略抒曝言。雖說中日兩國之關係淵源流長，且日本長期受我儒學之影響，文化之洗禮，其間或不可資國人借鏡省察之處。然部分短視近利之徒，時輒摘取片段，忽視王道精神，招致不堪設想之後果，姑不以此微疵，而損其大體。所謂「倡漢學時代則興，廢漢學時代則亡。」誠非虛言。而我國人更應負起王學新理論闡揚之責任，且與之合力圖之，誠爲中日學者所宜共同努力以赴。

（原載華學月刋第七十四期67. 2. 21.）

陽明學與明治維新

壹、日本陽明學之特色

國人每知儒學、陽明學對日本學術思想之深厚影響，然日本所以採取宋代儒學猶有抉擇去取之原則，凡事審愼，棄短取長，不勦說，不雷同。硏究創發，自成體系，故名之曰日本陽明學之特色。舉例以明之，其於吾國，儒學也，佛教也，忠君也，愛國也，一一採而行之。宦官也，宮戚也，科舉取士也，婦女纏足也，絕不模仿。此非日本自有其取舍之道乎？

一、日本陽明學者之實踐精神

蓋日本爲靑年民族，感覺敏銳，知何者爲善，何者爲惡，傳統之拘束少，故立言一無顧忌，一切名辭不致成爲陳腔濫調，而能保持其新鮮意義，同一開港貿易也，吾國迫於城下之盟，乃訂約通商而已。日本則稱此之前爲鎖國，之後爲開國，認識其意義之重大。而兵器，科學與憲章之改革，隨之而來。其識見之銳敏，豈吾國當日所夢見者乎！惟其爲靑年民族，語言文字之運用，較吾國爲短淺，其於忠君愛國字樣，視爲一理想而奉之。與吾國之習聞有湯放桀，武王伐紂之征誅，王莽曹操之篡弑，乃視「尊王」二字爲一空洞名詞，照例文章耳。至於救災恤民云云，出於民胞物與之大義，爲吾人所習聞，然亦限於樂善好施，輸財仗義，以云如大鹽中齋氏之鬻書濟民且以身殉之，則爲吾國所罕見所罕聞。此當爲日本人重視實踐，不流空言之故。固然日本爲海島國，壤地偏小，交通便利，思想易普及，然其兢兢業業，力精圖治，虛心擷取他國長處，亦堪稱一國之精神所在，值得吾人平心析論，以爲自強之資。

宋代儒家之學傳入日本，其受益之顯然者，朱子學養成其學問力行并重之風氣，學者謹嚴篤實之人格，有所謂「水戶學派」，亦卽朱子學之一種。德川光國氏受之朱舜水之教者，以編纂日本國史爲提倡尊王大義之法門。更有所謂「古學派」者，雖以反對朱子學相號召，實卽類於浙東學者之矯正朱子，而著重於政治制度文史。日本何嘗有如吾國朱陸之爭，或但讀朱子注解以爲求取科名之具。此非吾國人所當猛省者乎？

二、宏揚圓融統一之陽明精神

今特揭朱子學與陽明學，俾知陽明學說實乃朱陸圓融統一之思想。唐君毅先生於中國哲學原論原教篇自序嘗謂：

「朱陸之學，乃緣周張之言天人之際，二程之言內外之際，而直下措思于一心中之明覺與天理之際。陸子發明本心，自近明道之言一本。陸子謂『孟子十字打開，更無隱遁』乃本孟子言『萬物皆備于我』之旨，以言宇宙卽吾心；亦猶明道之亟稱『孟子之發揮出浩然之氣，可謂盡矣。』，乃本孟子之『浩然之氣塞乎天地』之旨，以言仁者之渾然與物同體也。朱子之主敬存養省察致知格物之功，以兼致中和，則明出于伊川之『涵養須用敬，進學在致知』之兩端並進之功。然伊川之學，亦原本明道之學，而朱陸之學亦自有通途。明代陽明致良知之學，緣朱子之格物致知之論轉手，而化朱子之知理之知爲天理良知，以還契陸之本心，則由陽明學亦可得此緣朱通陸之途。」

由此以知，陽明乃明朝中葉理學之重鎭，與其謂其思想近於象山，勿寧謂傾於明道爲切近，大體言，陽明思想是淵源於孟子而開展者。孟子受業於子思，子思受業於曾子，曾子親炙於孔子，故謂陽明之學乃聖門之嫡傳。因之其思想淵源，與程朱並無重大之歧處，仍爲孔門思想之一脈相傳。但後人每將程朱陸王之思想，予以對立而分疏，蓋乃門戶之見。

質言之，陽明思想較活潑，且於心學造詣亦較深刻。又能不拘泥於文字，故能直透本體。因謂人心本體，常虛常寂，常感常應。心外無理，理卽是心。理外無事，事卽是理。若謂致知格物爲窮理工夫，誠意正心又有一段工夫，則是心體有許多等級，日用工夫有許多次第，堯舜孔孟先後相傳之學，果如是乎？建安楊建游先生嘗謂「朱陸之所可辨可議者，其言也。朱陸之不可議者，其人也。道之存於人，不貴於言久矣。苟不以人論學，而以言論學，不以人求朱陸，而以言語求朱陸，則今之紛紛，無怪其然。今之學者，出處無朱陸三揖一辭之恥拔，取予無朱陸裂石斷金之果決，義利不分，聲色不辨，無朱陸青天白日之光明，而所爲黯闇垢濁，自以爲心傳乎孔孟，而腦次則鬼魅蹠尤，蠅營狗苟，入儀秦申商之奸橐，而反吹吸於朱陸之短長，可悲也夫。」誠慨乎言之！陽明亦自謂：「僕嘗以爲晦庵之與象山，雖其所以爲學者，若有不同，而要皆不失爲聖人之徒。今晦庵之學，天下之人，童而習之，旣已入人之深，有不容於論辯者；而獨惟象山之學，則以其嘗與晦庵之有言，而遂藩籬之，使若由賜之殊科焉，則可矣。而遂擯放廢斥，若碔砆之與美玉，則豈不過甚矣乎？」故陽明實乃融朱陸而悟性體之人。

清初夏奇峯則折中言之，謂兩家皆能補偏救弊，彼謂：

「今世之儒者，不宗朱則宗王，宗朱者則必攻王，宗王者則必攻朱，紛紛然爭辯而未已也。或者病其若此，乃欲兩是而並存之，人因謂之調停，謂之中立。今予兼取朱王之所長，而皆以爲吾師得毋近於中立之見，調停之說乎？曰：非也。夫天下之理，不可有兩，是也，任其殊塗百慮，總惟歸於一是耳！然則所謂一是者，何以定之，亦以吾性之理定之而已矣。吾性之理，本之於天，具之於心，涵而爲純一之體，發而爲靈明之用，其靈明之發而爲最初之一念者，則良知是也，卽良知之發，而識吾性之眞，因推極其良知之用，以復還吾性之體，是王子良知之說，正有合於吾性而不可以非者也。吾性之理，本之於天，具之於心，統而爲彝倫之大，散而爲萬事萬物之理，是萬事萬物之理，卽吾性之所存也。本吾性之理，以格萬事萬物之理。窮萬事萬物之理，而益明吾性之理，是朱子卽物窮理之說，亦有合於吾性而不可以爲非也。蓋王子得吾性之要，朱子得吾性之全，不得其要，則泛濫而無本，不得其全，則缺略而不該，無所謂要者，卽所以主宰其全，非於全理之外，而別有所謂要。所謂全者。卽所以統具乎其要，非於要理之外，而別有所謂全，是吾所謂歸於一是者也。夫豈徒欲兩是而並存之，以爲中立之計，調停之策哉！」

以上夏奇峯已將心物本合爲一之理，闡發殆盡。又其門人湯潛庵，更將奇峯統朱王爲一之義蘊再行發揚。潛庵謂：

「程子曰：天性二字，吾體驗而得之，又曰：學者敬以道內爲本，朱子曰：靜者，性之眞也。涵養中體出端倪，則一一皆爲己物，豫章延平師友相傳，皆是此意。其曰窮理者，亦窮天所與我之理也，故可以盡性而至命，博學、審問、愼思、明辨，皆其功也。後人失其精意，遂至沈溺訓詁，泛濫名物，幾於支離而無本。王守仁致良知之敎，返本歸原，正常救末學之流弊。然或語上而遺下，偏重而失中，門人以虛見承襲，不知所以致之之方，至王畿四無之說出，益洸洋恣肆，失其宗旨，其流弊有甚焉者。故羅洪先（念庵）有世間無現成良知之說，而顧憲成高攀龍亦主性善之論。夫儒家於積重難返之際，深憂大懼，不得已補偏救弊，固吾道之所賴以成。學者先識孔孟之眞，身體而力行之，久之徐有見，未嘗不殊途同歸也。」

日本陽明學權威作家安岡正篤亦嘗謂：

「朱子學與陽明學，較其異同加以論列，恐非朱子與王子之本懷。朱子與陸子弟兄（兄復齋、弟象山）會於鵝湖，彼此意見不能契合，其後復齋曾訪晦庵，未幾復齋歿也，復齋之墓誌銘，擬請晦菴執筆，象山曾親訪之於南康（晦菴時爲南康縣守），晦菴迎之，共舟遊於鄱陽湖上，乃有『自有宇宙以來，已有此江山，還有此佳客否』之慨歎。並導至白鹿洞書院，且請爲諸生講學。至於陽明，爲欲表明其與朱子於根本無相異之處，遂著朱子晚年定論一書，以爲之證，頗遭諸家之物議，而以羅整庵爲始。但據所答謂：『平生於朱子之說，如神明蓍龜，一旦與之背馳，心誠有所未忍，故不得已而爲此，大意在委曲調停以明此學爲重』（答羅整庵少宰書），足可察其本意。要之，學者器量之窄，各立門戶，私相排擠，爲其所深惡。故有『先儒之學，得有淺深，則其爲言，亦不能無同異，學者惟當反之於心，不必苟求其同，亦不必故求其異，要在於是而已。今學者於先儒之說，苟有未合，不妨致思，思之而終有不同，固亦未爲其害，但不當因此而遂加非毀，則其爲罪大矣。同志中，往往似有此病，故特及之』（書石川卷）等告戒同志之文。並力說：『議論好勝，亦是今時學者大病。今學者於道，如管中窺天，少有所見，卽自足自是，傲然居之不疑，與人言論不待其辭之終，而已先懷輕忽非笑之意，訑訑之聲音顏色，拒人於千里之外，不知有道者從傍視之，方爲之悚息汗顏，若無所容，而彼悍然不顧，略無省覺，斯亦可哀也已。近時同輩中，往往亦有此病，相見時可出此以警勵也』（同前）。其結語謂：『孔子云，默而識之，學而不厭，斯乃深望於同志者也』（同前）。陽明學此種貴重之精神，往往不爲人所注意。」

安岡先生又謂：

「崛起於亂世，能撥亂反正，創業垂統之英雄，大都規模恢廓，或奔放不羈。實非尋常一般可比。然其後繼者，必擇無過失之徒，謹守規格之士。其繼承者，亦必保守先世之規矩，以求無過而已。但其人尚多殘存創業時代之氣魄與活力。及至第三代，大都易於因循姑息，以保守先例舊觀爲務，惡雖不爲，善亦不舉，馴至無爲無能，繼成頹廢而墮落。對片刻不停之時勢，自難更乘其機宜，遂釀成動盪不安，運蹇者往往招來混亂與破滅。於是復有撥亂反正之新英雄，出而創意。此爲古來興亡之鐵則，德川幕府，亦曾經文化，文政之全盛期，其衰微之徵，亦極爲明顯。」故下節擬就陽明學是維新之原動力而闡述之。

貳、陽明學是明治維新之原動力

古人嘗謂：「讀史可以明盛衰之理，究天人之變」，因吾人從歷史所記述之事實中，可尋繹一民族或國家其治亂交替之關係與人事消長之道理，甚至學術思想之軌跡，皆可一目瞭然。

梁啓超於中國歷史研究法謂：「史者何？記述人類社會賡續活動之體相，校其總成績，求得其因果關係，以爲現代一般人活動之資鑑者也。」顧頡剛嘗謂：「史之爲用大矣！可以鑑往，可以知來，歷記成敗存亡禍福之道以垂後世，自有史學以來，未有能外此義者也。」近人錢賓四先生於國史大綱亦謂：「凡治史有兩端。一曰求其異，二曰求其同。」是以吾人於明瞭陽明學是明治維新之原動力眞象前，應於客觀史實中求實證，俾對長久以來深受我民族文化薰陶之過程，有所認識。

一、深受我民族文化之薰陶

自古以來，中日兩國於地理上、歷史上、政治上、文化上、經濟上關係之密切，乃人盡皆知之事實。雖說日本舊史家對日本開國年代曾有公元前六六〇年神武天皇開國之說，但迄公元六世紀中葉，日本始有歷史紀錄。及至西元七一二、七二〇年，始有「古事記」、「日本書記」之創作。且此兩書均爲留學我國之僧侶學者抄襲吾國古史和傳說而成。故日本新史學家，咸認爲前說無歷史根據，而加否定。但日本開國於西元前二三世紀，似較可信。因日本雖無紀錄可考，然吾國史乘則載明甚確。除「漢書地理誌」外，「後漢書東夷傳」、「魏書倭人傳」、「宋書倭國傳」、「隋書倭國傳」等書，均爲研究古代日本社會之基本資料。至於隋唐，交往更密。由上可知，中日關係之悠久密切矣。而日本文化之開拓，典章制度之樹立，道德風俗之形成，揆其本源，雖有部分來自朝鮮、印度，然主要受賜於中國，乃不爭之事實。是以吾人可說，日本上古及中古之歷史文化，因受中國文化薰陶影響，而使日本由草莽野蠻狀態，步上統一集權之國家，雖降及近代經明治維新，因融滙吸收西歐文明，使日本趨於近代化國家之途，而其各種物質文明遠勝於中國，但精神文化，則迄今仍深受中國傳統文化之薰染。

吾人從日本文化史之觀點論之，日本大化革新（西元六四五—七〇七年）與明治維新（西元一八六八—一九一二年）爲日本歷史演進之兩大關鍵。前者使日本民族脫離部落時期，進入文明統一階段。後者資使日本中央集權，實施憲政，模倣西洋，富國強兵，國家得以近代化，故能一躍而爲世界強國之一。是以日本史家論及日本歷史文化之演進時，必將大化革新與明治維新，相提並論，因兩者同等具有劃時代之歷史價值與地位。故吾人可說：若無大化革新則無古代日本文化。若無明治維新，則無近代日本文化。然而兩者基本之精神原動力，皆是深受我民族文化影響使然，此吾人應引爲無上之光榮與興奮者也。

由上言之，大化革新，主要受我民族文化之啓示，乃中外史家所公認，無待多贅。至於陽明學爲明治維新之原動力之事實，則較爲曲折，必須再加申述，方能知其前因後果也。

二、朱子學派於日本之隆盛

大化革新，既奠定大和民族統一之國基，惟政治則未能完全步上正途。因自西元七八一年至一一八五年，實行所謂攝關政治，莊園與武士制度開始形成，遂啓後來武家政治之漸。迄一一九二年，武士源賴朝首開幕府於鎌倉，掌握政治實權，天皇與公卿，形同虛設。至一三三八年足利尊氏，繼於京都室町地方，設立室町幕府，及至一五六八織田信長崛起，室町幕府遂致覆滅。此卽史家所謂德川時代之開始，而其前驅者，卽織田信長與豐臣秀吉，後與德川家康堪稱此時代三位不平凡之人物。但室町末期，各地群雄，跨州連郡，兵連禍結，迄無寧日，約百年之間（西元一四六七年至一五六八年），形成日本歷史上最黑暗之「戰國時代」。但至一五八二年，織田因御下嚴刻，創業未竟，爲部將明智光秀刺殺於本能寺，年方四十有九。遂由豐臣秀吉，繼其遺志，完成初步統一。秀吉之軍事天才與武勇，或遜信長一籌，然於政治之運用，却非信長所能及。彼對皇室之態度，卽較信長高明，非唯於物質供奉上務極豐厚，且推及朝臣，終獲民衆之擁戴。

日人和辻哲郎嘗謂：

「秀吉之奉戴皇室，也許是爲了政權而加以利用，但民衆則由秀吉這種態度，而在國家統一的意識方面感到了滿足。」

豐臣秀吉之文治武功，終究突過織田信長，不愧一世英傑，但至垂暮之年，却深懷隱憂；嗣子秀賴，猶在沖齡，難繼大業。當時雖已削平群雄，然猶有德川家康虎踞東關，終非池中之物。但家康少年時已遷就信長二十餘年，中年時又降格向盟友（信長）之部將－豐臣秀吉稱藩，一生中幾全仰人鼻息，家康是否有耐心再於乳臭未乾之小孫婿手下委屈？故大文豪德富蘇峯評稱：

「秀吉之託孤家康，比將鹼魚交給貓看管，還要來得更蠢。」

慶長三年（一五九八）八月十八日秀吉溘然長逝，結束其六十三年之生命，傳遺命由淀君攝政。一六〇〇年德川家康於關原一役，擊敗豐臣氏勢力，始奠其基，遂於一六〇三年開設江戶幕府，直至一八六八年之明治維新，史稱江戶時代（即德川時代）。其間凡二百六十五年，在日本歷史上是承先啓後之樞紐，是近代日本形成之關鍵，亦是日本百餘年之戰國紛亂之後，最昌隆之治平盛世，此綿延兩世紀半之小康之局，不能不歸功於德川家康。

職是之故，江戶時代之所以能肩負如此重大之時代使命，主要乃深受宋明理學之影響。前期與中葉，受朱子學之影響最深，末期則受陽明學之影響較鉅。從公元七八一年至一八六八年，日本之政治實權，幾乎掌握於武家諸侯之手，但一二九九（元成宗大德三年，按南宋亡於一二七九年）臺州人僧一寧，由元至日，此爲理學傳入日本之始。迄一三八一年（明太祖洪武十四年），僧義堂，向將軍足利義滿，力言新儒學朱注四書之優越性。此後日本武士之中，亦漸有名分論之興起，蓋因多年戰禍，民不聊生，國人統一之願望，油然而生。且室町時代，中央文化向地方發展，武家文化流入平民階級，遂起平民文化之漸，此爲重大之演進。復以朱學之隆盛，禪宗之崇尚，以致於文學、工藝、生活等，儒學禪宗之色彩，皆極濃厚，亦爲此時之特徵。凡此特徵，對此後之織田、豐臣之統一事業，影響至深，可爲明證。一六四五年（清順治二年）清兵陷金陵，浙江餘姚人朱舜水，由舟山至九州，乞師日本，時水戶藩主德川光國，以國師賓禮之，然乞師終不就。但此後幕府上下及民間學者，多從舜水問學，遂開水戶學派。舜水亦傳朱子之學，故德川幕府始終定爲國學。初期百年間，文治主義大爲盛行。彼時武家法度，注重明人倫，正風俗，開學校，廢淫祀，設社倉，宏揚儒家教化思想，普及孔子倫理教義。而每代宰輔重臣，自保科正之、酒井忠勝、柳澤吉保、新井白石，皆有施政幹才，且均爲儒學者。

宋越倫先生於「朱舜水與明治維新」一文嘗謂：

「其（舜水）學問德業，影響於日本近代政治文物者至鉅，一八六八年之明治維新，其思想骨骼，實受之于舜水，此種事實，蓋爲研鑽日本近代史者所共知，海外孤臣，於迴天無術，悲憤泣血之餘，竟能以其所學教導鄰國，使之發揚光大，淵源悠久，揆之中外史乘，實不多覯。」

三、王學之振奮與理學復興

當朱學鼎盛之際，與之對抗之陽明學派，後亦繼起。日本陽明學之創始者爲中江藤樹，其在日本陽明學界，則儼然爲日本之陽明。最著名之繼承人，爲熊澤蕃山。主自反愼獨，追求知行合一，公卿來學者甚多。幕府以朱學爲正統，且熊澤是浪人出身，幕府遂忌嫉而痛惡之，曾將熊澤幽禁。然陽明學仍然鼎盛不衰，人才輩出，形成在野派之理學中堅，而與幕府對抗。尤可注意者，彼時該派產生頗多自由思想家，其進步之傾向，甚爲激烈。是以後來明治維新志士，均由該派產生。

德川末葉，綱紀廢弛，財政窮困，武士沒落，人心思亂。復以維新志士受英俄侵略之刺激，先者有安內攘外之論，故鎖國開國之爭，至爲激烈。迄一八五四年日美神奈川條約簽訂之後，彼等更積極主張「尊皇攘夷」，倡導「打倒幕府，王政復古。」故明治維新之思想領導，實以王學志士爲主。同時幕府內部，尤以將軍慶喜，向受水戶學派思想之薰陶，大義名分，知之甚稔，其本身亦富有王政復古之意識，故朝廷下詔討幕之日，幕府亦奏請「大政奉還」。因此未經流血慘劇，亦未使國家淪爲國際鬪爭之犧牲品，遂能拯救日本於千鈞一髮之際，而爲現代日本奠定良好之基業，故能迅速接受西方文化之成果。

縱觀近代世界歷史，數百年來，歐人以殖民帝國主義之凶惡面貌，挾其科學利器，侵略落後地區。落後民族，百分之九十九之國家，均受其摧殘之害，惟有日本一國，獨受其培植之益。此何以故？設若日本無德川之建樹，日本豈能幸免？而德川無理學之滋潤，明治豈能卽時維新？譬沙漠之地，桃李何能盛開？百花何能競艷？蓋朱學之嚴正、確實、勤勉、堅定之致學態度，奠定德川時代之學術基礎。王學之振奮、激揚、自反、自強之精神，啓發明治維新之自信。故「尊皇攘夷」之「春秋大義」，一經提倡，上下同心，共赴國難，完成維新偉業。所謂順理成章，水到渠成者是也。古人有言：「禮失而求諸野」，其信然乎？

梁啓超先生於「論私德」一文略謂：

「夫清人入關，忌刻漢人之復興，故一面興文字獄以高壓之，一面開博學鴻詞以攏絡之，而朱學之嚴正忠實，王學之激揚蹈厲，皆清室之所忌，於是提倡漢學，排除高深學術，鑽研瑣碎考據，以消磨漢人之民族意識。故漢學者，率漢民族而心死者也。此種謬論，與八股同毒，吾人二百餘年以來，正食其報，耗矣哀哉！」

由上觀之，日本因理學而興隆，中國因反理學而衰弱，事實俱在，無待多辯。

今觀日本學者，高瀨武次郎於其所著「日本之陽明學」一書中，嘗謂：

「明末之陽明學者，令社稷滅亡，致後人評之爲亡國學。故支那（中國）聞陽明學者云云，一直聯想及於枯禪與老氏之虛無放蕩狂逸，故吾人斷之曰：支那王學者，得枯禪元素，失其事業元素。」

「反之，我邦陽明學之特色，在其有活動的事業家，藤樹之大孝，蕃山之經綸，執齋之薰化，中齋之獻身事業，乃至維新諸豪傑震天動地之偉業，殆無一不由於王學所賜與。日本之陽明學，反乎支那之墮落的陽明學派，而帶有一種凜然之生氣，能使懦夫立，頑夫廉，此由於國民性質之異有以致之也。日本國民之性質，比之中國，義烈而俊敏，傾於現實，富於實踐性，偶聞有微妙幽玄之理論，雖亦研究之，但未窺門奧忽轉而顧及實行如何，其不得實行者，則不取之。故玄妙精微之哲學，一度通過日本學者之頭腦，直化而為淺近且便於實行，其抽象，純正，高尚之部份，則懷疑之，除去之，而不見其發達。」

井上哲次郎氏於「陽明月刊」之發刊辭中云：

「但統觀東邦倫理之大道義，參照日本固有之風氣士道，質之宇宙之內，通有之大原理而無悖者，其惟發明儒家大道之陽明乎?陽明一生工夫，不外『致良知』三字。至精至神，至明至妙，盡心盡性盡道之極致，而無復餘蘊。陽明嘗言：『某嘗說，知是行的主意，行是知的工夫，知是行之始，行是知之成。若會得時，只說一個知，已有行在。只說一個行，已有知在。』彼非以空言自高之人，知行合一，自有所得。故曰：『吾學得之九死一生之中。』其活眼活識，豈迂儒所能窺見哉。」

井上、高瀨二氏所指陳者，對吾國而言，實多中肯愓勵之語。但反觀日本雖興隆一時，却又因反理學而慘敗，此亦吾人所目睹，賈子（誼）有言：「仁義不施，而攻守之勢異也。」蓋因日本僅學陽明哲學之「知行合一」精神，却忽視「致良知」之要求，以致在爾後之發展中，一意醉心西學，追求富國強兵，遂至輕視儒家之王道精神，培育帝國之霸道思想。終究遭致不可收拾之後果 而今吾人願以 孫中山先生名言再次正告日本：「究竟是做西方覇道的鷹犬，或是做東方王道的干城？就在你們日本國民去詳審愼擇。」以作本節之結論。

參、明治維新之特質與歷史意義

明治維新，是由純粹封建之政治形態之幕府制，轉換爲絕對主義天皇制之劃時代改革。日人安岡正篤先生嘗謂：「現代世界各地可稱之爲革命流行時代，但考其所謂革命，實出自誤解、偏見、或以淆亂人心爲主旨者居多。特自法國革命以來，謳歌革命之思想及宣傳，極爲普及，視所謂革命，不惟可以打倒腐敗低能之政府，又必能獲致符合人民希望，代表熱情、英雄之卓越人士出現，出而組織政權，財政因之得救，法治亦將確立，外之可以促進善鄰關係，內之必至和平鞏固，民衆之繁榮與幸福，指日可期，命意如此，所期如此。但其思想之方向，漸行矯激，革命行爲，卽成爲以打破一切舊有，而藉以求新爲風潮。遂釀成舊者一旦破壞，所希冀之新者自會產生之觀念。然此不過因革命之宣傳、所發生之幻想而已。外現之政體，雖可打破，但其固有之基礎，依然爲其基礎。只能破壞，焉能眞有希望。……要之，表面之革命，決非眞能求得新生之世界；通例之革命，如加嚴肅論斷，實因代表國民人物精神頹廢所致，倒者與被倒者，五十步百步之差而已。如眞冀新人出現行新政，端賴內面精神之涵養及運動，此爲必須之條件也。日本明治維新，最足引爲確證。」由此可以略知明治維新之特質。

明治維新，是日本近代化之起點。慶應三年十二月九日（一八六八年一月三日）之王政復古令，乃封建與近代之轉捩點。維新之始期，或說起於一八三七年大鹽平八郎之亂，或說起於一八四一年幕府天保改革，或說起於一八五三年培理（M. C. Perry）渡日。其終期或以爲一八七一年之廢藩置縣，或以一八七三年之地租修正，或以爲一八七七年之西南之役，或以爲一八八四年之秩父事件，或以爲一八八五年之內閣制度成立，或以爲一八八九年之大日本帝國憲法之制定，或謂止於帝國議會之開設等等，莫衷一是。至其歷史性格，有絕對主義說與資產階級革命說，兩者互相對立。一八三〇年天保年間，幕藩體制危機愈趨嚴重，「百姓一揆」與搗毀運動逐漸激烈，一八三七年大鹽平八郎之亂，更加深封建體制之危機感。爲重建封建關係，幕府與諸藩均行天保改革，幕府因逆時潮而失敗，薩摩、長州等西南雄藩因順應時勢而告成功。西南雄藩之勢日增，造成幕末之政等。

鎖國狀態下之幕藩，雖欲以閉關自守而維持其長治久安，然自航海術發達，歐洲勢力逐次東漸。且歐美資本主義之抬頭，導致對外之發展，一八五三年，美艦叩關，揭開日本鎖國政策，訂立日美和親條約（神奈川條約），復與英、俄、法、荷訂約，幕府威權，愈趨低落，雄藩之政治發言權，日益增強，因幕府之對外訂立和親條約，不滿幕府所爲之下級藩士，據儒家夷狄觀發起「攘夷」運動，復與「尊王」論結合，而成「尊王攘夷」運動。此時，日本幕藩間，發生將軍繼嗣問題及「安政假條約」問題，幕府與西南雄藩之關係日益惡劣，雄藩之主，藩士對幕府大老井伊直弼擅與美訂約通商（即安政假條約）並立德川慶福爲將軍，深表不滿，時加批評，終導致安政大獄之興，嚴懲反對派志士。井伊大老爲重建幕府之威信，不惜採用高壓手段。後於萬延元年（一八六〇年）三月三日，江戶城中，春雪霏霏。乘輿行經櫻田門，突遭水戶藩浪士狙擊，當場殞命。又因通商條約訂立，金、銀本位不同，外國商品之輸入，促使金貨外流，物價高漲，更加深反幕情緒。是以在兩世紀有餘之鎖國政策下，此外來之刺激，頓時引起朝野上下之不安，與內部之必然革新機運相拍合，而加速德川政權之崩潰。終在一八六八年一月三日，於倒幕派之壓力下，奏請奉還大政，宣告王政復古廢止將軍制度。此固外力壓迫之敏感，所產生急激之變局，殆亦勢所必至。

一、維新與革命

本爲明治革命，而特稱之爲明治維新，去革命之名而不用，此日本之習慣不可不注意。此意識與感情，實與中國固有之傳統相思相關連。

蓋革命或多與暴力、殘酷及權力支配等相伴而生。然此僅爲流弊或手段，而非其目的與意義。今觀 國父及先總統 蔣公之思想，即可瞭然。 國父秉歷聖相傳之道統，而成其全人格，以仁愛爲基本，故所憂者無非國家，所慮者無非民生。 先總統憲章 國父，其所踐履者三民主義，其所操持者力行哲學，其所日夕不遑者，則一唯復國建國革命大業之是務。

國父一生致力革命，其偉大之革命精神，一曰無所私，一曰無所畏。其所開示者，有謂：「革命要從自己方寸之地做起。」先總統　蔣公上承　國父領導革命，百折不回之志節，乃克使每一時期之革命任務，咸底於成，是則　國父之革命思想，亦即　先總統之革命思想。由上數段言論可知革命乃除舊佈新，順天應人之事業，而其動力則在於道，順天（道）者存，逆天者亡。「命」爲因果，即指從現在所知者推測未來。因之所謂革命云者，「即以人力改革惡劣之環境，創造新之機運，使之能各遂其生，能各得其所而已。」（陳師立夫先生著人理學研究）。今人不少誤以「革命」「維新」乃西洋之revolution及evolution之譯語，實非如此也。此語實出於易經革卦之彖辭：「天地革而四時成，湯武革命，順乎天而應乎人，革之時義大矣哉！」爲盡人皆知之典故。與此相對，所謂維新，乃據詩經大雅文王之什：「周雖舊邦，其命維新」之句。蓋所謂命，乃指爲造化絕對之作用而言，其中之因果關係，複雜無窮，即所謂數也。人一生，亦爲一命，即生命（性命），此命由於數。健康者，命數也；疾病者，亦命數也。保其命之作用而不亂，且不斷加以新鮮活潑之刺激，使繼續不已，即所謂維新是也。若以命言，即所謂因命。與此相對，於從來之命，產生大衝擊變動者，即所謂革命是也。

日本如無天皇之存在，則明治維新將成何局面，其必非明治維新，而爲明治革命也歟。德川幕府爲時已歷三世紀之久，持有絕對性之支配組織。即各藩王、土地（版）、人民（籍），皆為私有。欲打倒此種政體，而統治人民，改革土地，是何等艱鉅之革命事業。況在歐美之謀略下，其勢力已深入幕府及革命間。如以普通之革命為準，混亂與破壞，亦勢所難免。然其結果，因有統合國民之太極（皇極），卽天皇之存在，得以歸一，而獲解決，此卽所謂王政復古是也。然其伊始，尚有以有力大名（藩主或諸侯）為核心之列藩會議之方式，運營國政。換言之，其構想之目的，仍欲維護封建連邦之存立也。

若無天皇之存在，明治之維新，誠難想像也。卽以版籍（土地與人民）奉還一事論，當時實屬意外。西洋史學家，每稱此一未流血之革命大事件，竟以和平、道義手段造成，咸認為乃世界史上之謎。

此和平革命，能於天皇號召下完成，雖可稱為政治上之奇跡，然亦決非偶然。究其實，雖因日本歷史中，已有天皇存在之固有意識，然與其同時，下接明治維新，三百年德川時代，因儒教、佛教、神道、國學等之涵養育化，所作精神與倫理之教養，乃為主要之動力。然某唯物史觀之現代學者，每以為幕府既失一般政治之信用，更因外國勢力所迫，開國勢力受其衝擊，因而促進由封建走向統一國家之機運。似此皮相之論，未能進窺一民族之內在文化精神，實未可遽予採信，是以先總統　蔣公於「實踐與組織」云：「日本明治維新之強力支柱，乃王陽明卽知卽行之『知行合一』哲學。用能苦心孤詣，篤實踐履，毫不因循遲疑敷衍懈怠，是以明治維新之後，亦能接受西方物質之文明，迎頭趕上，並駕齊驅也。」（蔣總統集）更可爲明證。

二、內騷與外壓

明治維新之意義有二：就廣義而言，乃完成近代化之民族國家，以求適應資本主義之發達，擴張勢力於國外；就狹義而言，打倒封建草創近代化之民族國家與天皇政體。是以廣義之明治維新之完成，應於甲午、日俄兩戰役之後；狹義之明治維新之完成，則終於西南戰役。當西鄉隆盛死於城山時，日本歷史之鐘，報鳴國家統一之成功。而明治政府，從此解除維新之困難，打破維新之障礙，可昂首濶步前進。

胎生於江戶幕府之明治維新，自然有其內在之催生與外在之壓迫。今先述其國內之推動力：

第一、是皇族、下層之公卿，與積極倒幕之諸侯。皇族與下層之公卿，爲生存，不得不推倒幕府。因參與討幕，將來「王政復古」後，彼等威權赫赫，享有特權。

其二、是下士。由下士出身之人物，於明治政府中，佔重要地位者頗多。如大久保利通、西鄉隆盛、伊藤博文、水戶孝允、井上馨、山縣有朋等人。彼等皆賴政局改變，始能出頭。

其三、是鄉士、豪農。此類人，泰半是歸田武士之後裔。於鄉村中，經營酒肆、養蠶等，充當土豪。後蓄貲財，而爲大町人。彼等於階級制度下，難於出頭，唯一之希望完全實現，彼等皆成爲新興之財閥。

由上可知，在嚴密控制下之德川時代之最大特點，即長期之承平無事，亦就是因長期之安定，使武備日益廢弛，統制階層之武士漸漸變質，諸侯經濟日蹙，另者因商業經濟繁榮，而造成町人（商人）階級之成長壯大，導致農業經濟之凋弊，同時學術思想亦日趨激進，從理論上否定現實政治之合法。農村經濟，因受商業發達與資本侵蝕，而日益萎縮，以至破產，釀成社會之不安，直接影響於統治階級經濟與政治基礎之動搖，致使外力稍一刺激，便促成幕府政權之崩潰。

其次欲介紹者，爲國際環境之影響：

其一、是產業革命。英國最先僅以歐美資本主義諸國爲對象，其後日漸擴大其資本主義製品，以求世界市場之形成，乃以武力爲背景，強要鎖國日本之開放。儘管美國對日本之開國曾經祖鞭先著，但此時（南北戰爭。一八六一—一八六五）畢竟無暇東顧，致使英國有機可乘。遂使日本化爲歐美資本主義諸國之利益之從屬市場。

其二、是鎖國弊害。日本雖在幕藩體制下，維持其長期之鎖國制度，然自黑船叩關對外交涉之發生，列強東向之壓迫，激化日本封建支配者之危機意識。爲對應此危機，於是乃有急速軍制改革、內政改革、吸收西洋文化之舉措。因之，鎖國主義之中央集權，實爲此弊害重要原因。

其三、是勢所必趨。日本自天保十三年（一八四二）廢止「文政異國船驅逐令」，此卽所謂「天保緩和令」，此令頒佈後，從此門戶洞開。由此可見世界資本主義發展過程中，日本之開國，殆亦勢之所必至。

吾人常謂：舉凡一國之重大變革，必有其學術思想爲主動力，亦卽其立國精神之所託，至於外力之刺激，僅爲原因之一，或可稱其爲近因，而絕非遠因或主要原因。因此，吾人似可從近百年日本歷史演變之過程得一印象，以大義名分爲標榜之國體論—皇室中心論，非惟對內發揮倒幕建國之先導作用，且與由所謂國學古學所闡發之神權思想相融滙，進而構成爲對外發展之理論根據。戴季陶先生釋爲是由於「復古情緒中所含的創造精神。」換言之，百年來日本是以國體論爲標榜，於民族自尊思想之鼓勵下，而實踐其對外發展之軍國主義。

三、排外與倒幕

日人以簽訂通商條約之問題上，國內輿論分成兩派。一派是所謂「開國論」者，彼等認爲固持「鎖國」一途。另一派是所謂「攘夷論」者，彼等堅拒外邦之開國要求。蓋因外力之刺激，遂釀成其攘外思想。井上清、鈴木正四認爲攘外思想之激發：「具有兩種意義：一種是屬於封建支配階級本能的攘外主義，這因爲他們覺察到商品經濟、資本主義將促使封建制度的基礎崩潰。對資本主義的外國不論如何也得加以排除。幕府藩侯武士皆係如此。這也可以說是幕末攘外主義的本質。於是在開港之後，多數的攘外主義者，反對的針鋒轉向主持開港的幕府，而與反幕府的尊王論者相結合。例如高杉晉作等係循此方向進行。但在開港最初的二、三年間的攘外論，可說是單純的攘外主義。改良主義的地主商人階層，因開港促成封建經濟分解而最先蒙受打擊，於是發生本能的反撥。」

自文久元年（一八六一）以來，頻傳殺傷外人，襲擊英使館事件，翌年八月又發生生麥事件，薩州藩主島津久光，行經生麥途中，其仗義行列為英人衝撞，其侍從武士立將英人斬於馬前，英代理公使向幕府提出嚴重抗議，要求懲處凶手，並賠索十萬英磅。而此時（一八六三）適為京都尊王攘外派之極盛時期，朝廷中亦全為激烈派之少壯公卿所支配，將軍家茂於尊攘派之壓力下趨赴京都，三月孝明天皇行幸賀茂神社祈禱，德川家茂慶喜隨侍，問以何日實行攘外，慶喜等毫無自信漫然以五月十日奉答。彼時英國對賠款事，則一再催迫，而朝廷則命幕府拒絕賠償之要求，幕府進退維谷，最後於四月間，先行承認賠款。幕府儘管處處委曲求全，但攘夷派此時却是氣焰萬丈。

薩英戰後，英美各國之次一行動，轉向長州。幕府當局對此行動，勿寧認為可使長州屈服之良機而自喜。但其結果為恢復外船通航下關海峽之自由，不得再建砲台，並由幕府賠償三百萬元等為談和條件。由此教訓，使居於尊攘派領導地位之長州，亦體認外勢之不可侮。

當長州藩進行備戰之消息傳至關東，幕府乃又再度發動對長州之征伐。此時前後，國際勢力已深入日本政局內部，法則支援幕府，英則協助倒幕之雄藩，於是本已紊亂之日本政局，更形複雜。

惟薩摩和長州之攘外論者，因嚐攘外之苦果，故皆以爲應先行開國使日本富強，爾後憑此以抵抗西方國家，而此富有積極意義之開國論，亦暫爲人所接受。如日後之首相伊藤博文，於一八六三留學英倫時，既窺悉西方情勢，而知攘夷之短見。彼嘗謂：「縱令我們學到滿肚子的學問，祖國亡了還有什麼意義」，因之，隨卽束裝返國，並致力於阻止攘外思想之蔓延。

而渡洋之先覺者，因親身體驗西歐軍力強大，乃必然減弱人民對幕府之信心，並企求替代幕府體制之政治制度。結果，以德川時代僅爲一形式上之權威—天皇爲中心，遂產生一元之新政治權力。從幕府體制至天皇親政之變化，雖亦產生些微鬪爭，但由於日本領導者之政治叡智，幕府之將軍終將其大權於和平中奉還天皇，啓開明治維新之序幕。

四、完成與統一

德川慶喜上表奉還大政之後，諸藩之意見甚爲紛歧，廟議亦不一致，其中輔佐中川宮朝彥親王，攝政二條齊敬及其他朝臣均眷戀「公武合體」之政體。但彼時討幕之小松帶刀、後藤象二郎等夜訪二條家，謂若不許慶喜奉還大政，必演成全國之大亂。因之是月（一八六七年十月）十五日召慶喜參內，許其奉還政權，賜詔曰：「祖宗以來，委以國政，屬望甚殷。

方今考察宇內形勢，奏請奉還大政之舉，實俱明見。今後仍望與天下同心協力，維持皇國，奉安宸襟。」是以二百六十餘年之德川幕府霸業，遂告結束，政權復歸於皇室。

然就政治過程以鑒衡之，其本質上，「大政奉還」，實非政權之和平轉移。德川慶喜及其親藩諸侯於大政奉還之後，仍企圖抵抗朝廷，而不願放棄其領地，後經鳥羽、伏見（一八六八年，戊辰之戰）之役，被勤王派武力所鎮壓擊敗後，始眞正完成全國統一之局面，而「王政復古」亦成爲事實。以當時日本之歷史要求而言，不論尊王、攘外、倒幕，或尊皇、攘外、擁幕，有何理論上之差別，然其眞正之目的，乃日本民族爲避免外族之欺凌，以建立一中央集權之統一政府。明治維新之歷史任務，以躬自參與維新者觀之，是「王政復古」，但實乃全國之統一。蓋唯有國家之統一，日本民族始能於中央集權政府之下，建立民族自由之國家。由此關係，明治維新後，統治階層於自由民權運動派之督促下，始頒佈憲法，採君主立憲政體，故於政治上是近代統一國家之形成，外交上是開國與對外侵略，經濟上是確立資本主義，社會上是摧毀封建制度，文化上是輸入歐美近代文化。換言之，幕藩體制下之地方割據，鎖國之外交政策，土地爲中心之經濟，儒家本位之文化，或全盤否定，或大加修改，形成日本獨有之近代化，遂使日本步上國家主義之道路，而奠定其日後雄霸東亞之基礎。

綜上所述，明治維新能於封建中，使日本得以解放，實賴其民族中有先覺之人，以熱誠爲鼓舞，復因有歷史傳統中所涵育之學術文化精神爲其先導，始能達成人道之成功。故謂明治維新之取範於泰西者，亦僅形而下之物質文明，其形而上乃貫徹固守東方古來之道德及日本固有之精神。申言之，所謂明治維新，不外是「藝術機械文明則取範於泰西，惟道德仁義則固守東方固有精神」之一不徹底政治及社會之改革。而陽明之學，爲明治維新血脈中之一重要部份，可於史實中獲得確證。

肆、明治維新與現代日本

七百年武家政治結束之後，於王政復古旗幟之下，明治政府一則革新國內體制，一則參與近代國際社會。但政府草創伊始，國內外均感困難重重。彼時政府爲收攬海內人心，以明治元年（一八六八）之五條誓文，爲最高方針，以開明與進取態度，熱心吸收西洋文化，近代文明風氣大開。又因版籍奉還，廢藩置縣，行徵兵令，政府基礎得以確立。然因中央政府採太政官制，政府要津均由薩長土肥四雄藩所據，未能廣開仕途，無法實行責任政治。其專制之性格甚強，薩長等「藩閥」之色彩極濃。舊士族與志士，對此「第二特權階級」不滿，集黨爲亂，反抗政府。誠如戴季陶先生所謂：「同是一樣的武士，受了王政復古、廢藩置縣的洗禮以後，也有得意的，也有倒霉的，得意的武士固然飛揚跋扈，出將入相，那失意的武士，而又硬骨稜稜，不甘落伍的人，也就是免不了要做草大王了。」而西南戰役，證明其反抗無效。是以改向論辯政爭一途，因之，歐美之自由、民權思想先由舊士族之知識階級所接受，漸次蔓延於國民之間，各地志士紛紛結社，要求設立國會。實乃民權運動之潮流，為民衆所渴求，大勢所趨，政府於遏阻無效之後，為迎合民心，緩和民怨，遂不得不主張立憲和開設國會。終在審慎準備下，於明治二十二年（一八八九）制定憲法及開設國會之決定。形式上已完成政治近代化之雛型。

一、現代日本之母胎

但日本現代之政治，現代之社會，現代之經濟，甚至其組織之變形，誰亦不曾預知，然新體制國家事實之存在，乃無庸置疑。故擬就新體制之母胎，予以考察，以明眞相。

或問曰：明治維新何以不是澈底革命？此乃日本歷史發展趨勢使然。是以吾人於究明此眞相前，宜先明瞭近代民族國家之形成，分為兩類型：

其一、彼等興起時，國內統一，成立適應商業資本發達所要求之絕對王政，民族不感受外來之壓迫與威脅。然此類國家之統治者，於國家之政治、經濟生活，並無遠見，甚至以政治之特權，限制經濟之發展，而被其統治之有產階級者，却與其相反。彼等非但有遠見，且產生頗多之思想家、提供新國家之藍圖與革命之方法。如此情況下，擁有特權之統治者，如不能滿足其要求—亦即歷史之要求，彼等即聯合窮困之農民與城市之工人，以流血之手段，推翻絕對王政。故其取得政權之後，一切之措施，是澈底之改革。如英、法之革命是也。

其二、彼等抬頭時，國內不是統一而是割據，又受外來強大民族之壓迫。除非此一國家，充當別民族之奴僕，否則國內之新興有產者與開明之貴族，將不會以共同之希望，寄託於國家之獨立和民族之統一。於是，彼等以一舊勢力——王室——爲中心，作由上而下之維新。由妥協而成立新政權，故無澈底之改革。如以霍亨索倫（Hohenzollem）王室爲中心之普魯士之統一，以薩伏依（Savoy）王室爲中心之義大利之統一，以京都天皇爲中心之明治維新。

上述兩類之民族國家，因其產生之具體條件互異，影響亦自有別：於政治則「由下而上」（卽英、法）之民族國家，強調階級鬭爭和民權，因此，建立以人民爲中心之民主政府；而「由上而下」（卽德、義、日）之民族國家，強調階級合作和王權，因此，建立限制民權之君主立憲政府。前者之「憲法」以天賦人權爲前提；後者之「憲法」屬欽定憲法之性質。於哲學則前者主階級鬭爭，盛行唯物論；後者主階級合作，盛行唯心論。於經濟則前者以有產者爲革命之中心，是以革命成功後，以個人主義爲主，國家不得干涉人民之經濟活動；後者因有產者非革命之主力，是以維新成功後，與貴族勾結，以國家主義爲主，採保護政策。

日本若干研究馬克思主義之歷史學者，不由明治維新之具體條件，探討日本歷史之發展，僅由馬克思主義之文獻，說明明治維新應有之意義，故有此兩大錯誤：

其一、忘却「明治維新」乃「由上而下」之變革，以爲維新後之日本，卽變爲「由下而上」之民族國家。

其二、不理解不澈底變革之歷史條件，而稱日本爲「半封建」之國家，否定後來日本之資本主義化。

此二錯誤之思想，一直支配第二次世界大戰前之日本思想界。

明治維新，乃指王政復古，天皇親政，恢復國體本來之姿，是國民自覺運動之成就。其目的在於撤廢封建之武家政治，於天皇親政之下，建設近代之統一日本，君民一體，上下一致，與歐美諸國對立，居於對等國之謂。而新體制之國家，以政治觀之，是所謂從天皇之政治，行公議輿論。以社會觀之，是所謂撤廢從來之封建階級制度，主張四民平等，萬系一君，萬民平等之社會。以經濟觀之，是所謂以自由主義爲基礎，以個人之活動，促使營業之發展，以謀增進國力，其目的是利己主義，總合個人之富卽國家之富，各人儘力工作儲蓄。而此新體制與維新相比，則其政治、社會實胎源於此，然其經濟則大相逕庭矣。

二、資本主義之鼓勵

前已述及，德川封建社會，商人階級勢力雖不無發展，然終不能脫離封建之政治勢力及社會制度之桎梏，其鎖國主義之中央集權實爲要因。而近代日本資本主義之發展，是於諸先進國家已發展其勢力之後，隨處受先進國家之壓迫與限制，遭艱難之境遇。本國又缺乏必要之原料，使其得不到充分之滋養。若無軍事冒險之僥倖和一次世界大戰（一九一四—一九一八）之機會，則日本資本主義很難於短短幾十年之內，由萌芽而臻於發達。故謂日本資本主義之發展不是內在，半則藉政治掩護，半則遇僥倖機運。政府扶持乃是日本資本主義發展之必要條件。政府非惟以剝削工農商及殖民地之財源資助資本家，施政方針全以資本家利益爲準，且有時政府以所經營之事業廉讓於資本家。如此津貼、獎勵、偏袒之保護政策，而使日本資本主義免於被淘汰，終能側身於近代資本主義國家之林。實者明治維新政府之目標，乃欲將日本由經濟落後之國家推展至世界水準之產業化國家。但因彼時日本國內市民階級尚未形成，國內自發之資本與技術，尙未發達，故初期之日本資本主義，是由政府勵行「富國強兵，殖產興業」政策，由國家準備必需之資本，以遂行其工業化之計劃。

日本於明治維新之前，曾於一八五八年與列強訂立不平等條約，適彼時西方列強有更好之目標可供壓榨，未曾重視此彈丸之地，故給予日本之經濟壓力，不若殖民地國家之嚴重，使日本得以乘隙翻身；另則因日人之模仿性特強，於短時間之內，卽將資本主義之手法學會，急起直追，遂使日本由重重之束縛中得以舒展。因之，明治維新後，其於經濟之發展，遂亦由封建經濟而轉入國民經濟之時代。維新初始至二次世界大戰（一九三九－一九四五）日本戰敗爲止，約八十年之間，日本經濟發展之變化異常鉅大。

維新後，新政府卽以「富國強兵，殖產興業」爲建設新日本之中心課題，傾全力於培育近代產業。結果於政府之積極政策下，非惟使日本由封建經濟進展至國民經濟時代，同時亦由「富國強兵」政策之實踐，遂使日本資本主義始終不能脫離軍國主義之窠臼，終導致侵華之軍事行動，迨至昭和十六年（一九四一）十二月八日太平洋戰爭爆發，軍國主義之日本經濟，陷入最後崩潰之命運。

近代日本資本主義之發達，乃因採「由上而下」之保護扶助政策，因此，於資本主義之形成過程中產生所謂「政商」（即財閥）。此批「政商」大多由貴族武士所轉變，武士貴族因廢藩歸政領取世襲秩祿金，即以此資本投放於銀行或工商業而更換其身份，是以日本資本家與政府高級官吏多有血緣或世緣。如明治維新以來號稱四大財閥－三井、三菱、安田、住友。皆因藉對外戰爭，奠定其鞏固基礎。是以財閥並不反對戰爭，蓋因戰爭可為其擴展商品市場、原料供給地及剩餘資本投放地，戰爭繁榮其重工業及軍需工業。此乃日本步入近代資本主義之途所產生之怪現象，亦因此，而使近代日本資本主義之發展無法脫離軍國主義色彩。

由上述情形觀之，明治初年之「殖產興業」政策，已鞏固資本主義經濟之基礎。此後即以工業為中心，以中日甲午、日俄兩次戰役之機會，使日本躍進資本主義發展之另一階段，並促使日本產生兩次產業革命。

三、維新成就之條件

明治維新，乃政治、社會、經濟等均得合理之妥協，亦即佐幕派與尊王派、封建制度與近代制度、武家本位之經濟與自由經濟等之妥協。而明治維新之成就，實以明治四年（一八七一）之廢藩置縣爲始，至明治二十三年（一八九〇）立憲政治而眞正完成。

則明治維新之成就，有所謂成就天皇親政，行公議政治，然天皇之政治與公議政治，於實質本相違，然於日本則同一之事。要以天皇採公議行政治，此乃維新成就之最大原因。

德川氏奉還大政後，政權雖歸朝廷，名義上內政外交悉由天皇親行視事，但薩長兩雄藩擅恣驕橫之態度，顯然有變成德川氏第二，蔑視王政復古之慮，於是朝廷爲牽制壓抑此兩雄藩之跋扈，乃採越前藩士由利公正及土佐藩士福岡孝悌等以議會主義（列藩會議主義）爲主旨之「五條盟約」，且誓曰：「勅意宏遠，曷勝銘感，竊以今日之急務，萬世之基礎，皆不出此，臣等謹奉叡旨，誓黽勉從事，冀安宸衷。」此後政府所推行之國是綱領，及朝廷之各種政治措施，悉以此誓文爲準繩，國民亦尊奉之。明治天皇亦自誓曰：「朕以幼弱，猝紹大統，爾來何以對立萬國，事奉列祖，朝夕恐懼。」由此可見其繼紹之艱鉅，親政之決心。

實者，以直接行動推翻幕府，即所謂浪士派下級武士爲主體之知識份子。此等志士之出身來歷雖各有千秋，「至於殪幕府之目的則衆論歸一，全國之智力悉指向此目的，而完成慶應末年革命之大業。」又：「故云王政復古非由於王室本身之威力，而實係代表當時國力之智力者，假王室之名以行事。廢藩置縣亦非執政之英斷，執行者亦不過受前述智力者所役使，而實施其活動耳。」

由此可知，士族與庶民間所形成之知識階層，實爲維新變革之原動力與成就之條件，而知識階層潛在之勢力，乃多年來儒教思想有以致之，雖有以官學立場標榜之國教－朱子學，然以民間學者贊助之平民教育－陽明學，則以後來居上之勢，獨步當時。

四、帝國主義之前提

明治政府雖西南戰爭之勝利，士族反亂終告結束，對外則代表中央政府之權威得以樹立，然因薩長藩閥官僚專制之權力存在，非但不能使之安定，反加深其矛盾與動搖。政府之財政狀況，曾一度惡化。西南戰爭征討鉅費，佔當年經常歲出之百分之九十，華族出資之國立銀行紙幣發行驟增，造成通貨之膨脹。兼之，地租率之降低，減少地租之收入。貿易收支亦告惡化，黃金大量外流。明治五年（一八七二年）頒佈學制，以推展義務教育制。又行殖產興業政策，以期迅速移植西方資本主義之生產方式。更藉明治六年之徵兵令，明治九年之廢刀令及其前後實施之秩祿處分，奪取舊武士階級之特權，造成政府政策之轉換與動搖。此時明治政府國內武力倡亂暫告終結，代之而起者，是以立憲政治民運動爲號召之合理政爭之展開。

前述日本於寛永十三年（一六三五年）頒佈所謂：「寛永鎖國令」以還，直至嘉永六年（一八五三年）開國爲止，閉關自守凡兩世紀有餘，於外來武力脅迫下，遂由排外攘夷論；轉爲對外修好，欲儘速謀求建設統一之國家，而其當務之急，唯「富國強兵」一途，非如此，則將繼亞洲諸國之後爲外國所據，是以效法先進國家之生產方式，將巨額之經費使用於「富國強兵」，遂漸行其大陸政策。於是先有不平等條約之修訂，繼有中日甲午之戰之引誘，促使日本帝國主義之萌芽。

文末筆者願以王學慕道者之立場，對中日學術思想界之期望，略抒曝言。雖說中日兩國之關係淵源流長，且日本長期受我儒學之影響，文化之洗禮，其間或不無可資國人借鏡省察之處。然部分短視近利之徒，時輒摘取片段，忽視王道之精神，招致不堪設想之後果，姑不以此微疵，而損其大體。所謂：「倡漢學時代則興，廢漢學時代則亡。」誠非虛言。而我國人更應負起王學新理論闡揚之責任，且與之合力圖之。誠爲中日學者所宜共同努力以赴。

（原載木鐸第八期68.12.23.）

「陽明學說對日本之影響」提要

第一章、陽明先生傳。本文除緒論外，首章共分三節：第一節爲陽明先生之生平介紹。第二節爲陽明先生之成學經過，卽其學術背景，其中又分儒家、佛家、道家三者言之。第三節爲陽明先生之時代背景，其中亦分文化、社會、政治三者言之。

第二章、陽明學說概述。本章在對陽明學說作一簡單總述，共分四節：第一節爲陽明先生之哲學思想，其中分「心卽理」、「知行合一」、「致良知」三者言之。第二節爲陽明先生之教育思想，其中分教育理論、教育宗旨、教育方法三者言之。第三節爲陽明先生之政治思想，其中分以仁爲本，政教合一、民主精神三者言之。第四節爲陽明先生之軍事思想，其中亦分嚴賞罰、謀善策、固邊防三者言之。

第三章、陽明學與日本學術思想。本章主在說明陽明學與日本學術思想之關係，共分三節：第一節述說日本學術思想之淵源及其流派，其中分別就日本學術之草創、發展、承傳、流派言之。第二節述說日本儒學之地位，其中分別就儒學之東傳、全盛及其與日本儒學、日本國學之關係。第三節述說日本陽明學之勃興，其中則就日本陽明學之興起，與日本主要陽明學家二者言之。

第四章、陽明學與明治維新。本章是在強調陽明學說東傳對日本明治維新之影響，共分四節：第一節說明日本陽明學之特色，分別就日本陽明學者之實踐精神，與宏揚圓融統一之陽明精神言之。第二節說明陽明學是明治維新之原動力，其中分別就受我民族文化之薰陶、隆盛、復興三者言之。第三節敍述明治維新之特質與歷史意義，分別就維新革命之內外因素，及完成統一而言之。第四節說明明治維新與現代日本，分別就其轉變之過程與其所造之後果言之。

第五章、近代日本陽明學之檢討。本章主在對近代日本陽明學作一評騭，並期中日兩國陽明學者各展所長，充分發揮合作之精神。計分三節：第一節概述近代學術思想之隆替，分別就尋根、攝取、融合、轉化言之。第二節概述日本陽明學說之近況，分別對日本漢學作一概觀，及對陽明學說研究之近況加以闡述。第三節概述中日陽明學者之合作，分別就兩國陽明學者，將來如何各依所長，互補所短。

第六章、結論。本章旨在提供同道之一研究總結，並將全文資料作一提綱、回顧，並說明今後研究之方向。全章計分三節：第一節就陽明學說對日本之影響言，分別就陽明先生與遣明正使了庵和尚之因緣及陽明學說對日本維新之前因後果言之。第二節就陽明學說對本國及歐美之影響言，首對本國方面分當時、晚明、清初、近代四者言之。次就對歐美方面言之。第三節爲結語，要在對研究陽明學說及中國儒家思想者之忠告與期許，以挽世界之狂瀾，使所有人類達於和平大同之境地。

（原載華學月刊於一〇六期69.10.21.）

王陽明之思想

正德三年（西元一五〇八年）陽明悟道謂：「聖人之道，吾性自足。」卽陽明三十七歲時，所謂之龍場悟道。佐藤一齋謂，陽明在此始悟聖人之道（傳習錄欄外書、卷上）此時陽明以爲五經乃吾人心中之物，故據之以得心悟。嘗怪世之儒者，求魚於筌，而謂糟粕之爲醪也（王文成公全書卷二六、五經臆說十三條）。此種觀念至其晚年仍未變。故晚年猶謂：「六經者非他，吾心之常道也」、「六經者，吾心之記籍也」（同上、稽山書院尊經閣記）。

陽明龍場之悟道，翌年始以知行合一說，講授諸生。至此陽明之心學，乃發揮其特色。陽明依『大學』：「如好好色，如惡惡臭。」指出眞知行以示人，夫見好色屬知，好好色屬行，好惡與知覺同時，故謂知行合一。陽明曾說：「知是行的主意（目的），行是知的功夫（手段），知是行之始，行是知之成。」（傳習錄卷上）。後來陽明對此又有所說明，卽「知之眞切篤實處卽是行；行之明覺精察處，卽是知。」（同上、卷中，答顧東橋書）如此則於知行一體有更深一層之瞭解。故陽明主知行合一之敎，如知行分說，則知爲妄想，行爲妄行，陷弊生矣。要以陽明之說，眞知卽所以爲行，不行不足謂之知。又如程朱等主知之立場，倡知行分說之立場以對，則不知聖門知行合一之教矣。

陽明知行合一說，其是非善惡乃屬道德之知覺，故與良知所持好惡之情渾一。此乃陽明係從好惡來判斷，因之陷於主觀，而失客觀性；若僅由其超理靜，而據以判斷其所持非客觀性則否，蓋良知只是個是非之心，是非只是個好惡，只好惡就盡了是非（同上、卷下）故『大學』之所謂用自慊以致良知，卽致知之謂。陽明晚年謂，良知只是一個天理，自然明覺發見處，只是一個眞誠惻怛（同上、卷中，答聶文蔚）皆從同一主旨而出。無論如何，不以好惡之情而稍忽，不得違離眞道德之法則，而判斷、知覺。應以陽明心卽理、知行合一之立場來斷定。

又知行合一說，對當時慣以朱子學作思考者，不免感到奇異，去其心之不正，而全其本體之正，此卽陽明唯心之格物說。彼時之人對陽明之主旨難以理解，是因苦於不知由何處入手。爲此陽明先用靜坐作爲悟心體之教法。陽明雖倡靜坐悟入說，而欲開導接引諸生，多就高明一路，懲末俗之卑汚。然此種教法不久亦漸流入空虛，爲求新奇，產生弊病。其後，遂主心體之廓清，在存天理去人欲之實踐功夫。陽明之想法是在於救朱子學亞流之弊，不使陷於私欲功利，徒事講說，記誦詞章而已。明鏡論嘗揭省察克治之要，或說事上磨鍊之理由。正德十三年四十三歲時，從事賊之平定，陣中送楊仕德書云：

「破山中賊易，破心中賊難。區區翦除鼠竊，何足爲異？若諸賢掃蕩心腹之寇，以收廓清平定之功，此誠大丈夫不世之偉績。」（王文成公全書卷四、王陽明年譜）

據此，則知此時陽明痛切主張省察克治實踐之功夫。陽明特重功夫之重要，因靜坐悟入，輒易偏靜陷空，隨病用藥，事至則憂。故謂心猿意馬，因心不定。初學者，多思人欲，若以靜坐之功夫爲重，省察克治之功爲輕，則靜時雖能得，而動時則傾倒。動時始用功，則動靜定矣，此在說明其重要（傳習錄卷上。王文成公全書卷五、與劉元道）是以陽明主事上磨鍊乃當然耳。

今者吾人已知陽明對異端之立場，據此則知陽明對佛家說無，道家說虛，或其所謂出離苦海，目的在養生，而其結局乃在加強本體上之意思。因此反而失其虛無之眞，障礙本體。佛家、仙家易犯此誤，說上一截，而遺下一截，不及吾儒之徹上徹下，大中至正。故從儒家之道，則佛家之出離，道家之養生，皆在其中（同上、卷上、卷下）依此則知陽明以儒家爲本，參酌釋、道兩家之精神，而有三教歸一之傾向。

當然，質言之，由陽明唯心論之立場言，學問必須有頭腦。陽明因據爲之「少頭腦」，而謂朱子之格物窮理是支離決裂。學得頭腦，猶培養根本，求生意之暢達，比枝葉之功夫還重要（同上、卷下）。陽明於朱子之格物，四條功夫之批判，有如下之理由。陽明所指學問之頭腦是何物？據陽明自謂：萬物皆誠意的發露，猶枝葉由根而生（同上、卷下）『大學』

所謂格致，實由根的培養灌溉功夫，誠意乃格致的主意，舍誠意、事格物，猶不植根而徒培養灌溉，則精力耗損而無所成（王文成公全書卷八、書王天宇卷）但學宗幾以致良知爲本，『大學』之要，在歸致知、在盡致知（大學古本序）誠之明覺精察處是良知，良知之眞切篤實處是誠，所謂至字。良知非冷酷之感知，與好惡之情溫血知覺爲一體。故眞誠惻怛爲良知之體（傳習錄卷下。同卷中、答聶文蔚二）蓋良知由先天而來，僅以立誠之功爲其要求。

陽明雖從年輕時既曾述及良知之事，然至正德十六年，五十歲以後，始揭致良知教。謂此良知二字，實千古聖賢相傳之滴骨血。當場可由血之判斷，而知其眞僞，據此則誠譌立現，擬似佛式之心印（王文成公全書、年譜）。陽明謂，像此心之感應，即由已發之心，求其本源，說明人性之仁義禮智，謂仁乃總括一切，批判朱子之說，此即孟子所謂心之表，不過四端而已（傳習錄、卷上）。

據陽明所述，則知良知之學乃天靈之眞頭腦（王文成公全書卷五、與鄒謙之二）陽明開悟諸生，即以良知之直截。譬猶舟之得舵，雖驚風巨浪，顚沛不無，尙猶得免於傾覆者也（同上、卷六、與謙之四）。

在此擬就有關陽明之「大學說」略作概述。陽明對『大學』所謂三綱領、八條目之渾一功夫，特加重視，而極力排斥所謂功夫之支離。昔之人，固有欲明其明德矣；然或失之虛罔空寂而無有乎家國天下之施者，是不知明明德之在於親民，而二氏之流是矣。固有欲親其民者矣，然或失之知謀權術，而無有乎仁愛惻怛之誠者，是不知親民之所以明其明德，而五伯功利之徒是矣（王文成公全書卷七、親民堂記）。故良知是道德判斷之規準，理性之根原。陽明又謂：至善也，明德親民之極則也；天命之性，粹然至善，其靈昭不昧者，此其至善之發現，是乃明德之本體，而卽所謂良知者也。至善之發現，是而是焉；非而非焉，輕重厚薄，隨感隨應，變動不居，而亦莫不自有，天然之中，是乃民彝物則之極，不少有擬議增損於其間也；少有增損於其間，則是私欲小智，而非至善之謂矣（王文成公全書卷二六、大學問）。是以三綱領，一言以蔽之，乃歸乎致良知，八條目是三綱領之功夫，陽明以正心誠意，致知格物，皆所以修身。故良知之外，更無知；致知之外，更無學；外良知以求知者，邪妄之知矣；外致知以爲學者，異端之學矣（王文成公全書卷五、與馬子莘）陽明渾一之觀念，乃正心、誠意、致知、格物。心意知物是一物、正誠致格是一事。卽心爲身之主宰，意爲心之發動，知爲意之靈明，物爲意之著處。從物面格之，從知面致之，從意面誠之，從心面正之，一物有各面因應之功夫，其先後之次序，皆不在一事之外，卽就骨髓上說，功夫實一，陽明之主張於此實無所謂內外彼此之分。故陽明又謂：理一而已，以其理之凝聚而言，則謂之性；以其凝聚之主宰而言，則謂之心；以其主宰之發動而言，則謂之意；以其發動之明覺而言，則謂之知；以其明覺之感應而言，則謂之物。」（傳習錄卷中、答顧東橋書）由其格致誠正論，可見陽明渾一之立場。陽明於致朱子學者羅整菴之書信中亦曾述及：

格物者，格其心之物也，格其意之物也，格其知之物也；正心者，正其物之心也；誠意者，誠其物之意也；致知者，致其物之知也（傳習錄卷中、答羅整菴少宰書）。

據右所述，則陽明於朱子之格物說所格之頭腦必曾思之。陽明之唯心論，見於格物說有詳細之說明。於此比之於陸子之唯心論，實有過之。陽明評陸子之學，粗而不能精一，不無理由。陽明於揭致良知說之前，更謂格物「其所用力日可見之地」（傳習錄卷中、答羅整菴少宰書）。眞切功夫者，學問之頭腦在致良知，致知在致吾心之天理於事事物物，格物在述事事物物之理得。而格物又爲致良知之實地。故格物必然影響致良知。陽明非但格物，甚至連誠意正心亦是致知（致良知）之功。陽明臨終前，與聶文蔚書曾述及：

隨時就事上致其良知，便是格物；著實去致良知便是誠意；著實致其良知而無一毫意必固我，便是正心（同上卷中、答聶文蔚二）。

如前所述，陽明『大學』之要，在歸致知、在盡致知。陽明論學問頭腦之重要，卽有關孟子所謂：「必有事焉」和「勿妄勿助長」，後者不過爲前者之警覺，故可不論後者；若後者爲前者之功夫，則易陷於沈空守寂。總之，前者之功夫，主要亦是論及致良知之頭腦。而此「勿妄勿助長」及「必有事焉」，講友湛甘泉曾加批判。站於陽明同一立場，湛甘泉由「髓處體認天理」之理論加以批判。根本復則枝葉之生意盛，培養根本之生意，則枝葉通達，就致良知之功夫比較之，則迂曲與直截之差異耳（王文成公全書卷六、寄鄒謙之一、五）是以致良知學問之頭腦對有事無事動靜之問題，自然而然解決矣。因良知本來無動無靜，理解良知之靜處體悟，比事事之磨鍊好。是以對其功夫有事無事無甚區別。故能致良知，則對動靜感寂未發已發之討論與否，自然釋然，陽明認爲自思自能得之（傳習錄、卷下）。且就致良知而言，當然孟子亦曾述及夜氣，程朱亦曾言及敬（同上、卷下。王文成公全書卷七、大學古本序）。陽明之言良知，一則由己身向上復歸其本來；一則由己身超越自己之功夫，査生命之心體有若干？因之，致良知之學乃本體與功夫一體之學。陽明又持『中庸』之語，對此觀念作如此之說明，卽本體原是不睹不聞的，亦原是戒愼恐懼的，對眞意瞭解，則對一般所謂本體是戒愼恐懼，本體是不睹不聞的功夫，自然知道（同上、卷下。同卷中、答陸原靜書）。陽明對此主旨又曾引述佛家語，有心皆實，無心皆幻；無心皆實，有心皆幻（同上、卷下）。如此有說無，無說有，則其本體與功夫非固定之物，本來是一體生命之物，無非表示此事耳。

如右陽明所揭良知，乃在說明本體功夫是一體，強調本體功夫一齊之透悟方法，卽對事情之直下悟入。如此尋求其頓悟之易，實地用功之情形，則被認爲是違背其知的。故良知之上責求其首要之致字，不無理由（王文成公全書卷六、與陳惟濬）。但如王門之王心齋，王一菴，曾就陽明之本意說及良知，而未說及致良知。不就陽明致之來由，求超脫空虛之良知，則或陷於佛氏之陷空，或陷於告子之恣情，從原來卽本體之立場，觀看陽明之心學，則此說亦不無違背陽明之主旨。無論如何，陽明對有關本體與工夫之說法，如下所揭之四句宗旨，最能表現其見解。

無善無惡心之體，有善有惡意之動，知善知惡是良知，爲善去惡是格物（傳習錄、卷下）。

此第一句，門人鄒東廓傳云：「至善無惡者心」（鄒東廓文集卷二、青原贈處）。曾引起後世之物議，陽明之良知，仍舊是道德法則，有處所之知覺，是本體功夫之合一體，但就此四句宗旨本體功夫合一論上而言，門人中，本體上說功夫者爲王龍溪，功夫上說本體者爲錢緒山，是以有意見之異。王龍溪之頓悟，是陽明接利根之學者之教法；錢緒山之漸修，是陽明接中根以下之學者之教法；若不各執一邊，將相取爲益，爲二君作調停，蓋因利根之人，世亦難遇，況人有習心，若不於良知上爲善去惡，則養成懸空虛寂蠻等之弊，故陽明晚年嘗謂：「凡功夫只是要簡易眞切，愈眞切，愈簡易；愈簡易，愈眞切」（王文成公全書卷六、寄安福諸同志）。

心卽理，陽明良知之心體，當然是持良知之眞吾。故良知之好惡，仍舊是吾之好惡，且是天下公共之物。『中庸』之所謂：「無入而不自得」之境地，此良知具從吾而得，『論語』之「志學」以下之功夫，此良知是不外從吾之謂（同上、卷七、從吾道人記）。

陽明晚年亦講良知說，持良知爲造化之精靈，其與張橫渠之太虛爲同物，卽良知之虛與天之太虛同，有形象之物，皆備於太虛中，無一物不爲太虛之流行發用，無一物能爲太虛之障礙（王文成公全書卷六、答南元善）。

關於陽明晚年之致良知，使後世之朱子學者亦受感動，有本於良知之拔本塞源論，萬物一體論。陽明據『大學』教大人之學，大人以天地萬物爲一體，對天下之人人，無內外遠近之別，如同氣同體之同胞，昆弟赤子骨肉之親，卽家族之愛情，保全此教養。此心無聖愚之別，爲萬人本來所具有，若見世人之苦，則皆有切心感痛，此卽良知。故致良知，則自然能公是非同好惡，「以天下爲一家，以中國爲一人。」卽能天地萬物一體。此情遂則天下治，豈有仇視骨肉，天下禍亂不絕之理。若其心蔽於私利私欲，妨於我見私智，則不能流通。故聖人能克私去蔽，心體之同然，卽教人復此萬物一體之仁心。此古聖人之教育。教育之目的，卽養成此仁心，人人無身分之上下，職業之貴賤，人人能應才德、全職分，知足安分，同德一心，因而萬物一體之仁心全，則交易有無相互扶助之道德理想社會之實現可期。陽明之萬物一體論，是由程明道之「識仁篇」之萬物一體之仁爲骨子，張横渠之「西銘」所述四海同胞思想，程伊川之知足安分、一德定志之思想，包括遠溯『禮記』禮運篇之大同思想等，皆從良知之立場加以說明。

右述之陽明致良知說，從陸子溯源於孟子，由心卽理之心體得到啓發，一以良知之學教導門人，依其根基習氣之程度，則能進長矯短而不陷於一偏。故以良知爲例說，強調其體，強調其用；強調無之面，強調有之面；強調本體，強調功夫。換言之，則用體、有無、功夫本體可換說；體用、無有、本體功夫亦可換說。故門下衍生爲諸派，乃必然之事。是以後來分成現成派（左派）、歸寂派（右派）、修證派（正統派）三派。

（原載木鐸第九期69.11.1.）

宋明理學的發展和王學產生的背景

宋明理學的產生和發展的過程，一如任何事物與文體的演化，有其客觀的條件及社會、歷史等背景。王陽明哲學既是時代的產物，從理論淵源來說，是宋明理學內在發展的產物。

宋明理學產生於北宋。它的創始者通常皆謂周敦頤（西元一〇一七—一〇七三年）、邵雍（西元一〇一一—一〇七七年）、張載（西元一〇二〇—一〇七七年）、程顥（西元一〇三二—一〇八五年）、程頤（西元一〇三三—一一〇七年）等「北宋五子」。這五人中，張載在本體論上是「氣」一元論的唯物者，和其他理學家有別。然他在「西銘」中關於「天人合一」的唯心觀點和道德修養學說，却對後來的理學家有重大的影響。特別是朱子，將張載的「氣」一元論的某些觀點，吸收到自己的思想體系中。其他四人中，周敦頤和邵雍道家的色彩還比較濃厚。在二程那裏，理學的思想體系才開始建立起來。但二程之間，對許多問題的解說，也並不完全一致。程顥比較傾向於主觀的唯心，程頤則是客觀的唯心者。到了南宋，朱子繼承了程頤的學說，吸取了周敦頤、邵雍和張載的一些論點，構成了完整的客觀唯心哲學體系。當時，在理學內部和程朱學派對立的，是陸象山的主觀唯心學派。但是，陸象山的學說並沒有超越程朱學派。所以，從南宋到明代中葉，程朱學派一直在理學中佔著絕對的優勢。直到王陽明起來，繼承並大大闡揚了陸象山的主觀唯心哲學，揭露了程朱學說中的內部錯失，方使這一情況有所改觀。

程朱認爲，構成宇宙的本源是「理」或「太極」。這種「理」或「太極」是具有傳統道德屬性的精神本體。他們在解釋世界的產生和發展時，將人類的正常認識以及自然科學調和起來，把氣、陰陽納入自己的哲學體系，作爲從屬於「理」的解釋萬物化生的範疇。對許多自然現象的變化作出比較令人信服的說明。這樣做，確實使其哲學帶來廣泛的影響。但是，這並不可能克服一切客觀唯心體系固有的，不可克服的缺失，即「無」怎麼能產生「萬有」？精神性的「理」怎麼能產生物質性的「氣」和萬事萬物？同時，作爲宇宙本源的「理」或「太極」，應是不依賴於人的主體的客體，可是「理」或「太極」的本性却又是人類社會才有的道德觀念。這些缺點，正是陸、王批評他們的理論上的原因。

從認知的觀念上，程朱提出了「格物致知」的學說，主張通過「遍格衆物」的辦法，來達到「窮理」的目的。這種主張，和人類認識中從具體到抽象的過程是相符合的。但是，程朱講的「理」是傳統的道德，它是在物中無論如何也格不出來的。這就構成了「格物致知」的認識方法和維護傳統道德的認識目的相左。這一相左，程朱自己已經看到了，並想加以彌補、調和，後來却被王陽明提出了。

爲說明王陽明哲學的產生在理論思維發展中的必然性，實在有必要對宋明理學內在的弊病，作一些具體的分析。

陸象山的主觀唯心哲學，前提是「心卽理」，結論是「宇宙便是吾心，吾心卽是宇宙」。（「陸象山全集」卷卅六「年譜」）陸象山認爲，包括著上下四方、往古來今的宇宙，充塞著一個亘古及今皆同的「理」，「塞宇宙一理耳」。（「陸象山全集」卷十二「與趙然道書」四）人和天、地則是宇宙中並立的「三極」，所以說，宇宙的「理」，也就是人「心」中的「理」，「人皆有是心，心皆有是理，心卽理也」。（「陸象山全集」卷十一「與李宰書」二）在作出「心卽理」的論斷後，他又從「理」是普遍的，推論出「心」也應該是普遍的；又從「心」是普遍的，推論出各個人的「心」應是相同的。他認爲，古往今來，「東南西北海」，不同時間、地域的「聖人」，都是「同此心、同此理」的。（「陸象山全集」卷廿二「雜說」）而普通人只要明白了本心，「心」也是同的。他在「發現」了這個普遍的、神秘的「心」之後，就運用邏輯及思維的方法，卽所謂「萬物森然於方寸之間，滿心而發，充塞宇宙，無非此理」。（「陸象山全集」卷卅四「語錄」）而產生了「宇宙便是吾心，吾心卽是宇宙」的主觀唯心結論。

在陸象山的主觀唯心體系中，用「吾心」概括「宇宙」的方法，把主客觀統一了起來。

不論這種統一是否完全合理，却避免了程朱學派「無」中生「有」這種無法解釋的難題。同樣，他把「心」作爲世界本源，也避免了程朱學派作爲思維客體的「理」和它的道德屬性間的衝突。陸象山和朱熹爭論時，就是以這兩個問題爲對象。

朱熹爲要給「理生氣」或「道生器」這個「無」中生「有」的命題作合理的解釋，闡明了周敦頤「太極圖說」中「無極而太極」的說法。他說：

「周子所以謂之無極，正以其無方所、無形狀。以爲在無物之前，而未嘗不立于有物之後；以爲在陰陽以外，而未嘗不行乎陰陽之中；以爲通貫全體，無乎不在，則又初無聲臭影響之可言也。」

「不言無極，則太極同於一物，而不足爲萬化根本；不言太極，則無極淪於空寂，而不能爲萬化根本。」（「宋文公集」卷卅六「答陸子靜」）

在此，朱熹提出了要找一個「萬化根本」，卽萬物的產生者，而「不言無極，則太極同於一物，而不足爲萬化根本」。卽是說，不把「太極」看成是「無方所、無形狀」的抽象的一般，那麼「太極」不過等於具體的「一物」。它同其他事物的關係，就成爲相互變化的關係，而不再是創造與被創造的關係了。這樣的「太極」，則「不足爲萬化根本」。所以，只有以「無極」這一概念，才能「無」中生「有」。由此可見，朱熹是先假定必須有一個根本不存在的「萬化根本」，然後將抽象與具體、一般與個別形而上學地分開來，認爲抽象可以離開具體事物而存在，進而把抽象的一般，卽「太極」或「理」，作爲「萬化根本」、世界萬物的創造者。

陸象山在批駁朱熹時，除了指出「無極」之說，出自「老子」，並非儒家正統觀念外，還著重指出，「太極」和「陰陽」、「道」和「器」之間的關係，不是產生和被產生的關係，只是同一事物的兩方面。陸象山說：

「自形而上者言之，謂之道；自形而下者言之，謂之器。天地亦是器，其生覆形載必有理。」

「事外無道，道外無事。」

「藝卽是道，道卽是藝。」

「知道，卽末卽是本，枝卽是葉。」（「陸象山全集」卷卅五「語錄」）

如果撇開陸象山把「道」、「器」都從屬於「心」這個主觀唯心說法，而就這種「道器一體」論本身來說，無疑是正確的。因爲在客觀世界中，「形而上」和「形而下」、一般和個別本來是統一不可分的兩個方面，並不存在脫離具體事物的抽象的一般。因此，當陸象山用「道器一體」論來反對朱熹的「太極」生「陰陽」、「道生器」時，眞理則屬陸氏。

關於「太極」是思維客體和它的道德屬性間的問題，朱、陸之間是圍繞著「極」、「太極」的含義而展開爭論的。朱熹認爲：

「極者，至極而已，以有形者言之，則其四方八面合輳將來，到此徹底更無去處；從此推出，四方八面都無向背，一切停勻，故謂之極耳。……至於太極，則又初無形象、方所之可言，但以此理至極，而謂之極耳。」

「所謂太極，乃天地萬物本然之理，亘古亘今顚撲不破者也。」（「朱文公文集」卷卅六「答陸子靜」）

這裡說得很明白，他所謂的「極」，是指從具體事物中抽象出來的共性。「太極」既是天地萬物的產生者，又是天地萬物永恒不變的普遍規律。這種說法，使他的體系保持了理論上的一貫性。然而，他給「太極」賦予這樣的含義，却和太極的道德屬性的問題更形擴大。

陸象山反對朱熹對「極」和「太極」的解釋。他把它們解釋爲一種道德標準。他說：

「蓋極者，中也。」（「陸象山全集」卷二「與朱元晦」㈠）

「『中庸』曰：中也者，天下之大本也；和也者，天下之達道也。致中和，天地位焉，萬物育焉。此理至矣，外此豈更復有太極哉。」（「陸象山全集」卷二「與朱元晦」㈡）

「昔者聖人之作易也，將以順性命之理。是以立天之道，曰陰曰陽；立地之道，曰柔曰剛；立人之道，曰仁曰義。」（「陸象山全集」卷二「與朱元晦」㈡）

這裡陸象山把「太極」定義爲「中和」。「中和」是儒家最高的道德準則，從而和朱熹的解釋互異。但是，他沒有說明朱熹體系的內在問題。所以，陸象山並沒有能眞正揭露朱熹的缺點。隨著朱、陸之爭而來的，是程朱學派的蓬勃時期。在明代的思想界，朱熹幾乎成了孔子並列的聖人。對朱熹之說稍持異議，便形同「離經叛道」。然而程朱學派的那些內在的問題，仍然存在著，並且隨著他們的弟子對這一學說詮釋的分歧，使這些問題更加增多，從而導致了王陽明主觀唯心哲學的產生。

王陽明哲學是對陸象山哲學的繼承和發展。但是王陽明是從學習程朱學說開始，在發現其中的問題之後，產生了懷疑，然後才改宗陸學建立起自己的哲學體系的。他對朱熹的懷疑是從「格物致知」說開始的，並由此進而認識到程朱學說中「物理吾心，終若判而爲二」，兩者是統一不起來的。王陽明提出的懷疑和問題，正是程朱學說中無法解決的癥結。

「格物致知」之說，來自「大學」中的「致知在格物」，程朱把它發揮成系統的認識論。爲了要表明這種認識論是合乎儒家「道統」的，朱熹把「大學」分爲「經」、「傳」兩部分，他「取程子之意」，給「大學」補寫了「格物致知傳」一章。程朱的「格物致知」說，簡言之，就是通過「格物」達到「窮理」的目的。這裡，關鍵是在「理」的含義上。程頤說：「窮物理者，窮其所以然也。天之高，地之厚，鬼神之幽顯，必有所以然者。」（「二程粹言」卷二）他們把「理」定義爲「物理」，物的「所以然者」。由此出發，在格物的方法上，他們主張，「多識於鳥獸草木之名，所以明理也。」（「二程遺書」卷廿五）並表示反對「只格一物便通衆理」，要求「須是今日格一件，明日又格一件，積習旣多，然後脫然自有貫通處。」（「二程遺書」卷十八）至此，其「格物致知」說是順理成章的。

王陽明在批評程朱的「格物」說時，恢復並刋行了「大學」古本。他指出，古本「明白而可通」，用不著去分「經」、「傳」；古本並「無脫誤」，用不到去補足；朱熹的「格物致知補傳」歪曲了「大學」的原意。（均見「答羅整菴少宰書」）王陽明關於「大學」的說法，是合乎事實的。這樣一來，他在「格物」問題上，把儒家「道統」的旗幟從程朱學派那裡轉移過來。王陽明並寫了「大學問」，以其自己的觀點解釋了「大學」。

王陽明明確指出：「朱子格物之訓，未免牽合附會，非其本旨。」其原因是朱熹「以盡心知性爲物格知致」。（均見「傳習錄」上）在他看來，要把握道德性的本源，應通過內心修養的「盡心知性知天」的途徑。並指出通過朱熹那種「格物致知」的途徑走不通的原因：

「先儒解格物爲格天下之物。天下之物，如何格得？且謂一草一木亦皆有理，今如何去格？縱格得草木來，如何反來誠得自家意？」（「傳習錄」下）

由於「格物」這一概念出於「大學」，並非程朱杜撰，所以王陽明在批評程朱時，並未否定「格物」，只是依自己觀點另作解釋。他說：

「格物如孟子大人格君心之格，是去其心之不正，以全其本體之正。但意念所在，卽要去其不正，以全其正，卽無時無處不是存天理，卽是窮理。天理卽明德，窮理卽是

明明德。」（「傳習錄」上）

「天下之物，本無可格者，其格物之功，只在身心上做。」（「傳習錄」下）他以「格物」等同於「正心」，「窮理即是明明德」，確實避免了程朱的錯誤。這實際上是以主觀唯心思想的內心修養論來代替程朱的「格物」說。

關於「物理」與「吾心」「判爲二」，兩者統一不起來的問題，程朱學說中確實是存在的。按照程朱的客觀唯心思想，「理」或「太極」是客觀世界的精神本體，「心」是人的認識主體。「理」或「太極」對「心」來說，是它的認識對象。這方面，他們的論述是明確的。如程頤說：「天理云者，這一個道理，更有甚窮已？不爲堯存，不爲桀亡。人得之者，故大行不加，窮居不損。」（「二程遺書」卷二）這就是說，「天理」是不依人的主觀意志爲轉移的。對於「太極」，宋朱熹認爲，它是「上天之載，無聲無臭，而實造化之樞紐，品滙之根柢」，（「太極圖解說」）即是世界萬事萬物的根源。從這種觀點出發，他們把「心」定義爲「人之知覺」，如朱熹所說，「心者，人之知覺，主於身而應事物者也。」（「朱文公集」卷六十五「大禹謨注」）並認爲，「心」能通過「即事、即物」來認識「理」的。另一方面，程朱學派爲學的宗旨，則要求賦予「理」以道德屬性，即所謂「孝弟忠信仁義禮智，皆理也」。但是，他們又認爲「仁義禮智根於心」。（均見「朱子語類」卷四卷五）循此推理，即是「理」「根於心」，「心」高於「理」。所以，朱熹說：

「心包萬理，萬理具於一心，不能存得心，不能窮得理。」（「朱子語類」卷九）所謂「存得心」，也就是「正心」；只要「心」合乎傳統道德地「正」了，原來具於心中的「萬理」也就顯現出來了。這種說法，從「理」的道德屬性來說，是合乎邏輯的。可是，和全面的論述，却是相反的。因此，在「物理」和「吾心」的關係上，就不能有一貫的主張，所以無法統一。

王陽明批評朱熹時，用朱熹所說的話來反駁朱熹。他摘錄並刋行了朱熹偏重於「正心」的一些話，稱爲「朱子晚年定論」。而將朱熹的其他著作稱爲「中年未定之說」，並說朱熹的這些「中年」著作是經他的「門人挾勝心以附己見」，與朱熹的原意「大相繆戾」。王陽明自己「取朱子之書而檢求之」的結果，發現朱熹「晚歲固已大悟舊說之非，痛悔極艾，至以爲自誑誑人之罪，不可勝贖。」（均見「朱子晚年定論」序）實際上，從王陽明所摘的內容來看，他大部份利用了朱熹在處理「持敬」和「集義」關係方面的論述。所以，王陽明確實是把握了程朱學說內在的問題，並從而建立了自己的哲學體系。

（原載木鐸第十期73 6.）

先總統　蔣公思想與陽明學說

王陽明（西元一四七二—一五二八），名守仁，字伯安，生於浙江餘姚。曾築室會稽山陽明洞，自號陽明子，學者都稱陽明先生。是明代最偉大的哲學家，他最爲後人所讚賞的，是他在哲學上的慧思卓識，及軍事上的輝煌事功。

陽明學說之成就，實由百死千難中，經三十年長期之醞釀、摸索、研究、鍛鍊而創發其學說精髓。起初他以默坐澄心爲主，後來他想追復孔孟思想舊觀。因此在困處夷域的時候，上承陸象山「心卽理」的學說，深悟本體的理論。所以大倡「知行合一」和「致良知」的學說，他的思想不但影響我國近代的學術文化，還遠及鄰邦日本，而且下開　國父與先總統蔣公一脈相承的儒家道統和力行哲學的宏規，更爲今日文化復興之一原動力。何況陽明一生最大的志願就在於繼承宋儒張橫渠所說的：「爲天地立心，爲生民立命，爲往聖繼絕學，爲萬世開太平。」所以陽明自己也說：「今夫天下之不治，由於士風之衰薄；而士風之衰薄，由於學術之不明；學術之不明，由於無豪傑之士者，爲之倡焉耳。」陽明以學術不明爲天下致亂的根源，所以要以道來拯救天下的沈淪，陽明精神的偉大處就在這裡。而　國父孫中山先生，一則承襲中國固有文化的道統，一則融合近代歐美的政治思想，加上自己所獨有的心得，創出三民主義的革命建國思想，終於成為近百年來中國思想界的巨擘。後來，先總統蔣公繼承他的革命志業，掃蕩北洋軍閥，完成全國統一，非但事功上有輝煌的成就，於思想上尤能將　中山先生的革命思想發揚光大。

陽明學說對中國近代的兩位革命的思想家，都曾產生程度上不同的影響。就其對　中山先生的影響說，雖然不是正面的、直接的。但陽明的「知行合一」與　國父的「知難行易」，在精神上有相互貫通的地方；而且陽明的「致良知」學說與　國父思想也相脗合。陽明思想與先總統　蔣公的淵源很深，對他的影響也很大。　蔣公十八歲就跟隨顧葆性先生研讀王陽明的「傳習錄」，後來留學日本時，親眼看到許多日本人，經常手不釋卷，拳拳服膺。書店裡到處都有關於陽明哲學一類的書籍，當時　蔣公遂盡所有的財力一一購買，孜孜不停地閱讀，後來對陽明的哲學，逐漸產生了興趣，而由仰慕之情到達心領神馳的地步，因知日本以小小島國，竟能強大起來，實在得力於陽明的「知行合一」與「致良知」哲學所造成的結果。從那時候起，就特別重視陽明學說。

蔣公從日本歸國以後，還是不斷地研究陽明學說。當民國八年，　國父所著的「孫文學說」在上海出版時，對陽明的「知行合一」曾有所批評，感到非常驚奇，但因戎馬倥傯，

沒有機會與　國父討論。後來　國父不幸逝世，這一問題一直使　蔣公耿耿於懷。其實　國父重行的精神與陽明哲學的本質，在行的意義上並無出入。所以後來　蔣公將他的研究心得，作了公開的闡述。如：

民國二十一年，　蔣公在南京中央軍校所講的「自述研究革命哲學經過的階段」一篇講詞中認為：　國父發明「知難行易」的原理，完全是要國人注重一個「行」字。一是用來激發中國的民族精神，一是用來實行他的革命主義；而陽明所以提出「知行合一」的學說，是因見於當時一般士大夫，不是學漢儒的訓詁經義，就是學宋儒的講說性理，結果不是支離破碎，就是空疏迂腐。

民國二十三年，　蔣公在廬山軍官團講「大學之道」後來與另一篇講詞「政治的道理」合在一起，改稱「科學的學庸」，對我國道統文化的精義，有很高明的見解。其中尤其對五百餘年來學術界未成定案的一大爭論：朱熹與陸（象山）王（陽明）間分歧的觀點，作了一番會通與調和，可說是我國學術史上的一項重大貢獻。

民國二十八年，　蔣公又在重慶中央訓練團講「行的道理」，在這篇講詞中，不但對知與行的道理作完整的體系，而且還有「不行不能知」的創見，這是　蔣公經歷多年艱險與失敗後所獲的心得，也是受陽明與　國父的影響與啓發所獲的成果。且與兩位先賢有相得益彰的地方。

民國三十九年，　蔣公在陽明山莊講述「總理『知難行易』學說與陽明『知行合一』哲學之綜合研究」，論證見解，有很多獨到之處，後來也時加補充，現在僅就　蔣公所論要點，略述如後：

首先就不同方面來看，約可分為二：

第一、從「知的本體」來看　蔣公曾說：陽明所謂「知」，偏重於人性的良知，即不待教而後知，是與生俱來的天賦之知。而　總理所謂知難行易之「知」，乃是著重於科學的知識之知，是要由學、問、思、辨工夫才能得來。那麼陽明所謂致良知與知行合一的「知」，是屬於「生而知之」的一面，　總理所謂知難行易之「知」，是屬於「學而知之」或「困而知之」的一面，這兩種「知」的本體完全不同，就很明顯看出來了。

第二、從「知行分工」來看　蔣公曾經說：陽明「知行合一」完全從德性方面為出發點，說「知之眞確篤實處便是行，行之明覺精察處便是知」、「一念動卽是行了」，如此，知行為一，不能分為二事。又　國父在其「知行總論」曾指出：「夫知行合一之說，若於科學既發明之世，指一時代一事業而言，則甚為適當；然陽明乃合知行於一人之身，則殊不通矣。」

由此可見，這兩種知行，在相互關係上，「知行合一」說認為知者不必要行，能行者也不必能知，所以說「不知亦能行」，且以人類之「先知先覺」、「後知後覺」和「不知不覺」，說明知行的「分工專職」和「協力合作」的事實。因此，我們不能用現代經濟學上的「分工原則」來衡量陽明的「知行合一」學說。

其次，就其相同的方面來看，約可歸納爲二：

第一、同樣重行，但不否認知難　蔣公曾經說：「　總理提倡的『知難行易』學說，其目的在於鼓勵實行，而陽明的『知行合一』學說，其主旨也是在於提倡實行。」

第二、　國父不忽略「致良知」。　國父曾經說：「建國之基，當發端於心理。」又說：「吾心信其可行，則移山塡海之難，終有成功之日；吾心信其不可行，則反掌折枝之易，亦無收效之期也。」　蔣公以爲此「心理」與「信心」，實卽良知，而「行其心之所信」，卽是致良知。

由　蔣公對陽明哲學與　國父學說之比較來看，足以想見他對這兩種學說體認之眞切，且能融會貫通，深得其精髓。尤以　蔣公畢生的學術與事功上看，有很多跟陽明相同的地方，而　蔣公的卓識—「力行哲學」，一如陽明的創見「致良知」、「知行合一」，全由內心的修養，並從個人生活經驗中得到印證，所以說　蔣公對陽明哲學有眞切的默契和體悟，可知陽明的思想和言行對　蔣公影響的深刻。但是以前研究陽明學的人，不是揚善掩瑜，就是一唱百和，只有　蔣公獨具慧眼，秉持客觀，因此能得到它的眞髓。

而今正值世道日衰，人心澆薄，內有邪黨亂紀，外少正義伸張的時候，我們認爲對陽明

哲學與 蔣公思想，實有再度提倡，發揚的必要。因爲我們在追求現代化的過程中，當然，不僅以加速經濟成長，提高國民所得爲滿足。更重要的是爲明日的世界尋求一個能滿足人性需要、更尊重人格價值的社會發展模式，而陽明哲學與 蔣公思想，堪稱儒家的嫡系，可爲更好的明天，指示出較爲圓滿的答案。

（原載逢甲青年第二十期75. 6. 1.）

王陽明學說思想之發展及其評價

摘要

本文主要是對浙東陽明在學說思想歷經長期之醞釀、摸索、研究、鍛鍊而創發其學說精髓，作一概略之介紹與客觀之評價。

首由陽明先生傳略，認識其學術（儒家、佛家、道家）與時代（文化、社會、政治）背景。

第一節說明學術界對王學不同（充分肯定、揭露批評、全盤否定）的評價。

第二節分析陽明對政治（敢於直諫、抗衡惡勢、緩和措施、防患覬覦）的態度。

第三節闡發陽明對哲學（破除迷信、認識道德、開明思想）的觀念。

第四節評述陽明對教育（服務大衆、結合德智、因材施教）的主張。

末由全文資料作一回顧，並對今後研究方向，提出忠告和期許。分別就陽明學說對本國、歐美、日本之影響作一總結。

前言

王陽明是我國明代中葉著名的哲學家，也是一重要的教育家。在政治上，他是一位忠君愛國的臣子；在哲學上，他是主觀唯心主義學派的主要代表，在突破程朱學派的長期約制，帶動當時思想和學術風氣的活躍，扮演著積極的角色；在教育上，他繼承和豐富了我國教育思想的優良傳統，反對道學對當時教育的禁錮和限制，頗有革新氣象和求實精神。王陽明的學說，不僅在我國近古思想史上佔有重要的地位，而且在國內外都有很大的影響。

王陽明，名守仁，字伯安，生於明憲宗成化八年（西元一四七二年），卒於明世宗嘉靖七年（西元一五二九年），享年五十八歲。因爲他曾經隱居會稽陽明洞，又創辦過陽明書院，所以世稱陽明先生。王陽明出身於世族。據「年譜」記載，他的祖先是瑯琊人（現山東境內），第二十三世遷居浙江餘姚。他的父親王華，是明憲宗成化年間的狀元，官做到南京吏部尚書。

青年時代的王陽明，就關注北方邊境的安全。他二十八歲中進士後，即向明孝宗皇帝疏陳邊務八條，建議採取蓄材備急，捨短用長，簡師省費，屯田足食，行法振威，敷恩濳怒，捐小全大，嚴守乘弊等措施，要求朝廷斟酌施行，以加強北方防務。不久，他被任命爲刑部雲南清吏司主事，後又改任爲兵部武選清吏司主事。王陽明三十五歲那年，宦官頭子劉瑾胡作非爲，矯旨將南京給事中御史戴銑等二十餘人逮捕入獄。王陽明抗疏引救，指出這種做法「使陛下有殺諫臣之名」，「寧不寒心」，要求「陛下追收前旨，使銑等仍舊供職」，（註一）結果，他被廷杖四十，謫到貴州龍場驛當了四年驛丞，在深山中受盡了苦難和折磨。以後，王陽明先後擔任過江西廬陵縣知事，南京刑部、吏部清吏司主事，文選清吏司員外郎，南京鴻臚寺卿，都察院左僉都御史等職。正德十四年（西元一五一九年），明朝的宗室寧王朱宸濠在江西起兵謀反，王陽明起兵平定了寧王叛亂。但由於朝廷內部宦官勢力的挑撥，王陽明在平亂過程中和以後的一段時間內，並沒有得到皇室的信任，反而被誣爲曾參與朱宸濠的謀反活動。直到武宗十六年（西元一五二一年）王陽明五十歲，被升爲南京兵部尙書。後總督兩廣軍務，率部鎭壓廣西思恩、田州和八寨瑤族、壯族的叛軍。當時，他對邊區叛軍採取「可撫則撫，可捕則捕」的兩種策略。王陽明「扶病起程」，病死歸途，盡瘁於護國的行徑，充分表現了爲明犧牲的決心。

王陽明學術思想的演變和形成，經歷過一個曲折的發展過程。對此，黃宗羲概述說：

「先生之學，始泛濫於詞章，繼而遍讀考亭之書，循序格物理，顧物理吾心，終判爲二，無所得入，於是出入佛老者久之；及至居夷處困，動心忍性，因念聖人處此，更有何道，忽悟格物致知之旨，聖人之道、吾性自足，不假外求。其學凡三變而始得其門。自此之後，盡去枝葉，一意本原，以默坐澄心爲學的，有未發之中，始能有發而中節之和，視聽言動，大率以收斂爲主，發散是不得已。江右以後，專提致良知三字，默不假坐，心不待澄，不習不慮，出之自有天則。蓋良知卽是未發之中，此知之前，更無未發，良知卽是中節之和，此知之後，更無已發。此知自能收斂，不須更主於收斂；此知自能發散，不須更期於發散。收斂者，感之體，靜而動也；發散者，寂之用，動而靜也。知之眞切篤實處卽是行，行之明覺精察處卽是知，無有二也。居越以後，所操益熟，所得益化，時時知是知非，時時無是無非，開口卽得本心，更無假借湊泊，如赤日當空，而萬象畢照。是學成之後，又有此三變也。」（註二）

這段話告訴我們，王陽明的學說，在它的形成過程中和形成以後，各有「三變」，也就是各有三個發展階段。王學形成過程中的「三變」：一是學習程朱理學；二是出入於佛道；三是學說之形成。王學形成以後的「三變」：一爲默坐澄心；二爲專提致良知三字；三爲所操益熟，所得益化。

王陽明開始學習時，主要是應付考試，「泛濫於詞章」。不久卽「遍讀考亭之書」，鑽研起程朱理學來。在王陽明所處的時代，程朱理學被奉爲儒家的正統，佔著領導的地位。青少年時期的王陽明，當然不可避免地會受到這種學說的教育和影響。據「年譜」所載，王陽明開始就塾師讀時，就把「讀書學聖賢」作爲「第一等事」。十八歲那年，王陽明路經江西廣信，謁見理學家婁諒（即婁一齋），聽取他講述朱熹學派的哲學觀點。後來，王陽明白天聽塾師講析經義，晚上搜取經書，讀至深夜。當時，他爲了準備參加科擧考試，還學習詩賦詞章，鑽研八股文。王陽明是個善於思索的人，他雖然接受了朱熹的哲學觀點，但並不盲從。二十一歲那年，他跟隨父親龍山公住在京師，看到官署庭中長著許多竹子，就學友人錢友同做起朱熹所說的「格物」的工夫來，企圖窮究竹子這一具體事物，從中體認出衍生萬物的「天理」來。起先，由那位友人去「格」，苦心捉摸了三天，一無所得，人却生病了。王陽明還以爲是這位友人才力不足，就親自去「格」，沈思了七天，同樣毫無結果，自己也病倒了。從此，他對朱熹那種把「物理」與「吾心」分開的學說發生了懷疑。隨著王陽明對政治的認識和學術的探討，使他越來越感到朱熹的學說「支離決裂」，不利於振興傳統道德，挽救明朝的危機，因此就對這種客觀唯心主義的理學，採取了批評的態度。

王陽明學術思想發展的第二個階段，是所謂「出入於佛老」。王陽明早年就同道士有過接觸。他十七歲在江西洪都（今南昌市），結婚那天，曾獨自散步到城內的鐵柱宮，聽道士談養生之術，直到第二天才回家。以後，他繼續同道士、佛教僧侶來往，曾產生過遺世入山的念頭。到失望於程朱理學，而自己哲學觀點尚未系統形成的時候，他就曾把學術活動的興趣，轉向道教和佛學方面，企圖從中尋求修身治國的道理。三十歲那年，王陽明遊九華山，住在無相、化城諸寺，聽道者蔡蓬頭談神仙的故事。隱居紹興陽明洞的時候，曾按道家的方法修養。靜坐久了，有時想遠離人世。但終因拋不開傳統倫理綱常，掛念祖母和父親，又從洞中跑了出來，並表示醒悟說：「此念生於孩提，此念可去，是斷滅種性矣。」（註三）

從此以後，王陽明漸漸覺得佛道不對。他養病在杭州時，常常來往南屏、虎跑諸廟寺間，聽說有禪僧坐關，三年不語不視。王陽明喝道：「這和尚終日口巴巴說什麼，終日眼睜睜看什麼！」僧驚起，開視對語。王陽明問他家裡情況，僧回答說：「有母在。」再問「起念否？」僧答：「不能不起。」王陽明指點他愛親本性的道理，僧涕泣感謝，第二天就走了。有一次，王陽明聽到學生王嘉秀、蕭惠好談佛道，就說：「吾幼時求聖學不得，亦嘗篤志二氏。其後居夷三載，始見聖人端緒，悔錯用功二十年。二氏之學，其妙與聖人只有毫釐之間故不易辨，惟篤志聖學者，始能究析其隱微，非測臆所及也。」（註四）這就是王陽明從信奉到離開佛道二氏的過程。

既然「支離決裂」的程朱理學，和超脫塵世的佛道之學，對於修身治國都無濟於事，王陽明的學術思想就發展到了第三個階段，卽創立主觀唯心主義「心學」的階段。孝宗弘治十八年（西元一五〇五年）王陽明三十四歲，在京師與主觀唯心主義者陳獻章的學生湛若水成了朋友，共同倡導所謂「聖人之學」。第二年卽被謫到貴州龍場，其後四年間，王陽明意志消沈，日夜端居澄默，以求靜一。久而久之，胸中灑灑，思念聖人處此，更有何道？據說，一天夜裡，王陽明大悟格物致知，寤寐中好像有人說話，不覺呼躍，始知聖人之道，吾性自足，過去向事事物物求理是錯了。他默記「五經」的內容，來論證他所悟的一切求諸於心理的道理，據說沒有不符合的。這就是他事後所說的「龍場之大悟」。

明武宗正德四年（西元一五〇九年），王陽明三十八歲，被聘爲貴陽書院的主講。他第一次提出了「知行合一」說，大談知行是一個工夫，要求人們按照傳統道德準則去修養，「反省求內」，「只信良知」，「只依良行」。此後，他一再強調「只教學者存天理，去人欲，爲省察克治實功」。又說：「學者欲爲聖人，必須廓清心體，使纖翳不留，眞心始見，方有操持涵養之地」。（註五）

在貴陽講學時，王陽明曾進行「朱陸同異之辨」。此後數年間，都繼續談論這個問題。王陽明認爲，陸象山之學雖然粗疏一點，却繼承了孔、孟「道統」。並表示自己「欲冒天下之譏」去推翻四百年來「是朱非陸」的定論。（註六）

王陽明五十歲時，在南昌開始揭示他「致良知」的學說。他說自己從經過平定寧王朱宸濠叛亂之後，愈益相信良知眞足以忘患難，出生死。世宗嘉靖三年至六年（西元一五二四年至一五二七年）春，王陽明在浙江從事講學活動，他在紹興先闢稽山書院，後立陽明書院，並講學於餘姚龍泉山寺。當時學生來自四面八方，環坐聽講者，多至三百餘人。他暢談「心外無物，心外無事，心外無理」，萬物同體，各求本性，致極良知，以止於至善之主觀唯心主義的宇宙觀和道德修養方法。

上述關於王陽明學術思想發展的三個階段，只是大致的概括，在時間順序上往往有所交叉，很難劃分。如欲探討其學術思想的演變情況和實際內容，則須以三十八卷的「陽明全書」爲主，其中「傳習錄」包含了他哲學思想的基本內容。「大學問」又是他哲學思想的綱要。至於奏疏、書信、雜著、詩賦等，對於研究王陽明的政治態度和學術思想，也是非常重要。以下擬分四項，對其學說作不同之評價。

一、學術界對王學的不同評價

王陽明的哲學思想，在我國傳統儒家社會後期，佔有重要地位，不僅在國內而且在國外，特別是在日本，都有重大的影響。

歷來，大家對於王陽明及其學說的評價，也很分歧。就學術探討的範圍來說，哲學史界對王陽明及其學說也有各種不同的評價。較具有代表性的見解，大致有以下三種：

第一種，對王陽明及其學說作了充分的肯定和高度的評價。持這種看法的人認爲，我國明代中葉以後，整個思想界走向了一個新階段，自由開放的風氣從各方面表現出來。王陽明是中國近古思想史上一位傑出的人物。由他所領導的學術活動，是一種道學的革新，也是一種朱學的反動。王陽明打出了道學革新的旗幟。他們認爲，王陽明的哲學思想，是其自由開放精神的理論基礎。王陽明的學說，無論是致良知說或知行合一論，處處可以看出一種自由開放的精神，處處是反對八股化道學。倘若再把他的「心卽理」和「萬物一體」等說法都加以分析，這種自由主義的傾向同樣的表現出來。他們還認爲，王陽明這種自由開放精神的產生，有其社會原因。社會繁榮則眼界廣而思想開放，所以演成思想革新的潮流。所有當時的政治、社會、思想運動，都是那種僨張動盪的時代心理所形成。從陳沙白、王陽明，尤其是王門中王畿、王艮等人的言論行動上，很容易感到這種氣息，而他們的言論行爲，恰成爲時代的脈搏。

第二種，對王陽明的政治態度和哲學思想的基本方面加以揭露和批評，同時肯定其某些方面的成就和積極作用。有人指出，王陽明把中國主觀唯心主義發展到極峰，反映出新經濟萌芽時期意識形態上的反動。王陽明從他的心學出發，要人們尊重傳統的隸屬關係，而且詆毀與傳統道德觀念相矛盾的人的私欲。同時，這些人又指出，王學，雖然就其全部體系和內容說，是新經濟因素萌芽的反動，但在另一方面，也受當時經濟發展的影響。例如，王陽明認爲「人人皆可以爲堯舜」、「聖人可學而致」等思想，將傳統社會崇敬的聖人與一般平民，在人格上一視同仁，這種觀念是進步的。再如，王陽明思想的主導方面，雖然是維繫傳統道德規範，但由於他重視「知行合一」，強調忠、孝、節、義，因而這些規範中所包含的維繫中華民族精神生活優良傳統的成分，就獲得了肯定和發展。

還有一些人，在分析批評了王陽明的主觀唯心主義思想體係後，肯定他在反對當時居領導地位思想的朱熹的哲學時，曾經提出過一些反對的言論。他還提出根據人們的年齡和程度的區別，因材施教，分別施行以靈活簡明的，容易爲人接受的教育方法。作爲一種教育方法，這些思想爲後來的開明思想家加以分辨吸收改良後，也曾經產生過積極的作用，但這些思想還是服從於他的整個學說體系的。

第三種，對於王陽明及其學說採取全盤否定的態度。有人在他自己的著作中，反對對王陽明的學說，作任何肯定的評價，指責別人曾力圖去發現王陽明哲學思想中的成就。這些人指出，把「致良知」說成具有「平等的精神」與「個性開放」的要求，乃是一種未作科學分析的說法。他們認爲，王陽明所說的「良知」，並非中世紀末期啓蒙思想家所說的「理性」，而是傳統主義的道德律。啓蒙思想家宣布「理性」爲人人皆有，那是具有著反傳統特權法律而開放個性的作用；相反，王陽明要人們在「良知」上用功，以消解心靈的「無對」。他們還認爲，王陽明批評朱熹哲學也沒有什麼積極作用。他們說，王陽明早年曾對朱學發生過懷疑，之後批評它爲「支離決裂」，而提倡「致良知」。若僅從這一點而論，當然沒有積極的作用。因爲王陽明和朱熹的哲學思想，並無本質的不同，本來主觀唯心主義與客觀唯心主義之間就沒有絕對的界限。朱熹的一些主觀唯心主義命題以及明「天理」、去「人欲」的話是被王陽明視作「晚年定論」而贊揚過的。所以，在他們看來，王陽明對於朱熹哲學思想的某些方面的批評，那只是唯心主義內部的正宗問題。

我們認爲，學術思想上不同觀點的爭論，有各種不同的評價，完全是正常的現象。我們所以較爲詳細介紹各家不同的見解，目的是爲對王陽明及其學說作出客觀公正的評價。

二、對王陽明政治態度的評說

王陽明是忠君愛國的臣子，他親眼看到十五世紀中葉至十六世紀初葉明朝岌岌可危的局面，哀嘆：「今天下波頹風靡，爲日已久，何異於病革臨絕之時！」（註七）但他又不願看到明朝的覆沒，在自己臨死前一年，還寄望「沉痾積痿」的局面，「起死回生」。他在給學生黃綰的信中說：「今天下事勢，如沉痾積痿，所望以起死回生者，實有在於諸君子。」（註八）

所以，我們認爲，王陽明在政治態度上，仍有其可以肯定的地方。可分下面幾方面加以說明：

第一，敢於直諫。當時的明武宗，是個著名的荒淫皇帝。他任用宦官作惡，自己却不理朝政，到處巡遊。一次因朝臣諫阻他去遊江南，竟罰朝臣一百零七人跪在午門五天，並廷杖一百四十六人，當場打死十一人。但王陽明還是照樣直諫。他在一份要皇帝因寧王朱宸濠造反吸取教訓的諫書中說：

「陛下在位一十四年，屢經變難，民心騷動，尚爾巡遊不已，致宗室謀動干戈，冀竊大寶，且今天下之覬覦，豈特一寧王，天下之奸雄，豈特在宗室，言念及此，懍骨寒心。……伏望皇上痛自刻責，易轍改弦，罷出奸諛，以回天下豪傑之心；絕迹巡遊，以

杜天下奸雄之望。」（註九）

王陽明明知道過去其他人諫止「巡遊」所得的悲慘結果，仍以「痛自刻責，易轍改弦」這樣尖銳的語言，要這個暴戾的皇帝「絕迹巡遊」。這種置自己安危於度外的精神，是值得稱道的。

第二、堅持和宦官勢力抗衡。前已說過，王陽明正是因反對大宦官劉瑾而被謫龍場驛的。在爲王室平定寧王之亂以後，他再一次遭到宦官勢力的誣陷與打擊，幾乎丟了性命。在這些打擊面前，王陽明沒有妥協，堅持同宦官勢力抗衡。他揭露說，在宦官當權的情況下，對一些「有功」之臣，「賞未施而罰已及，功不錄而罪有加，不能創奸警惡，而徒以阻忠義之氣，快讒嫉之心。」（註一〇）宦官當權，政治腐敗，朝廷內部傾軋不已，確是明代中葉所存在的嚴重問題。王陽明敏銳地看到了這點，並指出：「群僚百司各懷讒嫉黨比之心，此則腹心之禍，大爲可憂者。」（註一一）當然，王陽明看到這個問題，也很想力挽狂瀾，但冰凍三尺，非一日之寒。在這樣的情形下，王陽明依據儒家「達則兼善天下，不達則獨善其身」的原則，要求退休。武宗正德十六年（西元一五二一年），王陽明在「乞便道歸省疏」中說：「竊念臣自兩年以來，四上歸省之奏，皆以親老多病，懇乞暫歸省親，實皆出於人子迫切之至情，而時復以權奸當事，讒嫉交興，非獨臣之愚悃，無由自明，且慮變起不測，身罰曖昧之禍，冀得因事退歸，父子苟全首領於牖下，故其時雖以暫歸爲請，而實有終身丘壑之念矣。」（註一二）這既反映了他對宦官勢力的消極對抗和始終不妥協的精神。

第三、主張實行一些減輕百姓負擔，緩和社會不安的措施。王陽明多次上疏，要求杜絕鹽商投機，減輕軍賦，賑濟災民。他認爲，當時朝廷有關「寬恤之令」、「賑濟之典」，均屬虛文，不如寬免租稅「實惠」。他說：「民之賴以生者，不能什一，民之坐以死者，常十九矣。故寬恤之虛文，不若蠲租之實惠；賑濟之難及，不若免租之易行。今不免租稅，不息誅求，而徒曰寬恤賑濟；是奪其口中之食，而曰吾將療汝之饑；刳其腹腎之肉，而曰吾將救汝之死。凡有血氣，皆將不信之矣。……民者邦之本，邦本一搖，雖有粟，吾得而食諸。伏望皇上軫念地方塗炭之餘，小民困苦已極，思邦本之當固，慮禍變之可憂，乞敕該部速將正德十四十五年該省錢糧，悉行寬免。」（註一三）

由於王陽明一再上疏，朝廷曾經下旨寬免江西稅糧，但不久又加以追征。所以王陽明竭力反對官府「一以爲蠲免，一以爲追徵」的做法，指出「乃停徵之令甫下，而催併之檄復行，賑濟之仁未布，而棰撻之苦已加，法令如此，有司何以奉行，下民何所取信？夫爲人臣者，上有益於國，下有益於民，雖死亦甘爲之。今天所行，上使朝廷失信於民，下使百姓歸怨於上，重貧民之困，益地方之災，縱使錢糧果可立辦，忍心害理，亦不能爲。」（註一四）

王陽明這些主張的出發點，當然是「思邦本之當固，慮禍變之可憂」，爲的是維護國家的安定。作爲一個朝廷的官吏，能如此勇敢地揭露「朝廷失信於民」，「百姓歸怨於上」，並且強調「民者邦之本」，「小民困苦已極」，這種敢於反映百姓的實際困苦的勇氣，是應當獲得肯定的。

第四，防範北方邊境民族覬覦中原。在明代中葉，所謂北方的「邊患」已相當嚴重了。前面已講到，王陽明早年曾向皇帝疏陳邊務八條，要求加強北方邊境的防禦力量。他一度也很關心邊境形勢，注意學習兵法。當時明朝和東北地區的女眞族（卽後來滿族）的衝突，王陽明卽主張加強防禦工事，免遭覬覦。

總而言之，王陽明生活在明代中葉複雜的環境裡，是一位較有遠見和較爲正直的官吏。

三、對王陽明哲學思想的評說

哲學儘管是離經濟基礎較遠的意識形態，但畢竟是和社會息息相關。王陽明的主觀唯心主義哲學體系，是我國明代中葉各種社會變化的產物，也是知識份子意識形態的表現。正因爲王陽明的思想受到當時社會經濟的影響，反映在哲學思想上，他的「人人同具良知」、「滿街都是聖人」、「聖人何能拘死格」，和不能以孔子的是非爲是非等等，都包含著某些新的意義。他創立的心學，確實有突破傳統，促進思想開放的積極作用。

那麼，我們應該怎樣看待王陽明哲學思想中，某些有價值的成果呢？以下幾個方面是值得探討的。

第一，王陽明一切從「吾心」、「良知」出發的觀點，在當時起了某些破除迷信，開放思想的作用。

王陽明從懷疑朱熹的學說到批評這種學說，這在當時，實際上是一種勇敢果斷的行爲，是很不容易的。他反對朱學的精神武器，則是「心卽理」、「致良知」的學說。這雖然是一種主觀唯心主義哲學，但在當時却引起了從朱熹學說的傳統中開放出來的積極作用。王陽明正是以「心」、「良知」作爲衡量一切是非的標準來反對傳統思想的。他說：

「『大學』古本乃孔門相傳舊本耳，朱子疑其有所脫誤而改正補葺之，在某則爲其本無脫誤，悉從其舊而已矣。失在於過信孔子則有之，非故去朱子之分章而削其傳也。夫學貴得之心，求之於心而非也，雖其言之出於孔子，不敢以爲是也，而況其未及孔子者乎？求之於心而是也，雖其言之出於庸常，不敢以爲非也，而況其出於孔子者乎？且舊本之傳數千載矣。」（註一五）

「夫道，天下之公道也；學，天下之公學也，非朱子可得而私也，非孔子可得而私也。天下之公也，公言之而已矣；故言之而是，雖異於己，乃益己也；言之而非，雖同於己，適損於己也。」（註一六）

在這裡，王陽明大膽地提出了不能以孔子的是非爲是非的問題，並且明確宣告，學說者，「天下之公也」，而不能爲孔子或朱熹「可得而私也」。本來，在程朱的學生心目中，孔子、朱熹的話，句句都合乎「天理」，都反映了「天下之公」，而王陽明却說他們的學說也不過是他們個人的「私」學，這不是明明白白地反對朱學的壟斷地位嗎？

王陽明進一步認爲，「聖人何能拘得死格」，各人只要按良知行事，求得大同就行了。他說：

「聖人何能拘得死格！大要出于良知同，便各爲說何害？且如一園竹，只要同此枝節，便是大同。若拘定枝枝節節，都要高下大小一樣，便非造化妙手矣。汝輩只要去培養良知。良知同，更不妨有異處。汝輩若不肯用功，連筍也不曾抽得，何處去論枝節。」（註一七）

「我這裡言格物，自童子以至聖人，皆是此等工夫。但聖人格物，便更熟得些子，不消費力。如此格物，雖賣柴人亦是做得，雖公卿大夫以至天子，皆是如此做。」（註一八）

王陽明這裡所說的「大同」，就是要大家保持先天的「良知」；而按良知行事，就是要遵循傳統道德準則。但他認爲大人、童子、聖人、常人、文王、武王、大夫、天子各有個致良知的要求，各自憑著自己致良知的要求而行，就是格物致知，該同則同，該異則異，事物具有多樣性，道理也沒有死路，可說是自由自在的了。

對於王陽明的「良知」說所起的「蕩軼禮法」，後來如清康熙年間的程朱理學末流陸隴其曾加批評，違反傳統的束縛，然而這也正是他可貴的另一面。

王陽明對於朱熹以及當時學者那種「循章摘句」、「支離決裂」、「訓詁經文」的保守風氣，提出了無情的揭露。

「蓋平日解經最爲守章句者，然亦多是推衍文義，自做一片文字，非惟屋上架屋，說得意味淡薄，且是使人看者，將註與經作兩項工夫，做了下稍，看得支離，至於本旨，全不相照。以此方知漢儒可謂善說經者，不過只說訓詁，使人以此訓詁玩索經文，訓詁經文不相離異，只做一道看了，直是意味深長也。」（註一九）

王陽明認爲這種學風，使人「多有爲一字一句所牽蔽」，（註二〇）「被一種似是而非之學兜絆羈縻。」（註二一）因此，他反對這樣「從册子上鑽研，名物上考索，形迹上比擬」（註二二）竭力主張破除這種學風，這對打破當時觀念思想僵化，開放學術空氣，顯然是有積極意義的。正因爲這樣，王陽明認爲自己是個「狂者」。有一次，王陽明的學生薛尚謙、鄒謙之、馬子莘、王汝止等在座，大家都對王陽明自征寧藩以來，天下誹謗性的議論很多的情況表示不滿。在他的學生們分析了造成誹謗的原因後，王陽明說：

「諸君之言，信皆有之。但吾一段自知處，諸君俱未道及耳。……我在南都以前，尙有些子鄉愿的意思在。我今信得這良知眞是眞非，信手行去，更不著些覆藏，我今才做得個狂者的胸次，使天下之人都說我行不掩言也罷。」（註二三）

這些話是有道理的，王陽明想獨樹一幟，另立體系，怎麼不是一個「狂者」呢？當然，王陽明的自由開放思想，是建立在主觀唯心主義基礎上的，從這個意義上說，我們是不能苛求古人的。

第二，王陽明的認識論和道德修養中，具有某些合理的成分。

在王陽明的著作和言論中，我們確實可以發現一些合理的論斷和見解。在認識來源的問題上，王陽明有不少關於「入口而後知」的說法。他說：

「食味之美惡，必待入口而後知，豈有不待入口，而已先知食味之美惡者邪？」（註二四）

「路歧之險夷，必待親身履歷而後知，豈有不待親身履歷，而已先知路歧之險夷者邪？知湯乃飲，知衣乃服，以此例之，皆無可疑。」（註二五）

「啞子吃苦瓜，與你說不得，你要知此苦，還須你自吃。」（註二六）

「凡論古人得失，決不可以意度而懸斷之。」（註二七）

在主客關係的問題上，王陽明肯定心是宇宙的主宰，把精神作為宇宙的本體，他的宇宙觀是唯心主義的，但有時也不得不承認客觀的存在。他在「氣候圖序」中有這樣一段話：

「天地之運，日月之明，寒暑之代謝，氣化人物之生息終始，盡於此矣。月證於月者也；氣證於氣者也；候證於物者也。若孟春之月，其氣為立春，為雨水；其候為東風解凍；為蟄蟲始振，為魚負冰，獺祭魚之類。『月令』諸書可考也。氣候之運行，雖出於天時，而實有關於人事。是以古之君臣，必謹修其政令，以奉若夫天道；致察乎氣運，以驚惕夫人爲；故至治之世，天無疾風盲雨之愆，而地無昆蟲草木之孽。」這段話，不僅肯定「天地運行」、「寒暑代謝」，是客觀世界的自然規律，而且在說明「天時」與「人事」的關係時，認定人地自然規律面前不是無能爲力的。當然，王陽明的言論不可能揭示得那麼明白，但能作這樣的描繪，却表明他的某些論斷確實背離了自己的唯心主義的前提。

說到道德修養的問題，我們中華民族，歷來有注重道德修養的傳統，我國幾千年來的倫理學說，其內容是十分豐富的，就拿仁義禮智、忠孝節義以及修身、齊家、治國、平天下等道德內容來說，一方面，它可以成爲一般人精神行爲的象徵；另一方面，它也對處理各民族關係，維繫社會秩序，加強民族團結，維護國家獨立，產生某些積極的作用。

用這樣的觀點來看王陽明的道德學說，首先必須指出的，就是他想將「存天理，滅人欲」的傳統道德規範，付諸有意識的實踐，以鞏固國家的安定，這是主要的方面。但是另一方面，王陽明的「知行合一」論，卽又是反對那些言行脫節，口是心非的人，特別是揭露王室內部宦官勢力的奸詐行爲，這當然有它的積極意義。同時，王陽明還強調「踐履德行」、「事上磨鍊」、「篤實之功」等等，認爲「人須在事上磨鍊做工夫乃有益」，反對「流入空虛」、「終身不行」，這也繼承了中華民族道德精神生活方面的優良傳統。

第三，王陽明以他的主觀唯心主義反對朱熹客觀的唯心主義，是有助於開明思想的發展的。

歷史事實說明，程、朱和陸、王兩大唯心主義派別之間的分歧和爭論，他們之間的相互揭短，有助於人們發現各派哲學體系的內在不同，總結人類認識發展過程中的經驗。與王陽明同時代的羅欽順、王廷相的哲學思想，就在這種觀念下發展起來的。

至於王學的傳播和分化過程中，對於開放思想的影響，是很明顯的。王陽明反朱學正統束縛的精神，在王畿、王艮等人那裡，表現得最爲明顯。王陽明強調「事上磨鍊」、注重實際等思想，爲劉宗周、黃宗羲等人所發展。這裡尤需特別說明的是李贄思想的產生同王陽明思想的關係問題。有人以爲，李贄的唯心主義哲學思想屬於陽明學派，但是他的反抗正統的思想，是王陽明學派所沒有的。作出這樣的判斷，顯然是同對王陽明思想的評價聯繫在一起的。我們認爲，這種論斷未免太絕對了。李贄思想的產生，有其獨特的條件。這就是一方面，明朝統治者逐步的腐敗；另一方面，傳統社會內部資本主義因素漸漸地發展。但是，李贄激烈反對正統思想，傾向自由開放的思想，也是有其理論淵源的。李贄自己承認，他四十歲時，通過與王學有密切關係的泰州學派，接受了王陽明學說。他說，陽明先生書「不得不信之矣。」他特別贊賞王陽明的人人有「良知」的說法，從而創立了他的「童心」說。李贄的「不能以孔子的是非爲是非」的思想，也直接淵源於王學，只是他進一步加以豐富和發展罷了。

四、對王陽明教育思想的評說

王陽明是我國近古史上著名的哲學家，也是一位重要的教育家。他熱心於教育事業，每到一處，都建學校，創書院，親自講學。王陽明三十四歲那年，開始授徒講習。被謫到貴州龍場後，他曾被聘爲貴陽書院的主講。巡撫江西期間，他立社學，修濂溪書院，集門人於白鹿洞講學。在紹興、餘姚，他先闢稽山書院，後立陽明書院，並講學於龍泉山寺。到廣西，他興辦思田學校、南寧學校和敷文書院。通過這些教學實踐，使他積累了豐富的經驗，爲我國教育思想的發展作出了貢獻。

教育是爲大衆服務的。王陽明辦教育的目的，歸根到底，爲的是振興傳統道德，鞏固社會的經濟基礎。他寫道：

「今夫天下之不治，由於士風之衰薄；而士風之衰薄，由於學術之不明；學術之不明，由於無豪傑之士者爲倡焉耳。」（註二八）

這樣的分析，顯然是王陽明唯心主義的表現。但他正是從這樣的觀點出發，來闡明辦教育的重要性和目的性的。他說：

「看得理學不明，人心云云，除行該府掌印官率屬敦請外，仰本官就於新創敷文書院內安歇。每日拘集該府縣諸生，爲之勤勤開誨，務在興起聖賢之學，一洗習染之陋。

」（註二九）

王陽明在各地講到爲什麼要辦學校、設書院的時候，說的都是類似的話。所謂「興起聖賢之學」，主要是講授「心卽理」、「致良知」、「知行合一」的觀念。

在教學中，王陽明特別強調「立志」的重要性。他說：

「夫志，氣之帥也，人之命也，木之根也，水之源也。源不濬則流息，根不植則木枯，命不續則人死，志不立則氣昏。是以君子之學，無時無處而不以立志爲事。」（註三〇）

「世之所以因循苟且，隨俗習非，而卒歸於汚下者，凡以志之弗立也。」（註三一）

「志不立，天下無可成之事，雖百工技藝，未有不本於志者。今學者曠廢隳惰，玩歲愒時，而百無所成，皆由於志之未立耳。故立志而聖則聖矣，立志而賢則賢矣。志不立，如無舵之舟，無銜之馬，漂蕩奔逸，終亦何所底乎？」（註三二）

這裡，王陽明把立志比喩爲「氣之帥」、「人之命」，顯然是同他「心是主宰」的主觀唯心主義相聯繫的。但他如此強調立志對於「爲學」、「成事」的極端重要性，指出不立志，不僅「百無所成」，而且有「曠廢隳隋」，「漂蕩奔逸」，以至「歸於汚下」的危險。這確實是王陽明長期從事學術活動和教育實踐的經驗之談。

王陽明主張把道德教育與知識教育密切結合起來。他說：

「學校之中惟以成德爲事，而才能之異，或有長於禮樂，長於政教，長於水土播植者，則就其成德而因使益精其能於學校之中。」（註三三）

顯然，王陽明是把傳統道德教育放在首位的，但他也承認「才能之異」，主張在「成德」的基礎上，「益精其能於學校之中」。他竭力反對「分尊德性道問學作兩件」，認爲應當把兩者統一起來。他指出：「道問學卽所以尊德性也」「豈有尊德性，只空空去尊，更不去問學；問學，只是空空去問學，更與德性無關涉。」（註三四）這種把德育和智育看成是相輔相成、相互促進的關係，是頗有見地的。

在教育過程中，不可能不遇到人是會犯錯誤的這樣一個問題，那麼對於人犯了錯誤，特別是青少年犯了錯誤，應當怎麼對待呢？王陽明的見解也很高明，他說：

「夫過者自大賢所不免，然不害其卒爲大賢者，爲其能改也。故不貴於無過而貴於能改過。諸生自思平日亦有缺於廉恥忠信之行者乎？亦有薄於孝友之道，陷於狡詐偸刻之習者乎？諸生殆不至於此。……諸生試內省，萬一有近於是者，固亦不可以不痛自悔咎。然亦不當以此自歉，遂餒於改過從善之心。」（註三五）

在「教約」中，王陽明還談到既要對學生的「德行」和「學業」作嚴格的要求和檢查，又要善於「曲加誨諭，開發」，強調「有則改之，無則加勉」。對於王陽明原諒人們犯錯誤，鼓勵人們改正錯誤，和實施循循善誘、實事求是的啓發式教育的主張，應當繼續加以發揚。

在教學方法上，王陽明非常注重因材施教和少而精的原則。他認定人的資質是有所不同的，教學要因人而宜。他說：

「不是聖人終不與語。聖人之心，憂不得人人都做聖人，只是人的資質不同，施教不可躐等。中人以下的人，便與他說性說命，他也不省得，也須慢慢琢磨他起來。」（註三六）

「凡授書不在徒多，但貴精熟，量其資禀能二百字者，止可授以一百字，常使精神力量有餘，則無厭苦之患，而有自得之美。諷誦之際，務令專心一志，口誦心惟，字字句句紬繹反復，抑揚其音節，寬虛其心意，久則義禮浹洽，聰明日開矣。」（註三七）

「凡飲食只是要養我身，食了要消化。若徒蓄積在肚裡，便成痞了，如何長得肌膚。後世學者，博聞多識，留滯胸中，皆傷食之病也。」（註三八）

所有這些，都是王陽明長期從事教學實踐的經驗的總結，也繼承了其他先賢的傳統，在我們國家和民族的教育思想發展史上，是一份值得珍惜的遺產。

結語

綜觀王陽明一生，就像是一部思想史，最後擬將陽明學說對我國、歐美及日本之影響，作一回顧與縮影。

㈠陽明學說對本國之影響

王陽明先生歷驗儒、佛、道各家，終於悟出了道理，重還儒家。遠紹「堯舜之正傳，孔氏之心印」，建立他的思想體系。回溯十五、六世紀的時候，剛好爲我國文化復興的時期。孔孟學說爲中國文化的動脈，思想的主流。可惜從漢儒到清儒，有的長於考證，有的長於義理，有的長於徵實，而對於孔孟創業垂統，開物成務的精神，始終覺得未能施展。中世紀時期，王陽明誕生在浙東，竭思力踐，慨然以力追孔孟的舊觀爲自己的責任。在他處困苦夷的生活中，洞澈本源的思維。發揮他內聖外王的工夫，提倡「知行合一」與「致良知」的哲學，尤其是以他的思想精神影響中國近幾百年來學術文化，同時遠及日本，推動明治維新，揭開日本現代思想史之序幕。 國父與先總統 蔣公一脈相傳的道統和力行哲學的宏規，也是由陽明的學說而致廣大極精微。由此可見，陽明不僅學承往聖之傳，道闡諸儒之秘，並將古代中國文化，注入了新血輪，賦予了新面目和新精神，啓發新時代，創造新世界。實在是中國近代思想的最高峯，更是文化復興運動的原動力。

⑴對當時學界的影響

陽明的學說，剛開始的時候，只有鄰近的幾個城鎮而已。但是在他死後，跟隨他學習和私淑的人，徧及南北，似乎成爲明代學術的主流。比較有名的，像錢緒山和王龍溪。因爲當時信奉陽明學說的人，到處都是，並且設壇講學，那時候各地的讀書人，來從學的非常的多，其中以緒山與龍溪親炙陽明時間最久，所以能夠明瞭他的要旨，可以稱爲王門的長老。黃梨州在明儒學案中，由地方區劃（浙中、江右、南中、楚中、北方、粵閩、泰州）說明陽明學者的類別。其中以浙江、江右、泰州三者，最有名。這些學派所屬的人，當然都是陽明的信奉者，但大同中仍然不免有小異，所以在師門的主旨方面，不能夠無毫釐之差。何況陽明用良知教門人，從來不偏執於一，完全看門人的慧根和習氣，絕不拘泥，因此門下各派衍生，乃是必然的事。像陽明的傑出弟子緒山（持四有）、龍溪（採四無），基於陽明學說四句教的見解不同，就是其中一個例子。又像現成良知的說法，過於簡易，而忽視它的涵養，衍至末流，變成狂禪，於是和陽明學說的精神，相去日遠，所以江右的王門起來糾正它，像鄒東廓，聶雙江的歸寂，羅念菴的主靜，就是對見在良知的缺點而產生的。因此姚江學派，雖然在二王（心齋、龍溪）的時候，非常風靡，但是到了明朝末年，他們的學風大壞，以致到李卓吾出現，它的弊病可以說全部揭露。

由上面的說明，可以知道陽明學說，最後應爲一龐大的學派，滙成一學術的巨流，上承宋儒的理學和心學，而成爲明朝學術的重鎮，影響當時學界的深遠，絕對不是偶然。

(2) 對晚明學風的影響

陽明學說，本來自成體系，體用兼顧，有無並重，本體和工夫完全包容，是既開展而且圓融的學理。但是所傳的門人弟子，智慧不一，取捨不同，因而產生分歧，這是學術的必然現象。王陽明晚年曾經用超越主客的觀念，而從客觀宏大的立場論良知，將它的大旨要約爲拔本塞源論和萬物一體論，於是他的門下就衍生爲現成派（左派）、歸寂派（右派）、修證派（正統派）。

良知現成派起論於王畿、王艮，重點在王艮和他的亞流，改觀於羅近溪、耿天臺、周海門、何心隱、李卓吾等其他的人。他們之間，流行陽明曾說的一句話：「人人心中有聖人」。所以主張頓悟，而排除漸修，雖然也講工夫，以求和它的本體契合，然所用工夫，却直接由本體入手，所以認定悟得本體就是工夫。如此，輕視實際的修爲，而任由自己的性情、知解或心意去發展，結果就陷於任性而偏向私意，或空虛不切實際的弊端。傳衍到末流，像心齋、龍溪的門徒，竟然一味地高談心性，廢書不讀，思想空洞，行爲放縱，晚明社會，道義的頹喪，綱紀的廢弛，學風的空疏，士氣的敗壞，沒有不是這一派的流風所致。

而良知歸寂派，以聶雙江、羅念菴、劉兩峯和王塘南等人作代表，他們主張自然，用心體歸於寂靜爲宗旨。因此缺乏陽明心學中活潑的生機，而較接近於宋儒以靜爲主的性學。換句話說，致良知的本旨，就是立體達用，由寂靜的良知本體，而到達活潑的實用效果。實在說，江右王門一派，無論是念菴的主靜、東廓的戒懼、或雙江的歸寂，它的用意都在彌補浙中、泰州二王現成良知的弊端。

最後良知修證派，它的代表人物是接近程朱的錢緒山、鄒東廓、歐陽南野等其他的人。這一派也是針對現成派的流蕩和歸寂派的偏靜缺點，給予矯正。強調陽明所主張的良知，就是道德法則，也就是天理的說法。陽明也常常說：「天卽良知也，……良知卽天也。」（「傳習錄」下）又說：「良知者，心之本體。」（「傳習錄」中）又說：「良知是天理之昭明靈覺處。」（「傳習錄」中）修證派很能理解和體認這種精神。雖然說歸寂派和修證派的流弊較少，但是晚明學術思想發展的趨向，這兩派反而不如高蹈成習的現成派，盛行一時，因而導致陽明學說走向空虛末流，這是當時陽明從百死千難中鍛鍊出學問大道理，所沒於預料到的。

(3)對清初學術的影響

陽明學說或陽明思想衍發而成的姚江學派，對於清初學術所產生的影響，可分三個方面來說明：第一、陽明學說本身的餘波，和後學對他的修正，這時的學風，漸漸由空疏轉向健實的趨勢。第二、陽明學說末流的弊端，引發出朱子學說的再興起，於是有陸王和程朱二派的辯爭，而自然轉向作風比較平實的程朱二派，學風由明而返於宋。第三、從相近而趨向相反的演變，就是經學、小學、考證學的興盛，學風完全趨向於客觀和實踐。

現在就第一項來說，姚江學派在晚明，本來已趨向末流，弊端也相緣而生，學習的人習慣於「束書不觀，游談無根。」因而形成空疏無用的學風，甚至社會、政治等流弊，也都歸罪於他們。但是在陽明學說繼起的後輩當中，也有人深深瞭解弊害的所在，而在思想內容上改弦更張，大加修正。像東林黨的領袖人物—顧憲成和高攀龍，都倡格物，主要是在彌補空談的毛病；後來像劉宗周所提倡的愼獨，也是在挽救放縱的缺失。直到清初，姚江學派仍然餘波盪漾，像河北有孫夏峰，陝西有李二曲，浙東有黃梨洲，他們各自收徒講學，崇奉陽明爲先師，但是都有適度的修正。其中尤以黃梨洲爲中堅，不僅僅開創浙東學派，而且對後來影響很大。比較晚出的，像江西的李穆堂等人，可以說是姚江學派的殿後。

其次就第二項來說，因爲幾百年以來，研究的人喜歡談論性理，已經成爲一種風氣，不是早晚可以更改的，況且晚明陽明學說的末流放縱、空疏等弊端，早就被學習的人所拋棄，而且宋儒程朱一派，學風比較保守，又重視書本知識的研習，容易被大家所接受。雖然說清初的孫夏峰、李二曲、黃梨洲幾位，仍能傳衍陽明學說的餘緒，然而都已稍爲加以修正，還有的更對朱、王二派採調和折衷的傾向。後來有專門用程朱學說的宗旨相互標榜，而在人格方面較特出可佩的，先後有楊園、陸桴亭、陸稼書、王白田等人。

最後就第三項來說，清初很多的學者，在陸王派心學衰敝以後，自然而然趨向程朱這一條道路。在經學、考證學還沒興盛以前，程朱學說是其中較具勢力的一股潮流，也可說是明末清初以來，學風演變過程中一段過渡的橋樑。在這以後，便是經學和考證學全盛的時期，足夠代表清代學術的精神。首先開風氣的顧亭林先生，他使學術界不再沈溺在理氣性命的玄談裡面，而轉以客觀的立場去研究考察事物的條理，並且點出研究學問的方法，應該勤於蒐集資料，參驗耳聞目見，以求實證，開闢不少學術門類。由這些成就，可以看出它對清代學術，確實具有創發性和建設性的貢獻。

(4)對近代思想的影響

滿清末年，因爲朝政的腐敗，國勢的積弱，加上列強的船堅砲利和侵略野心，使這以老大自居的東亞帝國，倍受欺凌侮辱，割地賠款，喪權辱國，幾乎到了瓜分豆剖的危機，尤其自鴉片戰爭以後，危機一天比一天加重。這時候民間逐漸孕育成一股革命的思潮，日益壯大，終於滙成近代中國思想史上的一條巨流，影響中國近代的政治、社會非常的深和大，因而完成了驚天動地的革命大業——推翻滿清，創建民國。

這次革命運動的成功，是革命思想鼓舞人心，像怒濤澎湃，有不可遏抑的形勢，而激蕩這種思想潮流的革命領袖　孫中山先生，一方面他承襲中國固有文化的道統，一方面融合近代歐美的政治思想，加上他獨有的心得，創出三民主義的革命建國理想，終於成爲近百年來中國思想界的巨擘，尤其他的「知難行易」的學說，對革命建國的心理建設，有積極性的大貢獻。後來先總統　蔣公繼承了他的革命志業，掃蕩北洋軍閥，完成全國統一，贏得抗戰勝利，不僅事功上有輝煌的成就，在思想上尤其能將　國父的革命思想發揚光大。

陽明學說對中國近代兩位革命思想家，都曾經產生程度不同的影響。就以它對　國父的影響來說，雖然不是正面的、直接的。而實際上王陽明的「知行合一」和　國父的「知難行易」，在精神上有相互貫通的地方；且陽明的「致良知」學說和　國父思想也相合。因爲國父提倡「知難行易」學說的目的，在鼓勵國人實行，而陽明的「知行合一」學說，它的主要目的也在提倡實行，兩者並沒有重大的差異。　國父曾經說過：「以行而求知，因知以進行」，（註三九）可見他個人也承認知行合一。陽明以爲「行之明覺精察處，便是知；知之眞切篤實處，便是行。所以知和行原來只是一個工夫。」（註四〇）　國父所說：「以行而求知」，是說由行中求知，並求和知合一，這就是陽明的「行之明覺精察處便是知」的境界；而「因知以進行」一句，是說由知進而求和行合一，又和陽明的「知之眞切篤實處便是行」一句話有相同的地方，並且含有陽明「知是行之始，行是知之成。」的精義。可見　國父也認爲知行工夫是合一，他也常說：「能知必能行」，其中卽合乎知行合一的道理。由上面說明看來，　國父對陽明的「知行合一」學說，雖然曾經加以批評，但仍然不免有暗合的地方。至於對「致良知」說，更是始終重視，時加闡揚。他在「社會主義之派別及其批評」一文中說：「強權固爲天演之進化，而公理實難泯於天賦之良知。」他也常主張，革命志士要憑藉天賦的良知，爲社會除不平，這就像陽明所說的：「良知就是天理。」

陽明學說和先總統　蔣公的淵源很深，對他的影響也很大，在十八歲的時候，就跟隨顧葆性先生研究陽明哲學，後來留學日本，親自看到日本人功用的勤奮，更愛不釋手。因而體悟到日本人能夠用彈丸的島國，成爲強國，實在是受陽明的「致良知」和「卽知卽行」的哲學影響。所以 蔣公從日本回國後，對陽明學說仍繼續不斷的研究，因此覺得 國父重行的精神和陽明哲學的本質，在行的意義並沒有相違背。後來 蔣公將他的研究心得（註四一）公諸社會。他的論證見解，有很多獨到的地方。

從 蔣公對陽明學說和 國父學說的比較來看，足以知道他對二位學說體認的眞切，且能融會貫通，深得它的精髓。而 蔣公的卓識—「力行哲學」。也像陽明的創見—「知行合一」、「致良知」，全由內心的修養，並從個人生活經驗中得到印證，所以說 蔣公陽明哲學有其眞切的默契和體悟，才能使陽明哲學恢復它的眞面目和眞精神，也可以想見陽明的思想和言行對 蔣公影響的深遠。

㈡陽明學說對歐美之影響

前面說到，陽明學說對本國的影響，雖在明朝末年形成空疏的學風，甚至演成狂禪的流弊。然而幾百年來，終究成爲中華文化的礎石，卽使在國外，也產生宏遠的影響。由於他的精思力踐，且以倡明聖學爲他的責任，洞澈本源，想恢復三代的舊觀。揭示「心卽理」的學說，來保存本心；提倡「知行合一」的學說，來實踐力行；闡明「致良知」的學說，來去除人欲；提出「拔本塞源」的理論，來端正風俗；發揮「親民」的道理，主要是在明明德。假使以陽明學說對世界的影響來說，那麼應該以東鄰的日本，受惠影響最深。（註四二）至於對歐美之影響，則在學術研究，而不是身心實踐和事功表現。而且發生的時期比較晚，直到二十世紀初，才開始有歐美的學者注意研究陽明哲學。（註四三）第一篇有關陽明哲學的論著，是曾經在中國當傳教士的亨克（F. G. Henk）在一九一三年所寫的「王陽明的生平與哲學」（A Study in the Life and Philosophy of Wang Yang-ming）。一九一六又摘譯「王陽明年譜」，全譯「傳習錄」和「大學問」，選譯書札五十篇，雜文二十篇，也就是後來所說的「王陽明哲學」（The Philosophy of Wang Yang-ming）這是王陽明著作最早的英譯本，所以亨克實在是開山功臣。

歐美學術界研究陽明哲學的風氣，近四十年來，始漸普遍。從二次世界大戰以後，歐美對於我國思想，慢慢加以注意，陽明學說因而漸被重視。陽明學說的漸盛，固然是情勢造成，然而近年歐美學術界的鼓勵，是爲研究的主要原因，今分別說明如下：

第一、研究陽明著作的增加。綜合計算一下歐美有關陽明的專門著作，一九四〇年以前，只有六項。以後十五年，幾乎沒有，而從一九五五年到現在，以陳榮捷先生發表最多，張君勱先生第二。假使以鼓動陽明學說來講，就屬張先生最積極。

第二、研究陽明學說文獻的新譯。有關陽明著作的翻譯，前面雖然提到以亨克爲最早，然而亨克對陽明哲學的理解不深，很少參考有關的中日文的注釋，以致錯誤較多，直到半世紀後，才有更多的譯著出現。像陳榮捷先生的譯著二十多種，解說詳盡，很受好評。

第三、明代思想的集中研究。一九六五年美國哥倫比亞大學狄百端（W. T. de Bary）教授，繼編譯亞洲名著計劃之後，又在哥大設明代思想研究組，禮聘中日陽明學者參與，可說是歐美學人研究明代思想的開端，對於未來陽明學說的研究，具有影響作用。日本「東洋文庫」也有「明史研究委員會」的設立，國內「明史研究會」也漸具規模，相信將來必能相得益彰。

由上所述，可知陽明學說對歐美所產生的影響，是促使歐美學者研究陽明學風氣的漸開，所有的著作仍然以東方人佔多數，又多限於英文，但是明代思想和陽明哲學，終究已在歐美學術界引起注意和研究興趣，而後將更爲發展。

㈢陽明學說對日本之影響

陽明先生完成陽明學說（明武宗正德十五年，西元一五二〇年前後）正值日本戰國時代。天下紛擾，士民蠭起。大約百年以後（明神宗萬曆三十一年，西元一六〇三年，日本慶長八年）德川家康將軍定天下，建幕府於江戶（今東京）而實行所謂武家政治，由於幕府使日本政局安定，文化日漸旺盛。當時有很多學問僧（如桂悟了庵等）遠使中國，歸國時，士大夫等贈以詩文藉作酬別。雖然不能逕說受陽明思想影響，然而陽明學說能夠奠基於日本，那麼不能說沒有媒介的功勞。（陽明於明武宗正德八年，西元一五一三年，惜別了庵和尚贈序一文記載很詳細）。

王陽明全集傳入日本，大概在江戶初期，後來漸爲學者所熱衷。因此陽明學說對德川幕府近二百年的學術文化，於是產生了很大的影響，尤其後來的明治維新，更是受陽明學說的鼓舞，而構成當時維新思想者思想行爲的原動力。甚至第二次世界大戰後，日本經濟的復甦，學術界、企業界風靡於王陽明動的哲學，都和我國淵源流長的儒學浸濡有直接間接的關係及長期文化洗禮有密不可分的關係。

最後希望以王學慕道者的立場，呼籲大家應本時不分古今，地不分中外，充分發揮合作的精神，各展所長，互補所短，那麼陽明學說新理論的闡揚，大同世界的理想，終將實現。

（原載逢甲學報第十九期75、11）

附註：

註一：「王陽明全集」奏議卷一，「乞宥言官去權奸以彰聖德疏」，頁五。以下凡引該書，只註篇名及頁次。

註二：「明儒學案」卷十，「姚江學案」，頁五五。

註三：「王陽明年譜」孝宗弘治十五年，壬戌。先生三十一歲，在京師條，頁四。

註四：「王陽明年譜」武宗正德九年，甲戌。先生四十三歲，在滁條，頁一二。

註五：「王陽明年譜」武宗正德五年，庚午。先生三十九歲，在吉條，頁八。

註六：「王陽明年譜」武宗正德六年，辛未。先生四十歲，在京師條，頁九。
註七：「王陽明書牘」卷四，「答儲柴墟」（壬申），頁七二。
註八：「王陽明書牘」卷三，「與黃宗賢」（丁亥），頁五六。
註九：「王陽明奏議」卷四，「奏聞宸濠僞造檄榜疏」，頁八三。
註一〇：「王陽明奏議」卷五，「再辭封爵普恩賞以彰國典疏」，頁一二八。
註一一：「王陽明書牘」卷四，「與黃宗賢」。二（丁亥），頁八四。
註一二：「王陽明奏議」卷五，「乞便道歸省疏」，頁一二五。
註一三：「王陽明奏議」卷五，「乞寬免稅糧急救民困以弭災變疏」，頁一〇八。
註一四：「王陽明奏議」卷九，「再批追徵錢糧呈」，頁五四。
註一五：「王陽明傳習錄」卷中，「答羅整菴少宰書」，頁五八。
註一六：「王陽明傳習錄」卷中，「答羅整菴少宰書」，頁六〇。
註一七：「王陽明傳習錄」卷下，答門生問，頁八六。
註一八：「王陽明傳習錄」卷下，答門生問，頁九三。
註一九：「王陽明傳習錄」卷下，「答張敬夫」，頁一〇二。
註二〇：「王陽明書牘」卷二，「與黃勉之」，頁三八。
註二一：「王陽明書牘」卷三，「寄鄒謙之」，頁四二。

註二二：「王陽明傳習錄」卷上，答門生問，頁二二。

註二三：「王陽明傳習錄」卷下，答門生問，頁九〇。

註二四：「王陽明傳習錄」卷中，答門生問，頁三二。

註二五：「王陽明傳習錄」卷中，答門生問，頁三二。

註二六：「王陽明傳習錄」卷上，答門生問，頁二九。

註二七：「王陽明書牘」卷四，「答徐成之」，頁六六。

註二八：「王陽明文集」卷二，「送別省吾林都憲序」，頁四六。

註二九：「王陽明奏議」卷十，「牌行委官季本設教南寧」，頁八五。

註三〇：「王陽明文集」卷一，「示弟立志說」，頁二六。

註三一：「王陽明文集」卷一，「示弟立志說」，頁二六。

註三二：「王陽明文集」卷六，「教條示龍場諸生。立志」，頁九四。

註三三：「王陽明傳習錄」卷中，答門生問，頁四二。

註三四：「王陽明傳習錄」卷下，答門生問，頁九四。

註三五：「王陽明文集」卷六，「教條示龍場諸生。改過」，頁九四。

註三六：「王陽明傳習錄」卷下，答門生問，頁七九。

註三七：「王陽明傳習錄」卷中，答門生問，頁六八。

註三八：「王陽明傳習錄」卷下，答門生問，頁七三。

註三九：「國父全書」中「孫文學說」第五章，頁一八。

註四〇：「王陽明傳習錄」卷中，答門生問，頁三三。

註四一：參見「先總統　蔣公全集」中「自述研究革命哲學經過階段」和「總理『知難行易』學說與陽明『知行合一』哲學之綜合研究」。頁六二六及頁二〇四二。

註四二：詳見拙著「陽明學說對日本之影響」，頁三三八。

註四三：詳見日本明德出版社出版之「陽明學大系」第一冊中陳榮捷先生撰「歐美の陽明學」，頁三八五。

宋明理學在日本的傳播和演變

日本從公元十二世紀的鎌倉時期到十八世紀的德川時期，是封建社會形成、發展和完成時期，也是宋明理學傳入、分化、演變時代。現分述如下：

一、日本朱子學派

朱子學是以傳統政治的正統思想出現在日本哲學界的。朱熹的哲學體系是以一元論爲基礎的客觀唯心哲學，同時，他也說過：「天地間只是一個元氣」（朱子語類，卷六十五）「天地間無非氣」（朱子語類，卷三）之類的話。所以，從朱熹哲學思想出發，有走向理一元論的唯心哲學，如海南朱子學派和水戶學派的會澤正志、藤田東湖；也有走向氣一元論的唯物哲學，如京都朱子學派，海西朱子學派和大阪朱子學派。

京都朱子學派從藤原惺窩和林羅山開始，主要代表人物是室鳩巢（公元一六五八—一七三四年）雖崇奉朱子，却堅持與朱子的理一元論相對立的唯物哲學的理、氣合一論。他在

「雜話」卷一第八章中指出：天地之間，無非一氣。「此氣，四時行焉，萬物生焉，動而不息。是則所云天道，昭然可見。」他認爲理不能離氣而存在，「無氣則無理」。

海西朱子學派的主要代表者是安東守約（公元一六二二—一七〇一年）和貝原益軒（公元一六三〇—一七一五年）。他們在一定程度上超脫了朱子學範圍，而繼承了張載、羅欽順、朱之瑜的樸素思想。安東守約稱朱之瑜爲「大恩師」，朱之瑜稱安東守約爲「貴國白眉」，友誼甚深。安東守約提倡的超脫朱子學宗派主義的自由學風，無疑的是受朱之瑜影響。安東守約的樸素思想世界觀主要表現在主張理、氣合一論。這方面他與貝原益軒相同，皆得於羅欽順。可以說這是海西朱子學派的一大特點。他寫道：「天地之間，唯理與氣。以爲二，不是；以爲一，亦不是。先儒之論，未能歸一，豈管窺之所及哉？羅整庵曰：『理須就氣認取，然認氣爲理便不是，此處不容間發，最爲難言。要之，人善觀而默識之，只就氣認理，與認氣爲理，兩言明白分別，若于此看透，則多說亦無用。』此說極明，要須省悟。」（轉引自朱謙之「日本哲學史」，第三十八頁）井上哲次郎說：「安東守約這種理、氣合一論，是理隨氣而有，與氣一元論的見解甚爲接近。」（井上哲次郎，「日本朱子學派之哲學」第一五八、一五九頁。）

海西學派的貝原益軒，是日本「近世畸人傳」中人物。貝原益軒以博學著稱，專講程朱之學，著書極多。益軒思想曾三次變遷：十四歲讀書，讀佛書，後好陸王之學，這是他思想的第一時期；三十六歲時讀「學蔀通辨」，一變而爲純然的朱子派人物，崇拜朱熹，這是他思想的第二時期；晚年對周敦頤、二程、朱熹皆有所疑，乃有「大疑錄」二卷之作，這是他思想的第三時期。

益軒對朱子學取評論的態度，而受張載的影響頗深。在自然觀方面，他主張樸素的氣一元論。在「大疑錄」中說：「理是氣之理，理、氣不可分而爲二物，且無先後，無離合，故愚以爲理、氣決是一物，朱子以理、氣爲二物，是所以吾昏愚迷而未能信服也。」他在「理氣不可分論」中，謂太極、道、陰陽都只是指氣而言，並且說：「夫天地之間，都是一氣」；「故理、氣根是一物。以其運動變化有作用而生生不息，謂之氣；以其生長收藏有條不紊，謂之理；其實一物而已。」從唯物觀點出發，批評朱熹理先氣後的唯心觀念。在人性問題上，朱熹主張身有死生而性無死生，益軒則反之，主張身死性也隨之而亡；朱熹把性分爲本然之性和氣質之性，益軒主張氣稟之外，非有本然之性，所以身死而性也隨之而亡。

江戶時代，大阪成爲商業的最大中心。大阪朱子學的興起和發展，是城市發展的產物。這是大阪朱子學派與其他朱子學派的一重要區別。該學派從三宅石菴開始，盛於中井竹山、中井履軒兩兄弟，到了富永仲基完全走上了唯物道路，標榜著朱子學在日本從唯心到唯物的一種轉折。這一學派的特點：其一、反對傳統方式，頗富創新精神；其二、不相信神佛鬼之說，研究方法較科學；其三、尊王賤霸思想，爲後來明治維新，推翻幕府統治開路。

中井履軒（公元一七三二—一八一七年）的哲學思想是這一學派的代表。履軒思想從商人的實際出發，看不起仕途和在仕途中發議論的人。他站在現實立場上，具有現實的觀點。他所謂的道，卽是人之「道」，他所認爲的道，是指日用之間所當行者而言。他所謂的合理格物方法，是注重知行並進，卽注重感性認識，也注重理性認識。由此他對於朱子學中非合理的思想提出異議。他懷疑宋儒，說「道體二字，是後儒之杜撰。」（「論語逢原」，第一七五頁）「天理人欲是宋賢之見解，與孟子之言不符合」（「孟子逢原」，第十四頁）。他說朱子學有些「用意太精密，遂失傳文之意」（「周易逢原」卷下，第四十三頁）；有些「上下高深，失于太泛」（同上書，第四十五頁）；再有些則「梗塞不通」（同上書，第六十五頁）。履軒與其說是朱子學的繼承者，不如說是朱子學的評論者和否定者。

朱子學的贊同者包括海南朱子學派和水戶學派的會澤正志、藤田東湖。

海南朱子學派進一步發展了朱子學的唯心哲學體系。如山崎闇齋（公元一六一八—一六八二年）最顯著的特點是尊奉朱子學如宗教，他以朱子是非爲是非。他嘗語門人道：「我學宗朱子，所以尊孔子也。尊孔子，以其與天地准也。中庸曰：仲尼祖述堯舜，憲章文武，吾于孔子、朱子亦竊比焉。而宗朱子，亦非苟尊信之。吾意朱子之學，居敬窮理，卽祖述孔子而不差者。故學朱子而謬，與朱子共謬也，何遺憾之有？是吾所以信朱子，亦述而不作也，汝輩堅守此意而勿失。」（「年譜」）他著書甚多，皆宣揚朱熹的唯心思想。就其主要著作的內容來看，如「文會筆錄」、「辟異」、「仁說問答」等，大部分是抄引「朱子語類」等書，無創新意，但他在日本影響頗大。一方面固然由於他標榜傳統社會所不可少的倫理道德，另一方面也由於適合於那時代統治者的需要。

水戶學派是以水戶藩德川家編纂「大日本史」事業爲中心而發展起來的。這一學派可分前後兩個時期。前期以德川光國所設彰考館爲中心，發展了水戶史學，對日本以後的明治維新運動起了不少作用。後期以德川齊昭所設弘道館爲中心，發展了水戶政教學，客觀上對明治維新運動也起了一定作用。但由於它宣揚「日本中心主義」、「皇國至上主義」，使日本走上軍國主義之路，影響甚鉅。

水戶政教學有理論家會澤正志（公元一七八二—一八六三年）和實行家藤田東湖（公元一八〇六—一八五五年）。正志在理論上倡導「日本中心主義」。日本中心即是「日神」中心，他還用了儒教常用的陰陽等哲學範疇來提高其獨尊地位。他的「日本中心主義」的理論是與宗教神秘主義相結合的。東湖則以他的活動而得名。他一生曾三次出入生死之境。在日本武士權力漸近衰弱的時候，抬出「武尊」，極力提倡「文武合一」，說什麽「夫尊皇室，攘夷狄，文、武之最大者。」（「述義」）並重文武，尊王攘夷，滲透了軍事傳統的意識，爲傳統統治者擴張政策效力。後來日本步上軍國主義的道路，正志和東湖的學說起了不良的作用。中國朱子哲學對日本的影響是多方面的。日本朱子學中，包含唯物傾向和唯心傾向的內在矛盾和衝突。京都學派和海西學派主張理氣合一論；代表新興商業的大阪學派則成了日本樸素唯物思想的重要代表。反之，海南學派頑固地繼承了朱熹的理一元論的唯心觀念，而會澤正志和藤田東湖的哲學則影響日本以後一度走上軍國主義道路，成了朱子學右派的代表。

二、日本古學派

古學派是日本朱子學派的反對派，是以復古的名義設法從朱子學裏解脫出來，古學派代表當時一般中產階級，它是以封建社會的異端思想出現在哲學界的。井上哲次郎在「日本古學派之哲學」中說：「山鹿素行，伊藤仁齋和荻生徂徠三人爲古學派最卓絕的代表者。」其中，素行是古學派的先導者，崛河學派的仁齋是古學派的創始者，護園學派的徂徠是古學派著名的代表者。古學派的唯物思想來源於中國宋代的張載和明代的羅欽順等。在世界觀上，古學派反對朱子學的理一元論，主張一元論，並給後來唯物哲學形成期起了先導的作用。

古學派的先導者—山鹿素行（公元一六二二—一六八五年）據「先哲叢談後編」小傳記載：「素行始講宋學，左袒程朱，年四十後，有疑于理氣心性之說，以先前所著經解數種，悉燒之。寬文六年（西元一六六六年）春著『聖敎要錄』三卷，刋行于世，非斥程朱，辯駁排詆，無所忌憚。其意蓋在諷刺于崇奉宋學者，當時之人，自王侯貴族至士庶，遵信程朱者極衆矣，遂以斯獲罪，被幽于播州赤穗矣。」（「先哲叢談後編」第二卷，第二頁。）素行雖然出身於統治階層的武士，但就他敢於激烈地反對當時封建統治意識形態的朱子學來看，他應該算是古學派的先導者。但他對朱子所不滿之處，惟嫌其不免流於唯心思想。可見素行對於朱子還有戀戀不捨之意，與後來古學派和朱子學一刀兩斷的態度，尙有所不同。儘管如此，素行仍不失爲古學派的卓越代表者。他主張理氣合一，認爲這是天地自然的現象，理與氣只能相根相因，無先後差別。評論了宋儒理先氣後的理一元論的唯心思想。

古學派的創始者—伊藤仁齋（公元一六二七—一七〇五年）在日本哲學史上占有重要的地位。伊藤仁齋的思想是受中國明代吳蘇原的影響。據太宰春臺在「聖學問答」中說：「明末吳廷翰者著『吉齋漫錄』、『甕記』、『櫝記』等書，辟程朱之道，豪傑也。聞日本伊藤仁齋讀吳廷翰書而開悟。」他的樸素唯物思想從根本上破壞了盛極一時的朱子哲學，成功地捍衞了唯物思想。因此，他被當時的正統儒學斥爲異端之魁。仁齋圍繞道、教、性建立了一個較完整的樸素唯物思想體系。並由此出發，堅決與宋儒的理學、心學、性學相對立。他在「語孟字義」中強調說：「蓋天地之間，一元氣而已。或爲陰或爲陽，兩者只管盈虛消長往來感應于兩間，未嘗止息，此卽是天道之全體。」（「語孟字義」卷上，第一一頁。）他認爲浩然宇宙之間只有氣而已。仁齋對理學家關於理產天地萬物的種種觀念，作了強烈的批評。他說：「理本死字，在物而不能宰物，在生物有生物之理，死物有死物之理，人則有人之理，物則有物之理。然一元之氣爲本，而理則在于氣之後，故理不足以爲萬化之樞紐也。」（「童子問」卷中，第一三一頁。）

古學派的重要代表者—荻生徂徠（公元一六六六—一七二八年），他的樸素唯物思想受我國荀況思想影響較大。他說：「去孔子時近者，孟子外唯荀子，故『荀子』不可不讀。『荀子』一爲宋儒排擯，而後學者棄置不復讀，至于侔諸異學，冤哉！」（「護園二筆」，第二四頁。）他對朱子學的評論主要表現在兩方面：其一、認爲宋儒因不通古文辭，故所謂道，乃以理爲道，而與古聖王之禮樂爲道者不同，其結果便是以理制人。其二、徂徠反對宋儒把性分爲「天命之性」（本然之性）和「氣質之性」，主張獨有氣質之性。「性者生之質也，宋儒所謂氣質者是也。其謂性有本然有氣質者，蓋爲學問故設焉，亦誤讀『孟子』，而謂人性皆不與聖人異，其所以異者氣質耳，遂欲變化氣質以至聖人者，若使唯本然而無氣質，則人人聖人矣。何用學問？……可謂妄說已。」（「辨名」下，第一二頁。）

古學派與朱子學派之不同，乃在於唯物與唯心觀念之互異，然它在日本哲學史上則有承先啓後之作用。

三、日本陽明學派

日本陽明學派也是朱子學的反對派。在日本封建社會瓦解的過程中，它以民間異端思想代表者的身份出現在日本哲學界。此派站在市民的立場，代表市民的利益。其思想體系屬於唯心派。

日本陽明學開創於中江藤樹，而追溯其始於禪僧了庵桂悟。他曾奉足利義證之命，遠使中國，與王陽明相遇。回國時，王陽明作序相送：「今有日本正使堆雲桂悟字了庵者，年逾上壽，不倦爲學，領彼國王之命，來貢珍于大明。舟抵鄞縣之滸，寓館于驛，予嘗遇焉，見其法容潔修，律行堅鞏，坐一室左右經書，鉛彩自陶，皆楚楚可觀愛，非清然乎！與之辨空，則出所謂預修諸殿院之文，論敎異同，以並吾聖人，遂性閑情安，不嘩以肆，非淨然乎！且來得名山水而游，賢士大夫而從，靡漫之色，不接于目；淫哇之聲，不入于耳；而奇邪之行，不作于身；故其心日益清，志日益淨，偶不期離而自異，塵不待浣而已絕矣。」日本學者對這一歷史文件非常重視。井上哲次郎稱：「桂悟親與陽明接觸，爲哲學史上決不可看過的事實。」（「日本朱子學派之哲學」第六三六頁附錄。）川田鐵彌也說：「如桂悟禪師之外，兼傳程朱之學餘姚之學，論知行合一之義，爲日本王學倡導之嚆矢，其在斯人乎！」（「日本程朱學的源流」，第六四頁。）日本學者武內義雄講陽明學時，則是以桂悟爲開端的。

陽明學的開山祖是中江藤樹（公元一六〇八—一六四八年）。據「行狀」記載，寬永十七年（公元一六四〇年）多，先生獲「王龍溪語錄」讀之，心病其多用禪語，後見「陽明全書」，反復讀之，覺得大有所獲，賦詩一首以表他的心情：「致知格物學雖新，十有八年意未眞；天佑復陽令至泰，今朝心地似回春。」（藤樹先生遺稿，見「日本倫理滙編」第一册，第一五三頁。），他並令其徒皆攻讀「陽明全書」。中江藤樹也被稱爲陽明學派的元祖。

在日本眞正發展了陽明學思想的是佐藤一齋（公元一七七二—一八五九年）。他認爲宇宙之間必有一陰一陽，一隆一替相對待，如陰陽、動靜、顯晦、虛實、內外、有無、同異、順逆、榮枯、禍福、滿覆、進退、寵辱、毀譽、勞佚、甘苦、貧富、老少等。他說：「天地間事物，必有配合之理，有極陽者出，必有極陰者來配，人之與物皆然。」（「言志耋錄」，第一一七頁。）他還認識到對立面是互相轉化的。他說：「宇宙間一氣斡旋。開先者必有結後，持久者必有轉化，抑者必揚，滯者必通，一隆一替，必相倚伏，恰是一篇好文章。」（「言志晚錄」，第七九頁。）事物發展到一定程度，就變爲它的反面，這種對立面的轉化現象又是無時無處不存在的，故他叫做「一時一事，亦皆有亢龍。」

把陽明學的思想大加闡揚的是大鹽中齋（公元一七九三—一八三七年），中齋以王陽明爲楷模來教導他的學生。在學堂之西貼出「入吾門學道，以忠信不欺爲主本，乃記陽明先生語以揭示。」其中有立志、勤學、改過、責善諸事。目的在教導弟子「日讀而心得焉，則猶躬親學于陽明先生。」（「洗心洞詩文」，第四五二頁。）天保八年（公元一八三七年）二月，大鹽中齋領導了震撼日本近代史的大阪城市貧民的起義。起義影響久遠，直到大正七年（公元一九一八年）因「米價騷動」時，還把他當成日本市民起義的領袖。對於這次起義的評價，商人學者德富蘇峰認爲在維新史上「確有極重要關係」，而予以肯定。（參見「近世日本國史」第二七卷，第三六三頁。）井上清在他著名的「日本現代史」一書中說：「這次起義雖然只有一天就被鎮壓下去了，但是它以全國人心激昂爲背景，發生于日本的經濟中心—大阪，…其政治和社會上的影響，眞是非常深刻。」（「日本現代史」一卷，第七二—七四頁。）大鹽中齋憤于貪官汚吏與爲富不仁，把王陽明的良知之學從理論提高到實踐上。他的哲學思想可分爲三部份：一爲「虛無思想」的世界觀；二爲良知說；三爲孝本論。這三者又互相關聯：太虛卽良知，良知卽孝，孝卽萬善歸宿。他的唯心思想體系最爲突出的一點卽認爲「身在心內」，而「心是至虛」的。中齋的「虛無思想」是從王陽明的致良知說發展來的，把心認爲是第一性的。所以在他的唯心思想體系中存在著一些合理的因素，卽其特殊的思想方法。

日本陽明學與中國原來的陽明學一個明顯的區別，卽王陽明是抑制庶民起義的，而日本陽明學的一些代表人物則是庶民起義的領導者。正因爲日本陽明學具有庶民性的內容，所以儘管在他們的思想中充滿著神秘的唯心思想，儘管他們所用語句仍不脫封建意識形態，但從其內含來看，自有其特殊的意義。所以陽明學派在日本特殊的歷史條件下，應該承認其在哲學史上有重要的地位。

（原載華學月刊第一三〇期71.10.21.）

參觀東京的「敦煌、樓蘭古文書展」有感

——兼談敦煌文獻殘卷中王羲之三帖古臨本——

今年元月間於東京都上野松坂屋，由日本朝日新聞社主辦，英國大英圖書館贊助—「敦煌、樓蘭古文書展」，此爲大英圖書館在國外首次展示，精選敦煌莫高窟等之古文書類逸品，實爲研究我國西域歷史文化及書法歷史等之貴重資料。早在光緒戊申年間（西元一九〇八年）有英國之考古學者斯坦因（Aurel Stein 1862—1943），訪古於我西陲（註一），得漢晉簡册，約一萬三千餘件，載歸英倫，中土神物去國，良深惻焉。

蓋今敦煌文獻之散於世者：有倫敦斯坦因本約一萬三千餘件；巴黎伯希和（Paul Pelliot 1878—1945）本約六千件；俄京歐魯汀布魯克（Olden Burg 1863—1934）本約一萬件；北京本約一萬件；日本大谷（大谷光瑞一八七六—一九四八）本約五百件。其中尤值一述者，厥爲東洋文庫，該文庫自戰後（西元一九五四年）即傾全力於世界各地敦煌文物之影印與拍攝，爲敦煌文獻之總合研究開新契機，所以昔日專門、分野、推論之研究，

勢必為多角、總合、實證之研究所取代。

此次所展出之敦煌、樓蘭古文書，是由斯坦因氏所蒐文獻中精選者，內容包含紀元前之木簡三十件，此段時間為我國書法形成最重要之時期，另外有明確年代五至六世紀記載之寫經卷子本十卷（註二）。及頃近所發現，而為中日兩國書法界所津津樂道之唐人臨王羲之臨書殘卷（註三），共計四十件。

自古以來，王羲之之草書，即為書法界尊為金科玉律，今仍未替。如所周知，有宋以還，王氏眞跡早佚。而有唐墨跡臨本今存於世者，亦僅十餘件耳。近年來學者更利用敦煌文獻之墨本以證勅字本「十七帖」，宋刻本「十七帖」…等，如民國六十九年周篤文氏之「敦煌卷子中發現的王羲之二帖古臨本」、同年翁闓運之「論『十七帖』宋刻本」，及民國七十一年日人土肥義和之「來自敦煌文獻的王羲之『十七帖』殘卷」。周氏一文是據大英圖書館所藏敦煌莫高窟之敦煌文獻，尋出王羲之草書典型，證明其為「十七帖」中之二帖（瞻近帖、龍保帖）之墨本殘卷（約出於晚唐、五代之際）此文一出，給日本書法界帶來極大之震撼（註四）。同年翁氏「論『十七帖』宋刻版本」一文指出清初姜宸英遍徵當時名人題跋，誇稱唐拓天下第一，最後售往日本之姜宸英舊藏本，為傳世宋拓本四本（一為清初姜宸英舊藏；二為明文徵明硃書釋文本；三為清初馮銓舊藏；四為清嘉慶內府藏明吳寬家本）中最下，何焯亦早於「與友人書」（義門先生文集卷五），定為南宋時翻本。民國七十一年，日本東洋文庫之研究員土肥氏於六月十七日朝日新聞夕刊發表之「敦煌文獻から王羲之『十七帖』殘紙」，此乃土肥氏從巴黎國立圖書館所藏之伯希和本中所發現又一紙王羲之臨書—旃罽帖。此殘卷昔載於王重民氏之伯希和本目錄。

如前所述，周氏所見敦煌卷子中之草書手跡，原件藏英國博物館（此次會場特以調溫、調光、防盜之櫥窗展出原件）。翟理斯（Lionel Giles 1875—1958）以爲是「一封潦草的手書信件的片斷，寫在一種薄薄的粉紅色的質地不同尋常的紙上。」（翟理斯目錄，二五二頁）經研究後，可以確定是王羲之的「瞻近」、「龍保」兩帖之唐臨佳本。以上兩帖依包世臣之考訂，「瞻近帖」是王羲之致其好友益州刺史周撫之信。信中表示希望在其回來後可相與結鄰之願望。「龍保帖」是致大衆之信，表達其盼望見面之心情，並對其家人致以問候。經比較後，可以發現敦煌本鋒稜畢現，牽絲帶筆處，揮灑自如，其波磔、使轉，精妙無比。雖行式、結構與宋拓摹刻本稍有變化，仍充分保存羲之之筆法和風神，確爲唐人高手臨本無疑。至於日人土肥氏所發現之「旃罽帖」，據朝日新聞夕刊所載：此殘卷與另二殘卷（瞻近、龍保）紙質相同，然就其用筆及運筆觀之，「旃罽帖」之臨書者之經驗、功力不如前二者之熟練，蓋可斷言。

由斯坦因本及伯希和本中所發現之王羲之「十七帖」之敦煌三殘卷，給予後代從事書法藝術和書法史研究者很大之啓示，故敦煌墨本之價值，非唯表現於其書法之精妙，及稀世之珍寶，要在其對書法史研究上，所具之特殊意義，且對東西文化交流之歷史諸相，提供直接或間接之素材。

今試以敦煌墨本殘卷爲例：在傳世之「瞻近帖」各本中，皆有「喜達不可言」之語，文意較曲。殘卷校正其異文，今觀敦煌墨本「罡達」字右側加兩點，分明誤書而被點（兩點爲從半個非字而省，爲古代改錯之標誌）；似此，則應作「喜不可言」，文意更爲順暢。而後人於摹刻中去其兩點，其改動之跡，遂沈晦千年，不得而知矣。藉此吾人可以採信敦煌本所據以臨寫者，可能正是羲之手稿，修改之跡，儼然在目，因而更令人對敦煌文物所提供之歷史證據，感到可貴。

綜觀近幾十年來國內外學者，孜孜熱衷於「敦煌學」之研究，不無歷史之背景和探索之意義。而今國人又能善用歐美之科技，作總合實證之研究，相信不久之將來，當必發皇於我中華，不再讓歐美及東邦人士專美於前。

附註：

註一：斯坦因之探險前後三回。

其一（西元一九〇〇—一一）於新疆省維吾爾自治區之南道—中央之尼雅遺跡，首先發掘木簡五十片。

其二（西元一九〇六—八）一般皆謂斯氏所掘木簡此時最多，木簡和殘卷合計九九一件。

其三（西元一九一三—一六）此時所掘木簡殘卷計爲六〇七件。

詳情可參閱近年再版之矢吹慶輝「鳴沙餘韻」及「鳴沙餘韻」解說（岩波書店）；張鳳之「漢晉西陲木簡彙編」；「東洋文庫」近年所蒐之敦煌微卷，則更臻完備。

註二：㈠「十誦比丘戒本」

㈡A「摩訶般若波羅蜜品」

㈡B「辯意長者子所問經」

㈢「雜阿毘曇心經卷第六」

㈣「維摩義記」

㈤「勝鬘義記」

㈥「大般涅槃經卷第十一」

㈦「誠實論卷第十四」

㈧「華嚴經卷第三」

㈨「大般涅槃經卷第三十一」

㈩「大智論卷第四十二」

註三：「瞻近帖」、「龍保帖」、「旃罽帖」。

註四：自八世紀以來，東邦御覽珍藏，卽今傳雙鉤塡墨之「喪亂帖」，日人自詡今存於世之羲之草書眞跡臨本，敦煌墨本一出，則有待評估矣。

（原載華學月刊第一三九期72.7.21.）

日本華學專門圖書館簡介

圖書館中有普通圖書館及專門圖書館之別。以其蒐集之圖書有特定之分野，並能提供專門研究之便者，謂之專門圖書館。但很難詳加細分，今試以日本華學（或稱漢學、中國學、東洋學，而實以中國學爲主。）專門圖書館作介紹。並將各圖書館之沿革、組織、藏書數目、研究活動等特徵，分別予以說明。

㈠東洋文庫　東京都文京區本駒込二－二八－二一

乘坐國鐵山手線由駒込站西口出站，經本鄉路向南步行約五、六分鐘，至名圃六義園南側。或都營三田線千石站下亦可。民國六年（西元一九一七年、日本大正六年）日人三菱之岩崎久彌氏向前我國總統府顧問醫學博士莫氏（Dr. George Ernest Morrison）歸國時購入所謂「莫里遜文庫」（莫氏自喻爲「亞細亞文庫」，The Asiatic Library），莫氏所收以中國爲中心，兼及歐美文獻。實則莫氏自清光緒二十三年（西元一八九七年、日本明治三十年）任「倫敦時報」住北京通信員至民國六年（西元一九一七、日本大正六年）

，其間苦心蒐集凡二十年，幾將有關書籍網羅殆盡。餘如單行本之雜誌、地圖集等，亦甚完備。莫里遜文庫初運日時，置於深川之岩崎別邸，後移丸之內之三菱事務所，民國十三年（西元一九二四年、日本大正十三年）再遷現址。規模漸大，各項設備均待整頓，遂由岩崎氏個人圖書館，改爲財團法人，名稱亦改爲東洋文庫（Oriental Library）。同時設立研究部，開放文庫，展示稀世珍藏，並於東大教授白鳥庫吉氏之領導下，成爲東洋學研究之中心。

莫氏所收有關中國之圖書，幾近完璧，其他亞洲地區，不免或缺。岩崎氏當初蒐集之時，即有意將其擴及亞洲全域及歐洲。此任務後由東洋文庫繼承，擴大蒐集中國之外，如日本、韓國、東北（滿洲）、蒙古、西藏、中亞細亞、印度、東南亞、從西亞細亞至埃及等文獻之蒐集。現在，東洋文庫之藏書總數約達六十萬冊。如此龐大之華學專門圖書館，非唯日本國內僅見，歐美亦無可抗衡者，故自詡冠於世界。多年來世界著名之華學研究者，慕名東來者日衆。

東洋文庫之藏書中，亦有若干重要之歐文文獻，如馬哥孛羅之各種刊本、中國地方語之辭典約五百冊、有關日俄戰爭歐美出版之圖書約三百冊、初期基督教傳教師所著之有關中國方面之圖書、中國之海關報告等，幾無不收，可見其重要。又二次大戰前以歐美文所寫有關日本之圖書，殆無一冊遺漏。就以漢籍方面爲例，中國地方志之收藏，仍然足以誇耀於世界。另有八百件中國之族譜、宗譜。餘如滿州語、蒙古語、越南語、西藏語等，文獻典藏之富，而使該文庫足以誇稱於世界之故。其中岩崎家所贈之「岩崎文庫」，所收藏爲日本之古文書、古版本、古寫本之貴重資料。

東洋文庫之營運，戰前有豐富之有價證劵等爲其基金，戰後因經濟來源發生遽變，一度正常營運幾告停頓。因此在民國三十七年（西元一九四八年、日本昭和二十三年）其圖書館隸屬於國會圖書館，直至目前仍爲其支部圖書館。但其研究部門向來仍在財圖法人東洋文庫下繼續活動。

如前所述，東洋文庫六十萬册之藏書，並無網羅全體之目錄刊行。除早期出版之「莫里遜文庫」目錄，此外皆屬部分，以下特舉其特定部分目錄如左：

「藤田（豐八）文庫目錄」

民國十九年（西元一九三〇、日本昭和五年）

「岩崎文庫和漢書目錄」

民國二十三年（西元一九三四年、日本昭和九年）

「東洋文庫地方志目錄支那・滿州・臺灣」

民國二十四年（西元一九三五年、日本昭和十年）

「小田切（萬壽之助）文庫和漢書目錄」

民國二十七年（西元一九三八年、日本昭和十三年）

「東洋文庫漢籍叢書分類目錄」

民國三十四年（西元一九四五年、日本昭和二十年）

「漢籍分類目錄・集部」

民國五十六年（西元一九六七年、日本昭和四十二年）

A Classified Catalogue of Pamphlets in Foreign Languages （1917～1971）

民國六十一年（西元一九七二年、日本昭和四十七年）

Author Index to a Classified Catalogue of Books in Section XII, India （1917～1950）

民國四十一年（西元一九五二年、日本昭和二十七年）

A Catalogue of the Periodicals in Foreign Languages （1917～1966）

民國五十六年（西元一九六七年、日本昭和四十二年）

「東洋文庫別置東亞細亞關係歐文圖書目錄」

民國五十八年（西元一九六九年、日本昭和四十四年）

又，東洋文庫除星期日、國定假日外，每日自上午九時至下午四時半止爲開館時間。但星期四上午閉館，此乃二次大戰前開始之長久習慣。圖書閱覽時，須經各大學教授之介紹署名蓋印，始得申請閱覽證。

㈡靜嘉堂文庫　東京都世田谷區岡本二—二三—一

乘坐地下鐵千代田線至成城學園站下車，再搭公車最爲方便。或新玉川線於用賀站下。步行碎石丘陵小徑約二十分鐘可達。與岩崎家之別邸爲鄰，在此寧靜之別墅中可見西洋形式之圖書館卽在其間。

現爲財團法人之靜嘉堂，前爲岩崎彌太郎之個人圖書館，後由岩崎彌之助（彌太郎之弟）及小彌太父子二代所設立。現存古籍凡二十萬册（漢籍十二萬册、和書八萬册）另收藏有五千件和漢古美術品。以圖書館爲中心之靜嘉堂文庫，初置於駿河臺之岩崎家邸內，後遷高輪邸（現之開東閣）之別館，在重野安繹氏建議下，從事和漢古書之蒐集和整理。清光緒三十三年（西元一九〇七年、日本明治四十年）因購入吾國大藏書家陸心源之舊藏約五萬册，靜嘉堂之名，遂一躍而爲世人所知。陸心源氏因感於太平天國之際，貴重典籍焚於戰火，乃聚萬金專務蒐書。所收均爲稀覯之宋、元刋本，收集宋版約二百種，因自名「皕宋樓」。光緒二十年（西元一八九四年、日本明治二十七年）陸心源死後，其後人樹藩與重野成齋會於滬上，遂議訂爲十萬元，至此陸氏皕宋樓十萬卷樓守先閣之書，船載盡歸於岩崎氏靜嘉堂文庫。

民國十三年（西元一九二四年、日本大正十三年）小彌太氏於其父十七週年忌辰，於納骨堂之側，構築現址（東京郊外之砧村）藏之。民國二十九年（西元一九四〇年、日本昭和十五年），爲免火災、震災、兵災之虞，遂將此建築物、土地等與基金捐獻，正式設立財團法人靜嘉堂，作爲永久保存之圖書館，並提供研究者之利用。

靜嘉堂除收藏陸氏之漢籍圖書外，且收有青木信寅、田中賴庸、山田以文、色川三中、松井簡治等和書，被譽爲東京最大國書（和書）圖書館。其漢和圖書及美術工藝品中，頗多被列爲國寶，指定爲重要文化財而珍藏之。二次大戰後，與東洋文庫同屬於國會圖書館支部。民國五十九年（西元一九七〇年、日本昭和四十五年），得三菱關係企業之協助，基礎再確立，重歸財團經營，脫離國會圖書館而自立。惜新規不再購入圖書，僅提供參考、研究之用，而爲「保存圖書館」。

靜嘉堂文庫，藏書目錄如次：

「靜嘉堂文庫漢籍分類目錄」

民國十九年（西元一九三〇年、日本昭和五年）

「靜嘉堂文庫國書分類目錄」

民國十九年（西元一九三〇年、日本昭和五年）

㈢內閣文庫　東京都千代田區北の丸公園三ー二

乘坐地下鐵東西線至竹橋站下車，經竹橋卽可見國立近代美術館，其西鄰卽國立公文書館，內閣文庫卽在其中。同治十二年（西元一八七三年、日本明治六年）設太政官，始設此文庫，光緒十年（西元一八八四年、日本明治十七年），以「太政官文庫」之名，集中管理各省所藏之圖書，翌年（西元一八八五年）改稱「內閣文庫」，而非伴隨內閣制度之創設而改名。

內閣文庫主要收藏，爲江戶幕府之紅葉山文庫、昌平坂學問所、和學講談所、醫學館等舊藏書，他如東大寺、興福寺大乘院、押小路、坊城等，又如江戶幕府之日記、法令集，明治政府之行政參考資料、及其使用之歐美翻譯書、官廳出版物等，約五十二萬册。尤以漢籍之收藏，堪與靜嘉堂文庫比肩，爲日本國內屈指可數之收藏處。

紅葉山文庫，本爲德川家康於慶長七年（西元一六〇二年、明神宗萬曆三十年），於江戶城內始設之「江戶御書物藏」，後兼收海內之古書珍籍，或集船載之新刊唐本，故所收善本頗多。如以此項而言，與東洋文庫等專就民國（約大正、昭和）時漢籍蒐集相較，以其質之內容觀之，則紅葉山文庫之藏書中，仍值特書，其中如中國之地方志、及明末之小說、戲曲等，明版尤多，爲其特徵。

如上所述，內閣文庫之藏書中「堪稱天下無雙之珍籍」凡二萬册，光緒十七年（西元一八九一年、日本明治二十四年）移至宮內省圖書寮（現之書陵部）。內閣文庫，原屬國立公文書館之一部，民國六十年（西元一九七一年、日本昭和四十六年）爲獨立文庫，由大手門直入，位於左手處。其閱覽室爲木造之古建築，書庫建造頗爲牢固。國立公文書館，倣外國之例，將其國內各行政機關之公文書集中處理保存，供研究者閱覽，及作有效之運用，爲其主要任務。因此之故，公文書館爲研究明治以後，日本近代史之貴重寶庫。

平時之閱覽時間爲上午九時半至下午五時止，星期六至十二時半。星期天及紀念節日停止開放。今內閣文庫之藏書有相當完整之目錄出版：

「內閣文庫漢籍分類目錄」（改訂版）

民國六十年（西元一九七一年、日本昭和四十六年）

「內閣文庫國書分類目錄」（上）（下）

民國五十年（西元一九六一年、日本昭和三十六年）

「內閣文庫國書分類目錄」（索引）

民國五十一年（西元一九六二年、日本昭和三十七年）

「內閣文庫明治時代洋裝圖書分類目錄」

民國五十六年（西元一九六七年、日本昭和四十二年）

「內閣文庫大正時代刊行圖書分類目錄」

民國六十八年（西元一九七九年、日本昭和五十四年）

「內閣文庫洋書分類目錄」（法文篇）

民國五十七年（西元一九六八年、日本昭和四十三年）

「內閣文庫洋書分類目錄」（英文篇上）

民國六十一年（西元一九七二年、日本昭和四十七年）

「內閣文庫洋書分類目錄」（英文篇下）

民國六十二年（西元一九七三年、日本昭和四十八年）

㈣尊經閣文庫　東京都目黑區駒場四—三—五五

從澁谷乘坐井の頭線，於駒場之東大（教養學部）前下車，徒步約十分鐘可達。此處本爲日本前田侯爵邸，二次世界大戰後，曾一度爲美佔領軍總司令官麥克阿瑟之官邸，其廣闊之莊邸，現已成爲日本近代文學館及公園，其一隅卽尊經閣之所在地。

尊經閣文庫，在近世有名之文庫中，不論其質、量皆有很高之評價。因有頗爲好學之藩主前田綱紀之蒐集爲其基礎，尤以明版爲主之善本漢籍，且所收藏自中世紀以來之圖書、古文書等貴重文獻。若以漢籍而言，雖其量不如上述之靜嘉堂、內閣文庫，然其質則不分軒輊。今其架藏之明版圖書足以自豪，係因以前田家之經濟能力爲背景，始能有此豐富之收藏。

二次大戰期間，爲避戰火，遷往金澤，據聞戰敗後部分藏書佚失，且受經濟變動之影響，一度陷入慘淡之經營，在此期間，幸賴今井吉之助之獨立運籌，惜數年前，突然亡故，令人爲之惋惜。又尊經閣之藏書，已有左列目錄出版：

「尊經閣文庫漢籍分類目錄」

民國二十三年（西元一九三四年、日本昭和九年）

「尊經閣文庫漢籍分類目錄索引」

民國二十四年（西元一九三五年、日本昭和十年）

「尊經閣文庫圖書分類目錄」

民國二十八年（西元一九三九年、日本昭和十四年）

㈤宮內廳書陵部

從北桔橋門進入日本皇居，與樂部爲鄰，卽書陵部所在地。其起源甚早，依日紀七〇一年（西元四十一年、後漢光武帝建武十七年）大寶令之規定所設置之圖書寮。換言之，卽古代國立圖書館。清德宗光緒十年（西元一八八四年、日本明治十七年）改稱宮內省圖書寮，二次大戰後，民國三十八年（西元一九四九年、日本昭和二十四年）改稱爲現今之書陵部。書陵部主要蒐集從見伏家開始明治以後歷代之皇室關係，另外收藏明治初年壬生小槻家官務文庫，爲日本古代史研究者之貴重寶庫。

餘如德川毛利家之棲息堂文庫，幕府之儒官古賀家之萬餘卷樓等，亦在收藏之列。又據上述接管內閣文庫「堪稱天下無雙之珍籍」二萬册。若以書陵部之藏書而言，漢籍之數量誠然較和書爲少，因其主要收藏爲和籍之故。戰前及戰後有關和漢籍之目錄，介紹如后：

「帝室和漢圖書目錄」

民國五年（西元一九一六年、日本大正五年）

「圖書寮漢籍善本書目」

民國二十年（西元一九三一年、日本昭和六年）

「書陵部和漢書分類目錄」上

民國四十一年（西元一九五二年、日本昭和二十七年）

「書陵部和漢書分類目錄」下

民國四十二年（西元一九五三年、日本昭和二十八年）

「書陵部和漢書分類目錄」索引

民國四十四年（西元一九五五年、日本昭和三十年）

「書陵部和漢書分類目錄」增加一

民國五十七年（西元一九六八年、日本昭和四十三年）

㈥東京大學東洋文化研究所　東京都文京區本鄉七—三—一

乘坐丸の內線至本鄉三丁目站下，步行約六分鐘，至東大赤門往右側走，卽可發現一棟七層之高大建築。此研究所雖謂東大之附屬研究所，實者此研究所之基礎，原為東方文化學院之一部。

東方文化學院，最初稱東方文化學院東京研究所，位於文京區大塚二丁目，為外務省(外交部)之外圍研究所，屬外務省下，以義和團賠償金所設立之研究機關。實為少數中日同道為促進相互理解，而對滿清支付日本政府，所謂義和團賠償金善加利用，成立對華文化事業之組織，並由中日兩國選出委員，設置東方文化事業總委員會。又據委員會之決議，於北平成立北平人文科學研究所、上海成立自然科學研究所。人文科學研究所由中日兩國之研究員，進行有關東方文化之研究。當時我國方面之委員，為抗議日本田中內閣出兵山東之決定，毅然退出該委員會，致使研究所之研究事業，頗受中挫。

日本方面之委員，乃建議其政府，另外在其國內設立研究所，遂於民國十八年（西元一九二九年、日本昭和四年）由其政府補助款項，創立東方文化學院，分別設立東京研究所及京都研究所。但民國二十七年（西元一九三八年、日本昭和十三年）變更組織，東方文化學院解體，東京研究所改稱為東方文化學院，京都研究所則改為東方文化研究所，從此改組過程得知，東方文化研究所乃東方文化學院之研究機關所附設之圖書館。

民國三十年（西元一九四一年、日本昭和十六年）為擴大有關東洋文化之綜合研究目的，創設東洋文化研究所，附屬於東京（帝國）大學，其前身實為東方文化學院。改組後之東洋文化研究所，迄今已逾四十年，由最初之三部門至目前之十八部門，幾將亞洲全域之各課題，作專門個別之研究，其所出版之「東洋文化研究所紀要」已出至第八十六册，並附設有「東洋學文獻中心」，除蒐集、提供資料外，另作叢刊之編纂，現已出版之「東洋學文獻中心叢刊」已達四十輯。

東洋文化研究所，其圖書室之漢籍藏書約三十五萬件，每年約有七千五百人，利用該處圖書。除中國、韓國外，亞洲全域各地之圖書，每年亦不斷增加中，其圖書室在日本堪稱東洋研究三大圖書館之一。依民國六十九年（西元一九八〇年、日本昭和五十五年）統計（未整理圖書及微卷不計在內）中、日、韓圖書二七三八六五册，中、日、韓雜誌三一二〇種。其他有關中國方面之藏書中，特值一書者如：「大木文庫」，爲大木幹一氏將其平生所藏有關法律、政治、外交圖書三一六八部，四五四五二册漢籍，悉數捐贈該所，餘如舊東方文化學院圖書，松本忠雄氏之舊藏、長澤規矩也氏之藏書、清野謙次氏之舊藏、仁井田陞氏之舊藏、倉石武四郎氏之舊藏等，頗多貴重之漢籍資料。

東洋文化研究所現已出版之漢籍藏書目錄如左：

「東京大學東洋文化研究所漢籍分類目錄」（本文篇）

民國六十一年（西元一九七二年、日本昭和四十七年）

「東京大學東洋文化研究所漢籍分類目錄」（索引篇）

民國六十四年（西元一九七五年、日本昭和五十年）

㈦京都大學人文科學研究所　京都市左京區北白川東小倉町四十七

若由東京出發，則須乘坐東海新幹線直抵京都，再由京都車站前搭乘市內公車，其本館在東山路上京都大學校本部對面，分館則乘坐往銀閣寺之公車，至北白川附近下，步行約七分鐘，即可發現京都有名大字山前一棟古色古香之建築，據聞為濱田青陵博士仿南義大利修道院而設計，有關漢籍圖書皆典藏於此。如同東洋文化研究所乃吸收東方文化學院而成立，而人文科學研究所亦合併東方文化研究所而設立，有如此珍貴之圖書，惜無較完善之藏書處所，為其美中不足處。

如前所述，人文科學研究所二次大戰前稱東亞人文科學研究所，戰敗後將「東亞」二字抹消，改稱人文科學研究所，除原有之東方部外，又增設日本部、西洋部。實者仍以研究東方之中國為其中心。

依當時東方文化研究所之收藏及網羅重點，雖與東方文化學院稍異，然就其質量而言，則不分上下。東京以外，人文科學研究所藏書之質量，堪稱為關西漢學中心。早於民國三十二年（西元一九四三年、日本昭和十八年）即有「東方文化研究所漢籍分類目錄」上、下之出版。改名人文科學研究所後，圖書不斷增加，經多次改訂後，有如下之漢籍目錄出版：

「京都大學人文科學研究所漢籍分類目錄」通檢上

民國五十二年（西元一九六三年、日本昭和三十八年）

「京都大學人文科學研究所漢籍分類目錄」通檢下

民國五十四年（西元一九六五年、日本昭和四十年）

「京都大學人文科學研究所漢籍分類目錄」上

民國六十八年（西元一九七九年、日本昭和五十四年）

「京都大學人文科學研究所漢籍分類目錄」下

民國六十九年（西元一九八〇年、日本昭和五十五年）

㈧天理圖書館　奈良縣天理市杣之內町一〇五〇

由東京搭乘東海新幹線至京都站下車，再搭近畿鐵路至天理站，然後改搭公車或步行均可抵達。天理圖書館開館至今（民國七十一年）已逾五十二週年，從最初之天理外國語學校第三樓所附設之圖書館開始。當時之藏書約二萬六千册，其中歐美圖書五千餘册。民國十八年（西元一九二九年、日本昭和四年）現今之圖書館開工，翌年竣工。二次大戰後，隨著由外國語學校昇格爲天理大學，藏書量亦隨之急增，同時對外開放，其藏書目錄及各出版刊物，亦擴及於海內外。至民國四十九年（西元一九六〇年、日本昭和三十五年），爲其開館三十週年之紀念，乃有書庫增築之議，經二年又四個月，始告完成，目前（民國六十九年、西元一九八〇年、日本昭和五十五年）其藏書總數約一百二十五萬册，漢和圖書與歐美圖書之比例約爲三比一。藏書收集範圍頗廣，又因其創立時係以文科爲重點。故有關宗教、東方各國之考古、民族、地理、語言、文學等尤多。餘如古書、稀觀書、日本之古文書、手稿等網羅甚豐，其中被列爲國寶者六件，吾國之劉夢得文集十二册、歐陽文忠公集三十八册卽其中之二，被列爲重要文化財者七十件，吾國之宋版「毛詩要義」及古文孝經、通典、白氏六帖事類集、搜神秘覽、新編醉翁談錄、白氏文集、五臣注文選、予章黃先生文集、夢遊桃源圖、梵字形音義、金剛般若經集驗記、音樂根源鈔、管絃音義、古箏譜等，其他之宋、元、明版、敦煌本等之罕見典籍，不克一一詳載。

天理圖書館之藏書依一般圖書、稀書、特殊文庫、逐次刋行書，分別出版目錄，目前已刋行者計十五種，其中與漢學有關者如：

「天理圖書館稀書目錄和漢之部」三册

民國二十九年至四十九年（西元一九四〇年至一九六〇年、日本昭和十五年至三十五年）

「天理圖書館新輯圖書分類目錄」四册

民國五十六年至六十三年（西元一九六七年至一九七四年、日本昭和四十二年至四十九年）

除上所述外，餘如名古屋之逢左文庫、京都之陽明文庫、仙臺之東北大學圖書館所藏之漢籍圖書，亦頗富盛名。

（原載華學月刊第一四一期72.9.21.）

簡介日本東京「東洋文庫」

對與我中華文化曾有二千餘年之歷史淵源，並不斷受我文化薰陶、培養、影響之日本文化，自古以來，不論在時間上、空間上，皆與我中華文化有密切之關係，且因地處緊鄰，故對我中華文獻之認識、欣賞之尺度、研究之徹底，其有利之條件，實非歐美人士所能企及。因之，人才輩出，成果輝煌，是以對此東亞研究之重鎮—東洋文庫，誠宜加溯源，知其梗概，爰乃綴文介紹如後：

一、沿革

東洋文庫，原為日人三菱財團岩崎久彌氏於民國六年(西元一九一七年、日本大正六年)向曾任我國總統府顧問醫學博士莫里遜氏（Dr. George Ernest Morrison, 1862—1920）歸國時購入之「莫里遜文庫」（莫氏自喻為「亞細亞文庫」「The Asiatic Library）為核心，蓋莫氏所收以中國為主，兼及歐美文獻。莫氏是英籍澳大利亞人，來中國前，曾任摩洛哥國王之侍醫，自清光緒二十三年（西元一八九七年、日本明治三十年）擔任「倫敦時報」駐北京通訊員，至民國六年（西元一九一七年、日本大正六年）其苦心蒐集，凡二十年，幾將有關東亞書籍網羅殆盡，餘如雜誌、地圖集、圖片等，可說鉅細靡遺，後來遂成研究東亞問題各國文書之總滙。其實早在宣統二年（西元一九一〇年、日本明治四十三年）左右，「莫里遜文庫」已爲歐美研究東方學之學者所熟稔。

民國成立以後，莫氏辭去「倫敦時報」通訊記者之職，就任我國總統府政治顧問，以前由於職業上之必要和與生俱來之蒐書癖，曾於北京之自宅，興建書庫，提供研究者之閱覽，後因政務紛繁，有意轉讓，歐美之大學及研究機構，聞風之後，皆爭相價購。莫氏以爲研究東亞之圖書，應留東亞爲宜，乃未首肯。本屬意讓與我國政府或民間，然一因價格懸殊，一因兵燹頻仍，遂作罷。延至民國六年，日本三菱財團岩崎久彌氏，接受東京帝國大學文學院院長上田萬年博士之敦勸，及東洋史學科主任白鳥庫吉氏之建議，以國家長遠之觀點，無論如何要想盡辦法購入，終在有條件之情況下，（註一）以英金三萬五千磅達成協議。並於同年由日本郵船公司，以汽船高砂輪船載橫濱，至此莫氏藏書，盡歸岩崎氏矣！

莫氏所收有關中國之圖書，幾近完璧，其他亞洲地區，不免或缺。然岩崎氏收購時，即有意將其擴及亞洲全域，除以中國圖書爲基本之研究外，其他以西文諸語著作之圖書亦不少。「莫里遜文庫」初抵日時，置於深川之岩崎別邸，後移丸之內之三菱事務所。民國十三年

（西元一九二四年、日本大正十三年）再遷現址（東京都文京區本駒込二丁目二十八番二十一號）。規模漸大，各項設備均待整頓，遂由岩崎氏個人圖書館，改爲財團法人，名稱始定爲「東洋文庫」（Oriental Library）。同時，於圖書部之外，設立研究部，再次開放文庫，展示稀世珍藏，並於東大教授白鳥庫吉氏之領導下，成爲研究東洋學之專門圖書館，爲該文庫邁出第一步。

「東洋文庫」繼承此任務後，逐漸擴大蒐集範圍，除中國之外，如日本、韓國、東北、（滿州）、蒙古、西藏、中央亞細亞、印度、東南亞，並遠至西亞、埃及等地。現在「東洋文庫」之藏書總數約達七十五萬册，相當於莫里遜當年蒐集的四十五倍，如此龐大的東洋學專門圖書館，非唯在日本國內所僅見，歐美亦無可抗衡者，故自詡冠於世界。多年來世界各地東洋學之研究者，慕名東來者日衆。

岩崎久彌氏之三菱關係事業的確立，不僅對日本近代產業的發達，具有舉足輕重的地位，而且對日本學術文化的發展，亦扮演極重要的角色。「東洋文庫」亦卽岩崎氏的文化事業中最大者之一。（註二）在此期間，「東洋文庫」陸續於圖書的蒐集，及日本學者成果的出版，東洋學知識的普及，尤其對世界東洋學之發展，貢獻更是不遺餘力。

二次世界大戰後，由於經濟發生激變，三菱財團的營運，一度幾告停頓，因此在民國三十七年（西元一九四八年、日本昭和二十三年）將該文庫改隸於國立國會圖書館之支部，先後受到政府、民間，及國外，甚至聯合國教育、科學及文化組織（UNESCO）（註三）的補助，始得將圖書、閱覽再度開放，但研究部則仍然在此困難情況下繼續活動。民國五十年（西元一九六一年、日本昭和三十六年）並於「東洋文庫」附設東亞細亞文化研究中心協助東亞細亞諸國，推展其文化，讓世界各國對該地區之了解，此乃「東洋文庫」國際活動另一層面的盛舉。

二、活動

「東洋文庫」之研究圖書館所藏文獻、資料，採對外公開。但閱覽者在入館前，須先按圖書閱覽申請書所定事項，逐項塡寫，始予受理（來館時必須出示身分證明書或介紹信）。開放時間：每天上午九時至下午四時三十分（中午十二時至十二時三十分爲午休時間），又國定假日、星期日、每月最後一日、每年創立紀念日（昭和十四年十一月十九日）、新曆春節，及每星期四下午，皆爲休館時間。

其他，如隨時提供國內外東洋學研究之國際情報，並將日本國內之研究成果以「歐文紀要」（歐美文字提要）等向海外廣爲介紹。另者致力於出版有關東洋學之優秀研究成果，而爲一般出版社所不願印行之刋物，及重要典籍資料之複製。

「東洋文庫」爲求東洋學專門知識之普及，每年於春、秋二期，公開舉行「東洋學講座」

，並藉國外有名之東洋學者來日時，臨時舉辦特別演講會。

春期東洋學講座，五、六月左右（星期二下午六時～八時）。

秋期東洋學講座，十、十一月左右（星期二下午六時～八時）。

每年另一次之普及活動，是將東洋文庫所藏之珍本或專門書，作公開之展示，並發行目錄作解說。此外，爲應研究者之需要，設有微卷攝影及電子影印兩種。同時，爲服務國外學人，另訂有郵寄申請辦法。餘者如爲保持孤本、珍本、稀本之壽命，另訂有限攝、限印之規定。

三、藏書

「東洋文庫」之藏書，截至民國七十二年（西元一九八三年、日本昭和五十八年）七月止，（註四）約七十五萬册，蓋以「莫里遜文庫」爲中心之西洋書籍約四千部、中國之地方志及叢書超過八百種，餘如中國之族譜、清朝印行之滿蒙文書籍、各種之西藏藏經，及其他之西藏語圖書、以日本、中國書爲主之岩崎文庫、阿拉伯語、土耳其語、波斯（今伊朗）語資料之微卷約三百萬卷，此中包含如下所收項目，部分已被指定列入國寶重要文化財。

「莫里遜文庫」爲莫氏駐北京二十年間所苦心蒐集之圖書。其中以中國爲中心小册子類約六千種，包含西洋圖書二萬四千册、地圖版畫約五百件、定期刊物約一百二十餘種。特別重要的有四十多種馬哥孛羅（義・Marco Polo, 1254～1323）「東方見聞錄」的版本、中國地方語辭典五百册以上，有關日俄戰爭各國所出版之圖書資料約三百册，還有各國探險隊在中央亞細亞之調查報告等。

前間恭作氏舊藏之韓國圖書、古地圖、拓本類計四百五十一部，一千七百六十四册。

渡邊哲信氏寄贈之順天時報（自七四三號至九二八五號，光緒三十年七月七日至民國十九年三月二十七日）、華北正報（自創刊號至廢刊號，西元一九一九年十二月一日至一九三〇年三月二十六日）。

藤田豐八博士舊藏之日本、中國圖書。計一千七百六十五部，二萬一千六百六十九册。

「岩崎文庫」爲岩崎氏舊藏之日本、中國圖書。計二萬三千七百餘册。古鈔本、五山版、慶長以後之古刋本等，及稀睹之第一手貴重資料均屬之。另有廣橋家、新井白石、小野蘭山、木村正辭、有賀長雄等諸家舊藏之手抄本，包含豐富之江戶時代之文學、演劇、地理關係之資料。計五千二百九十一部，二萬三千七百七十七册。此爲日本史、日本文學研究之貴重資料。

永田安吉氏舊藏之越南圖書。計一百零三部，六百九十五册。

入澤達吉博士舊藏之日德文化協會理事西莫魯特（德・A。G. Von Sie bold, 1846～1911）關係文書之旋印照片（速印相片）。計二百五十八册，大小一套約一萬零三百餘頁。

井上準之助氏舊藏之日本、中國、西洋圖書。計一千六百一十部，四千八百六十二册。

「小田切文庫」爲小田切萬壽之助氏舊藏之日本、中國、西洋圖書。計一千七百一十二部，一萬九千四百八十一册。

上田萬年博士舊藏之日本圖書。計二十六部，一百五十九册。

以下爲目錄待整或圖書數目較少者：

幣原坦博士舊藏之韓國圖書。

松村太郎氏舊藏之中國圖書。

「藤井文庫」爲藤井尙久博士蒐集之日本西洋醫學關係圖書。

開國百年紀念文化事業會舊藏之近代日本史關係圖書、微卷。

河口信宏氏舊藏之醫學關係圖書。

藤田豐三郎氏舊藏之中國圖書。

岩井大慧氏舊藏之日本、中國、西洋圖書。

「梅原收藏」爲梅原末治博士苦心蒐集，關係西亞、朝鮮、中國、日本之考古資料及全部之圖書。

松田嘉久氏寄贈之泰語文獻。

「西藏語資料」爲河口慧海師以未來西藏語文獻爲主體，作世界性的蒐集。

「近代中國關係資料之蒐集」爲近代中國研究委員會所蒐集之有關近代中國之資料。有系統地蒐集近代中國研究上必要之資料，鉅細不漏，部分限閱或不可能得到之資料，則設法用微卷拍攝以彌此憾。

微卷之蒐集：

西域出土之文獻──包括斯坦因（英・A. Stein, 1862～1943）、伯希和（法・P. Pelliot, 1878～1945）、海登（瑞典・Sven Hedin, 1865～1952）、魯寇克（德・A. Von Le Coq, 1860～1930）等未來文獻，及其他敦煌寫經（北京）。

舊北京國立圖書館所藏之善本，包括經書、史書（特別是地方志）、文集、政書等稀睹本約三百卷。巴黎遠東學院所藏越南圖書、亞逑達王宮圖書館所藏圖書微卷。

四、出版刊物

㈠東洋文庫論叢　選擇出版被學界認爲對東洋學研究有貢獻之著作。到民國七十二年度（西元一九八三年、日本昭和五十八年）共出版五十九册。

㈡東洋文庫歐文論叢　到民國七十二年度共出版六册。

㈢東洋文庫歐文紀要（Memoirs of the Research Department of the To Yo Bunko）　年刊，將日本之東洋學水準廣泛向歐美學界介紹，以資彼此之學術交流，從已發表之論文中，擇優譯成西文，分送世界各國。到民國七十二年度已發行至四十一號。

㈣東洋文庫和文紀要（東洋學報）　東洋學報，戰前屬東洋協會學術調查部，戰後屬東洋學術協會之出版品，接續東洋文庫之和文紀要（日文提要）發行。到民國七十二年度爲第六十一卷第八期。

㈤東洋文庫歐文紀要別刷（The M. T. B. Reprint Series）　爲更進一層發揮東洋文庫歐文紀要之效果，將已發表之論文，另以抽印本發行。到民國七十二年度已發行至二十八號。

㈥東洋文庫各種研究委員會出版品　爲應東洋文庫研究部之需要，而組織之各種研究委員會，目的在爲共同研究而努力，先後已有近代中國研究委員會、敦煌文獻研究委員會、宋史提要編纂委員會，各種委員會發行之文獻目錄和索引類，到民國七十二年度已出版一百零七冊。

㈦東洋文庫叢刊　國內外稀睹之典籍，將隨時間褪色或亡佚，然其對東洋學之研究，則益形重要，故加複製出版。到民國七十二年度已發行三十二冊。

(八)東洋文庫附設聯合國教育、科學及文化組織(UNESCO)東亞細亞文化研究中心出版品　包含日本及東亞細亞諸國之文化研究現狀及成果之介紹，依英文次序發行。

①東亞細亞文化研究(East Asian Cultural Studies)。到民國七十二年度已發行至第二十三卷。

②研究動向、研究者一覽、研究機關一覽。有關研究者名錄、研究機構名稱，已出版的有日本、泰國、菲律賓、韓國、中華民國、香港、高棉、寮國、馬來西亞、新加坡等。

③以非專門家爲對象之有關東亞文化讀物，及出於東亞諸國一流學者之手的解說書。到民國七十二年度已發行二十冊。

④文獻目錄。到民國七十二年度已發行八冊。

⑤以專門家爲對象之研究書。到民國七十二年度已發行八冊。

⑥其他各種的出版品。到民國七十二年度已發行十二冊。

(九)東洋文庫各種目錄　東洋文庫藏書分類目錄。到民國七十二年度已發行六十二冊。

(十)其他各種出版品　到民國七十二年度已發行三百二十五冊。

五、特色

「東洋文庫」是以中國爲首的亞洲研究資料之世界實庫。日本正以「東洋文庫」作爲亞洲研究中心之目標而努力。作爲東洋學研究之資料中心的「東洋文庫」，除中國之外，餘如日本、朝鮮、滿州、蒙古、西伯利亞、中央亞細亞、西藏、西亞、埃及、印度、東南亞等有關整個亞洲，皆在蒐集範圍之內。其中有一部分已列爲貴重文化財。亞洲研究方面有關的蒐集，目前在世界上日本可說是無以倫比的。尤其貴重資料的公開，除少數貴重典籍的不許複印外，其餘均應研究者之方便，提供服務。

以東洋學之研究中心著稱的「東洋文庫」，是以自由立場的民間研究機構，綜合國內外研究機構、專家等共同努力，而推動的國際事業。「東洋文庫」研究部，同時廣泛出版日本學者之研究業績，作爲其任務之一。

總之，「東洋文庫」之圖書部、研究部、總務部，非專屬於「東洋文庫」，而是屬於大家、全國，甚至提供全世界之研究者研究之方便，爲其使命。

（原載華學季刊第五卷第三期73.9.）

附註：

註一：一是圖書集中一處，作永久之保存，西文仍用莫里遜文庫（G.E. Morrison Library）原名，以資紀念。二是照原計畫與範圍，繼續蒐集書刊。三是公開於世界研究遠東問題之專家學者。

註二：餘如現在位於東京都世田谷區之「靜嘉堂文庫」於清光緒三十三年（西元一九〇七年、日本明治四十年）因購自我國大藏書家陸心源之「皕宋樓」五萬册珍藏，遂一躍而爲世人所知。

註三：UNESCO 爲 United Nations Educational, Scientific and Cultural Organization之縮寫。

註四：筆者於前年（七十一年）在東京大學研究一年，因與東洋文庫近在咫尺（坐車約五分鐘可達），時往借閱、影印。返臺時（七十二年七月）適值最新館落成。本館及新館占地六千三百六十六平方公尺（約一千九百二十九坪），建坪六千三百七十六平方公尺（約一千九百三十二坪）。本館爲鋼筋水泥建築，地下一層、地上二層。新館爲鋼筋水泥建築，地下一層、地上三層。書庫亦爲鋼筋水泥建築，地下一層、地上四層。最新館同爲地下一層、地上四層之鋼筋水泥建築物，其建坪尚未列入總建坪計算，新蒐書亦未計算在內。所以至七十二年七月藏書總數約爲七十五萬册，相當於莫氏當年之四十五倍。另外爲慶祝「東洋文庫」創立五十周年（西元一九八九年），將特別擧辦貴重本、特別圖書、微卷之展示，特別書庫（調溫書庫）已於民國五十七年（西元一九六八年、日本昭和四十三年）三月完成啓用。

日本企業的儒家精神

前言

爲什麼今天我們要來探討這個問題？其實理由很簡單，因爲我們不太瞭解日本。除了八年抗戰所殘留下來的悲慘記憶、猜忌與遺恨，我們對於現代的日本欠缺完整的認識。日本爲什麼能在短短的三十幾年內，從屈辱的戰敗國一躍而成經濟強國？在人稠地小，資源缺乏的日本經濟發展模式裡，有那些值得我們虛心檢討，值得效法的？又有那些是我們應該提高警覺，儘量避免的？一般而言，對這些問題，大部份的人，只能在腦海裡拼湊出零星、支離破碎的畫面，而無法提出完整而又準確的看法。

更令人警惕的是，目前徘徊在十字路口的經濟一等國日本，未來的動向，無論是往好的——打開心胸，推行利人利己的國際經濟合作，或是往壞的——維持封閉心態，展開另一場經濟侵略戰爭，首當其衝的我們，總是無法避免其深遠的影響。所以這次所要討論的主題，偏重於造成日本經濟奇蹟的內在因素，尤其注重日本國民精神面貌的分析。藉以瞭解日本人的團隊精神、紀律、個性是如何養成的？日本人的適應力、競爭心、學習精神、組織能力，能給我們什麼樣的借鏡？還有日本人手不釋卷的讀書風氣、大衆傳播，致力於國民知識水準的提高，又給我們什麼樣的啓示。以下擬分幾項加以說明：

一、認識日本

近百年來，亞洲是列強紛爭的地區，而不是世界權力的中心。這些地區擁有全世界最多的人口，同時也是貧窮與落後的象徵。悠久的東方文化，固然足以自豪，但經濟的落伍，却受人卑視。

以二次世界大戰後的經濟競賽來看，日本以比美國加州小的戰敗國，首先脫穎而出。在西方專家認定日本已是第一等的經濟強國，並預測二十一世紀，將是以日本爲中心，儒家思想爲主流的太平洋世紀。沿著太平洋盆地的亞洲諸國，近年來已成爲國際金隔界注意的焦點。很顯然地，這個地區經濟的卓越成就已被肯定。由於世界各地在歷經幾次石油漲價的震撼和國際債務危機而經濟遲緩之時，僅有亞太地區的諸國，似乎不受這些阻撓，仍能繼續成長，其中尤以最工業化的國家—日本，她已從戰後的廢墟，造就了輝煌的業績。底下擬對日本的奇蹟，作一探索式的剪影。

日本的土地面積（三七一、八五七平方公里）只有美國的二十五分之一，人口（一一八、六〇〇、〇〇〇人）只有美國的一半，平均國民所得（G.N.P.）九六六八美元，在經濟實力的競賽上，假使以過去五年之總生產量、就業人數、物價、幣值、輸出、工業生產指數而言，日本更是遙遙領先（西）德、美、義、法、加、英，高居第一位。幾年來成績斐然。與石油危機時相比，日本的能源消耗減少了二〇%，生產力却提高了五〇%。除了汽車、錄影機、精密家電執世界牛耳之外，像記憶半導體、第五代電腦、生物科技、新陶瓷等的開發，更使日本邁向高科技與資訊社會，也正是日本經濟實力的具體表現。當然造成日本迅速復甦，重建經濟強國的因素很多。外來的要得力於美國的技術援助與國防保護、韓戰與越戰的刺激工業生產。但更值得探討的却是源自日本國內的因素。而此內在的因素，與我們有淵源流長的關係，主要是長期受我儒學的影響、文化的洗禮有關。

二、東亞的展望

除了日本的成功深受儒學的影響之外，現在更令人矚目的事實是亞洲新興的工業化國家，所謂「東亞四條小龍」的成功，是另一明證。這四個國家從北到南是：南韓、中華民國、香港、新加坡，因爲在民國六十二年（西元一九七三）到民國七十二年（西元一九八三）這段艱困的期間，這四個國家都安然渡過了能源的危機、世界經濟衰退的襲擊，而各自維持了平均高達百分之八的成長率。在同一段期間，世界其他已開發國家或開發中國家，只要能達百分之二、三的成長率，就已心滿意足，甚至成長最快的工業化國家—日本，就此期間，也只有百分之四・三的成長率。

因此，近年來國際間已有少數社會科學的學者，在探討一項新的課題，希望找出東亞地區近二十年來經濟快速成長的原因。這方面的研究雖剛起步，業已引起國際學界的重視，主要是因爲：

第一、他們希望從東亞地區經濟發展的新模型，在以西方建立起來的現代化理論之外，發現現代的第二個例子；

第二、他們希望經由學術的研究，能了解其他國家，尤其是經濟落後地區，學習東亞新模型的可能性有多大？

爲什麼這個地區的國家，會有這麼卓越的成就呢？當然原因是多方面的，但很明顯地，東亞這幾個國家，都有一個共同的事實，沒有一個是富有自然資源的，而且待養的人口密度很高。若與拉丁美洲的一些開發中國家相比，她們想達成比較迅速成長的條件，應該較弱，然而她們却克服了先天的缺陷，而在工業生產方面，獲致卓越的成長，而不像其他地區長期困擾於通貨膨脹、國際收支的逆差，反而出人意外地，創造了奇蹟。所以學者們對東亞發展的模型深感興趣的又一理由是：重新考驗馬克斯・韋伯（Max Weber）的論斷（西方資本主義和現代性具有宗教根源）及內在禁慾（inner worldly ascecticism 即今日的經濟發展需要紀律與自我犧牲的倫理精神）是否經濟的發展與文化因素有關？或是東亞的妙方及經驗能否移植的問題。

三、日本的啓示

前面已經提過，若以總體經濟指標來看日本，她的成就可說是空前的，一億兩千萬人口，侷限於三十八萬平方公里的土地上，其中只有百分之十九的可耕地，眞正從事生產工作的人，才百分之三十，沒有任何重要的天然資源，完全藉著以出口爲導向的貿易，但在戰後三十餘年中，却有如此的表現，更使我們對其成功的背後原因，及成功所帶來的種種問題，作事先的探討與警惕。我們曉得東亞地區國家的共同特點是深受中國文化的影響，尤其是儒家精神價值的鞭策，對於近代化產生莫大的作用。因此許多學者將此現象與韋伯（M. Weber）在其名著「基督新教的倫理與資本主義精神」闡釋西歐近代化的精神，導源於基督新教的觀點，相提並論，足見儒家思想精神博大精深，實在可說是「俟百世而不惑，放諸四海皆準。」

例如新加坡是近年來致力於「學習日本」運動的國家之一，在其推動的過程中，發現日本經濟安定與發展奧秘，除導入歐美近代科技外，企業界勞資關係的和諧、注重年資的昇遷制度、經營者仁民愛物的胸懷……等，莫不以儒家的傳統價值與規範為基礎。何以李光耀總理和吳慶瑞副總理兼教育部長這兩位純受西方教育的政治領導人，會選擇純粹東方的儒家思想作為灌輸下一代的價值觀呢？他們對儒家思想又有何看法呢？

李總理的說法是：「為了謀生，我們必須採用英文，但這也使我們面對極大的危險，就是我們可能會被另一種完全不同的生活哲學所吸收或滲透，因此，對那些使東方的亞洲人社會，有異於西方社會的因素，我們是很有必要去作一番去蕪存菁的工作。」他進一步指出，這種使東方社會不至於完全變質的獨特因素，就是儒家思想。他認為儒家的人生觀和以倫常關係為基礎的社會秩序，是經持中國、韓國、日本，甚至越南等東方亞洲人社會凝聚力的基礎。他同時表示，如果沒有這一切，到九十年代，新加坡可能會變成另一個社會，那是一個缺乏傳統文化、家庭和社會生命力與精神的社會，在這種情形下，一切物質繁榮都將流為虛有其表。

吳副總理也同樣認為：「目前以為一切都是西方好的趨勢，如果發展下去，那麼，目前困擾西方社會的種種問題，遲早也要降臨到我們身上。」所以他又強調：「是要在我們的孩子思想還未定型，而且還可以薰陶時，把這些價值觀念灌輸給他們，以便這些處世待人的態度，能夠在他們長大後根深柢固，終身不忘。」

因而新加坡在學習日本之餘，追本溯源之道，還是推行儒家思想與道德規範，其態度是認眞的、積極的，而非盲目的全盤接受。

四、結論

那麼，究竟日本企業如何接受儒家的倫理、思想薰陶，進而運用到經濟經營活動的範疇呢？最後擬對此主題，略作探討。

儒家思想的特色之一是注重領導階層的身教，所謂都強調領導者言行的重要性。準此以觀，企業界領袖的素養最具有啓發性、示範性的作用，以蔚爲業界上行下效的風氣。以日本近代化過程而言，一生經歷江戶、明治、大正、昭和四個時代的企業領袖：澁澤榮一，即是倡導經濟與道德合一，揭櫫「論語與算盤」併行而不悖的有力人士。對日本近代產業發展的精神指導，產生深遠影響，至今，當代的企業界領袖依然追溯此一指導力量泉源。

日本的工商界人士在經商之餘，硏修經營道德，而奉四書、五經爲教科書者，最早可追溯至清世宗甲辰二年（西元一七二四）在大阪的財閥鴻池家等業界人士設立的「懷德堂」。該堂的首位主持人三宅石庵爲一精通陽明學之學者，講課則旁及陸象山、朱子各學說，但重點不在於闡揚，而是針對當時工商環境所需的教養，探求儒家經典活用於現實生活之道，以提高事業經營的境界。

再看當今頗負盛名的豐田汽車公司，現任的社長爲豐田章一郎。他祖父豐田佐吉是豐田紡織公司的創始人，他的父親豐田喜一郎則繼承豐田佐吉的遺志，開創了汽車王國，因而在日本企業界，這種父子兩代「一人一業」的壯擧，贏得了讚譽。原來在其祖父時代的座右銘「天地人」，取自孟子：「天時不如地利、地利不如人和」之意，足見主持企業首重人和，到了豐田喜一郎，則將「知仁」加了進去。孔子在「中庸」上說：「好學近乎知、力行近乎仁」，知仁兩字當取自於此。他承命受教，力行不輟，乃以「知仁」自勉。如今豐田章一郎再加一個「勇」字。若以個別企業而言，將先哲名言奉爲經營圭臬者可說比比皆是。

日本近代發展經濟成就擧世注目，證諸前述實例，充分顯示深受儒家學說之影響。當然，在其吸收外來事務的過程，雖不全然以中國文物爲主，然其精神思想的指導力量源自儒家學說，殆無疑義。鑒於日本的成就，對照中共的落後，我復興基地的致力於經濟建設，除了肩負時代任務外，亦有歷史性的使命，可謂任重道遠。

（原載逢甲校刊一八八期74.12.15.）

日本漢學研究的現況

前言

自從二十世紀以來，有關中國文化的研究，已經逐漸成爲世界的顯學。一方面是由於中華民族的歷史最悠久；另一方面是由於中華文化最博大精深。所以只有發揚中華文化，才能承擔起當今世局的動盪，解除世界的紛擾與危難，引導世人邁向大同理想的新境界。英國哲學家羅素（Bertrand Russell，1872－1970）曾經說過：「西方文化的長處在於科學方法，中國文化的長處在於合理的人生觀，吾人希望是二者能夠逐漸結合爲一。」因此，不但是與我爲鄰的東亞諸國在研究中國文化，即使與我遙隔的歐美各國也不例外。幾乎在全世界的每一個角落，都掀起了「漢學研究」的熱潮。今天試就受我傳統中國文化影響最深的日本爲例，作爲探討的對象之一。

一、認識日本

日本是位於中國大陸的東方海上，跟中國可說是一衣帶水，所以自東漢以來，中國文化即源源不斷傳入日本，成爲日本文化的骨幹。因此，日本人最初由仰慕而攝取，由攝取而模仿，最後由模仿進而研究中國文化，在這將近二千年當中，不知有多少人。尤其是從明治維新以後的一百多年間，由於大學普遍的設立，及研究機構、研究陣容、研究設備、研究資料的充足，加上運用西方科技於治學方法上，所以人才輩出，研究成果的輝煌，遠超過去任何時代。

在這以前，世人每每說，法國是「漢學的王國」，後來又有人認爲美國或日本才是世界漢學的研究中心，雖然說這是片面和不正確的說法，但我們相信，每一個有良知、有血性的中國人聽了都會覺得汗顏，難道眞的要「禮失而求諸野」嗎？自從大陸淪陷，政府遷臺，各項學術資料、文物與人才，大部分撤運到我復興基地——臺灣，因此多以繼承我中華正統，發揚我中華文化，紹承此絕學爲職志。

孫子曾說：「知彼知己，百戰不殆。」在還沒探討日本漢學研究之前，讓我們對這個國家，作一縮影式的介紹：日本的土地面積（三七一、八五七平方公里）只有美國的二十五分之一，人口（一一八、六〇〇、〇〇〇人）只有美國的二分之一，但近年平均國民所得（九六六八美元），卻超越美國，在經濟實力的競爭上，假使以過去五年總體經濟指標（包括總生產、就業人數、物價、幣值、輸出、工業生產指數等）而言。更是遙遙領先（西）德、美、法、加、英、義等國，以一億二千萬人口，侷限於三十八萬平方公里的土地上，其中只有百分之十九的可耕地，沒有任何重要自然資源。但在戰後（一九四五）三十幾年，有如此的成就，不得不令人刮目相看。以上只是將日本奇蹟式的經濟，作一探索式的剪影。當然造成日本戰後經濟復甦的因素很多，如外來得力於美國的技術援助和國防保護、韓戰和越戰的刺激工業生產。有些西方的經濟學家甚至預測，二十一世紀將是以日本為中心，以儒家思想為主流的太平洋世紀，可見沿著太平洋地區的亞洲諸國，近年來經濟上的卓越成就已被肯定。

然而更值得探討的，却是源自日本國內的因素——國民精神（團隊士氣、紀律、個性、適應力、競爭心、讀書風氣、組織能力等）而此內在的因素，與我們有淵源流長的關係，主要是長期受我儒學的影響、文化的洗禮有關。

二、漢學概觀

如前所述，長久以來日本文化是在中國文化的薰陶和培養下，長大和茁壯。而對其倍受矚目的近代化過程，更扮演著重要的角色。雖然在其吸收外來事務的同時，不全然以中國文物為主，然其精神思想的指導力量，源自儒家思想，殆無疑義。

現在擬將日本明治維新到今為止的漢學研究略作回顧：

㈠漢學研究的衰落時期

這是指明治元年（一八六八）至明治二十年（一八八七）大約二十年間而言。在這個時期，日本人因從事於所謂「文明開化」運動，在盲目地崇拜歐美文明的大旗幟下，把一切固有文化都置之不顧，尤其是把漢學認爲是阻礙日本現代化的絆脚石，極力加以排斥。現在故宮博物院所藏的「古逸叢書」「日本訪書誌」就是楊守敬在這個時期收購回來的。

㈡漢學研究的復活時期

這是指明治二十一年（一八八八）至明治四十年（一九〇七）大約二十年間而言。在這個時期，日本人對於盲目的歐化主義，開始強烈地反省，逐漸發現固有文化的優點，重新予以評價，並且加以發揚光大。現在的東京大學、京都大學、及二松學舍大學等，均在漢學研究方面，頗負盛名。而我清代四大藏書家之一（八千卷樓、海源閣、皕宋樓、鐵琴銅劍樓）的陸心源「皕宋樓」被「靜嘉堂文庫」購進，也是在這個時期。

㈢漢學研究的科學化時期

這是指明治四十一年（一九〇八）至大正七年（一九一八）大約十二年間而言。當時無論在大學任敎的敎授，或在學的學生，都是受過非常嚴格的外文訓練，並且對世界情勢及歐美文學，非常熟悉，所以這些師生，一旦投入漢學研究的行列，就不再墨守成規，以他們世界性的眼光和豐富的科學知識，開始從事漢學的研究。英人斯坦因（A. Stein, 1862—1943）、法人伯希和（P. Pelliot, 1878—1945）從我國敦煌帶回去的寫本，曾在日本激起研究敦煌學的熱潮。此外，東京的「東洋文庫」購進英人莫里遜（G. E. Morrison 1862 — 1920）的藏書，也是在這個時期。

㈣漢學研究的「支那學」時期

這是指大正八年（一九一九）至昭和二十年（一九四五）大約二十七年間而言。在這個時期，漢學研究採法國式的「支那學」（Sinology）作風，首由京都大學提倡、推展，終至風靡於全國，並且成立「支那學會」（China Academy）發行「支那學」雜誌，一直刊行到昭和十四年（一九三九）成爲漢學研究最具權威的雜誌。在這同時，東京、東北（日本的東北地方）、九州、京城（漢城）以及臺北等地，先後設立帝國大學，都設有漢學科，專門研究中國的學問。

㈤漢學研究的分工合作時期

這是指昭和二十一年（一九四六）至昭和六十年（一九八五）爲止的三十多年間而言。在這個時期，日本的漢學研究，比以前有顯著的不同和進步。日本自從二次世界大戰後，無論政治、經濟、社會、文化等，都有很大的改變，由於教育的普及，漢學的研究也隨之改觀。在此之前，個人主義的研究方式，已被集體分工的方式所取代，所以後來漢學研究者的視野和領域也隨之擴大。

三、漢學現況

由上所述得知，孤單式及閉門造車的研究方法，已漸被時代潮流所淘汰，不得不往集體創作和國際聯繫的方向發展，底下擬將現況，略作分述：

㈠研究漢學人數的驟增

昭和十五年（一九四〇）全日本之大學，僅四十六所，學生只八萬而已，而今（民國七十四年，昭和六十年，西元一九八五年）四年制大學增加至四百三十一所，也比戰前多九倍強。學生總數一百八十九萬九千三百六十三人，將近二十三倍。此外，二年制短期大學增至五百一十五所，學生三十七萬四千二百四十四人，不包含在內。像這樣有關人文科學的大學，大概多設有中國的學科（文學、哲學、歷史、宗教、美術等）因此研究人員也就與日俱增。在戰前這些較冷門的學科，戰後漸漸變成熱門。

㈡漢學研究者的大團結

在戰前，日本的漢學家，彼此沒有甚麼聯繫，各行所是，只將自己大學所印行的學報，跟其他學校交換，或把自己論文的抽印本贈送別人而已。戰後他們覺得有彼此聯絡的必要，不久卽成立全國性的學術團體，網羅全國的漢學研究者爲會員，進行漢學界的大團結。屬於全國性的團體如：「東方學會」、「日本中國學會」、「斯文會」餘如地區性及學校性的團體，目前共七十六個，這些都是從事於漢學研究的學術單位。

㈢加強國際漢學的聯繫

戰前世界各國研究學問的方法，大都採孤單式，少與國外作積極的聯繫。戰後則朝公開互惠的原則，並因情勢所趨，已漸由個人走向集體，由單向走向輻射，由純一走向系列。歐、美、日各國如此，我們的中央研究院、故宮博物院、中央圖書館、及各大學圖書館等，也漸採國際交流與館際合作的方式，服務學界，這是很可喜的現象。

結語

綜觀上述，他山之石，或足攻錯，我們應本不分彼我，各盡所長，互補所短。近年來漢學研究資料及服務中心的設立，已逐漸扮演起國際漢學研究的橋樑工作，深信以我們悠久的文化背景、漢學資料、研究人才、加上科際的整合，那麼國際漢學的重鎮，「文化大國」的雅譽，當指日可期。

（原載逢甲校刊第一九〇期75.3.15.）

日本漢學圖書館之旅

英國哲學家羅素（Bertrand Russel,1872-1970）曾經說過：「西方文化的長處在於科學方法，中國文化的長處在於合理的人生觀，吾人希望二者能夠逐漸合而爲一。」

自從本世紀以來，有關中國文化的研究，逐漸引起世人的興趣，不僅日、韓等與我國淵源深遠的鄰邦，甚至歐美各國也掀起了研究漢學的熱潮。這些國家中，日本儼然已成爲世界漢學的重鎭，享有極高的學術地位。從底下所介紹的幾所日本漢學圖書館，或可看出日本成爲世界漢學重鎭的一些硬體基盤。

東洋文庫

位於東京都文京區本駒込二—二八—二一。乘坐國鐵山手線，由駒込站西口出站，經本鄉向南步行約五、六分鐘，與名勝區六義園僅隔不忍通。面積共一千九百三十二坪，大樓呈U字形排列。

一九一七年，三菱財團的岩崎久彌曾任我國總統府顧問的英國人莫里遜（Dr.George Ernest Morrison, 1862－1920）歸國之時，向其購入所謂「莫里遜文庫」。莫氏收藏以中國圖書爲中心，兼及歐美文獻。自清光緒二十三年（一八九七年），至民國六年，任「倫敦時報」駐北京的通信員期間，苦心蒐集凡二十年，幾乎將有關中國的書籍網羅殆盡。其他如單行本的雜誌、地圖集等也收集得非常完備。「莫里遜文庫」剛運到日本的時候，存放在岩崎久彌座落於深川地方的別邸，後來移到東京丸之內的三菱事務所，一九二四年，再遷往現址。由於規模漸漸擴大，便由岩崎久彌的個人圖書館，改爲財團法人「東洋文庫」（Oriental Library），同時設立研究部，開放文庫，展示稀世珍藏，並在東京大學教授白鳥庫吉的領導下，成爲漢學研究的中心。現在「東洋文庫」的藏書總額數約七十五萬册，相當於莫氏當年的四十五倍。像這樣龐大的漢學專門圖書館，不僅在日本國內少見，即使是歐美的圖書館也很少有能夠跟它抗衡的，所以多年來慕名東來的世界著名漢學研究者絡繹不絕。

「東洋文庫」七十五萬册的藏書，並沒有整體的目錄刋行。除了早期出版的「莫里遜文庫」目錄外，其他只有部分特定的目錄。

靜嘉堂文庫

位於東京都世田谷區岡本二——二三——一。乘坐地下鐵千代田線到成城學園站，或乘坐新玉川線在用賀站下車，再循碎石小徑步行二十分鐘可達。跟岩崎彌太郎的別邸相鄰，是一座西洋式的圖書館。

現爲財團法人的「靜嘉堂文庫」，以前是岩崎彌太郎的個人圖書館，後由岩崎彌之助(彌太郎之弟)及小彌太父子二代所設立。現有藏書約二十萬册，另藏有五千件漢和古代美術品。清光緒三十二年（一九〇七年）因購入我國四大藏書家（八千卷樓、海源樓、皕宋樓、鐵琴銅劍樓）之一陸心源的舊藏約五萬册，使「靜嘉堂」之名，一躍而爲世人所知。陸心源有感於太平天國時代，貴重典籍焚於戰火，乃聚萬金專務蒐書。所收均爲宋、元罕見刊本，收集宋版約二百種，因此自稱「皕宋樓」。光緒二十年（一八九四年），陸氏死後，其子樹藩與日人重野成齋會於上海，議訂以十萬元成交，至此陸氏皕宋樓的藏書，盡入岩崎氏「靜嘉堂文庫」，這批古籍從此絕跡於中土。靜嘉堂除收藏陸氏漢籍圖書外，它的和書收藏也被稱爲東京最大國書圖書館。其中漢和圖書及美術工藝品中，很多被列爲國寶，並指定爲重要文化財。第二次世界大戰後，與「東洋文庫」皆成爲國會圖書館分館。一九七〇年，得三菱關係企業的協助，重歸財團經營，脫離國會圖書館而獨立。惜不再購入新圖書，僅提供參考、研究之用，成爲「保存圖書館」。

內閣文庫

位於東京都千代田區北之丸公園三—二。乘坐地下鐵東西線到竹橋站下車，經竹橋可看到國立近代美術館，其西鄰爲國立公文書館，內閣文庫就在裡面。

一八七三年，日本設太政官，才開始建立「內閣文庫」。內閣文庫主要收藏爲江戸幕府之紅葉山文庫、昌平坂學問所、和學講談所、醫學館等舊藏書，其中尤以漢籍的收藏，堪稱「靜嘉堂文庫」之外，日本國內屈指可數的收藏處。

紅葉山文庫，本爲德川家康於西元一六〇二年在江戸城內設立的「江戸御書物藏」，後來兼收海內外古書珍藏，故所收善本頗多，若與東洋文庫等專就大正、昭和時的漢籍蒐集相較，以質的內容看，紅葉山文庫的藏書中，仍有值得特別一提的地方，其中如中國的地方志及明末的小說、戲曲等，就是它的特徵。

內閣文庫的藏書中，被譽爲「天下無雙的珍籍」約有二萬册。內閣文庫原屬國立公文書館的一部分，一九七一年成爲獨立文庫，目前專供研究者參考閱覽之用，並編有相當完整的書目備查。

尊經閣文庫

位於東京都目黑區駒場四－三－五五。從澀谷乘坐井之頭線，在駒場東京大學（教養學部）前下車，徒步約十分鐘可達。這個地方是前田侯爵官邸，第二次世界大戰後，曾一度成爲美軍佔領軍總司令麥克阿瑟的官邸，這片廣闊的莊邸，現在已經變成日本近代文學館及公園，其一隅卽尊經閣所在地。

尊經閣文庫，在近世有名的文庫中，不論質、量都有很高的評價。藏書以好學的藩主前田綱紀所蒐集者爲基礎，尤其以明版的善本漢籍最多，並收藏有中世紀以來的圖書、古文書等貴重文獻。若以漢籍的藏量而言，雖不如上述之靜嘉堂文庫、內閣文庫，然其質則不分軒輊。今日所藏明版圖書之足以自豪，乃是因爲以前田家的經濟能力爲背景，方能有此豐富的收藏。

第二次世界大戰期間，爲避戰火而遷往金澤，據聞部分圖書佚失，另受經濟變動的影響，經營一度陷入困境，在這期間，幸賴今井吉之助的獨立運籌，始現轉機。目前圖書僅供參考、保存，雖有目錄之刋行，但都是早期（一九三四、三五、三九年）所出版。

東京大學東洋文化研究所

位於東京都文京區本鄉七－三－一。乘坐地下鐵丸之內線至本鄉三丁目站下車，沿本鄉通步行約六分鐘，到東大赤門往右側走，卽可發現一棟七層樓的現代建築。雖然東洋文化硏究所附屬於東大，實際上這個研究所的基礎，原爲東方文化學院的一部分。

東方文化學院，最初稱爲東方文化學院東京研究所，位於文京區大塚二丁目，爲外務省的外圍研究所，是以義和團賠償金所設立的研究機構。當時，少數中日同道爲促進相互理解，善加利用滿清支付給日本的賠償金，而成立此對華文化事業的組織，由中日兩國選出委員，並於北平成立北平人文科學研究所、上海成立自然科學研究所。人文科學研究所由中日兩國的研究員，共同進行有關東方文化的研究。

日方委員後來建議其政府，在日本國內另設研究所，遂由日本政府補助款項，創立東方文化學院，分別設立東京研究所及京都研究所。一九四一年，爲擴大東洋文化綜合研究的目的，創設東洋文化研究所，隸屬東京（帝國）大學，其前身卽東方文化學院。改組後之東洋文化研究所，迄今已逾四十年，由最初的三個部門發展到目前的十八個部門，針對亞洲全域的各種課題，作專門個別的研究。它所出版的「東洋文化研究所紀要」已出至第八十八册。另外，並附設有「東洋學文獻中心」，除蒐集、提供資料外，所出版之「東洋學文獻中心叢刊」已達四十二輯。

東洋文化研究所，其圖書室的漢籍藏書約三十五萬册，每年約有七千五百人利用該圖書館，近年並編有該所漢籍藏書本文篇及索引篇兩大册。其他如東大綜合圖書館四樓的亞細亞資料中心及文學院的漢籍室也收藏不少漢籍圖書，頗具參考價值。

京都大學人文科學研究所

位於京都左京區北白川東小倉町四十七。若是由東京出發，乘坐東海新幹線約三小時可抵京都，分館則須乘坐往銀閣寺之公車，至北白川附近下，步行約七分鐘，即可看到這座古色古香的建築，據聞爲濱田青陵博士仿南義大利修道院而設計，主要漢籍圖書皆典藏於此。

京都大學人文科學研究所，至今已有四、五十年的歷史。創辦初期稱爲東方文化學院京都研究所，也是以庚子賠款爲基礎，在外務省的援助下，以研究中國文化爲目的，配合東京的研究機構而設立的。以京都大學文學院爲中心的「京都中國學」研究，在當時便受到學術界的重視。而該所自始就發行的「東方學」持續至今，其他的定期刊物還有「東方學報」、「人文學報」以及西文發行的「Zinbun」（人文）三種。除此之外，至一九八二年爲止刊行有「東洋文獻類目」共三十六册、漢籍目錄上下兩册，在國際漢學界都有很高的評價。

除上述的漢學專門圖書館外，餘如天理大學的善本圖書、名古屋的逢左文庫、京都的陽明文庫、仙台東北大學的漢籍圖書等，也頗負盛名。

行文至此，每有「禮失求諸野」之歎。他山之石，或足攻錯，值此台北中央圖書遷館在即，漢學研究資料及服務中心設立伊始，期盼應不分彼我、各盡所長、互補所短，肩負起國際漢學研究的橋樑工作。

（原載日本文摘第六期75 7.）

漢學在海外的影響

前言

在以前一般人的觀念，總以爲漢學研究的成就、陣容、機構，是在法國、在日本、在美國，而不在中國；甚至於取笑說「台灣是文化沙漠」。這些近乎侮辱的言論，聽到之後，內心感到有一股說不出的悶氣，但這股悶氣不是憑匹夫之勇可以解決的，而是要我們埋頭苦幹，有計劃去推行、發揚，然後才能領導群英，成爲漢學研究的中心。

近二、三十年以來，情況已逐漸地改變，由於社會的安定，經濟的繁榮，自由研究風氣的盛行，因此學術界顯得特別蓬勃，漸受國際漢學界的矚目，所以今天以這個題目來探討一在知己知彼，一在自我惕勵。

本世紀以來，有關中國文化的研究，已經逐漸成爲世界的顯學。一方面是由於中華民族的歷史最悠久；另一方面是由於中華文化最博大精深。所以只有發揚中華文化，才能承擔起當今世局的動盪，解除世界的紛擾與危難，引導世人邁向大同理想的新境界。英國哲學家羅素（Bertrand Russel，1872－1970）曾經說過：「西方文化的長處在於科學方法，中國文化的長處在於合理的人生觀，吾人希望是二者能夠逐漸結合爲一。」因此，不但是與我爲鄰的東亞諸國在研究中國文化，卽使與我遙隔的歐美各國都在探討。幾乎全世界的每一個角落，都掀起「漢學研究」的熱潮。

一、漢學的意義和範疇

外國學者研究中國學問，在西方稱爲Sinology，中國人過去有很多的譯名：如「漢學」、「華學」、「儒學」、「支那學」、「中國學」等，至於我們研究自己國家的學術，也有「國粹」、「國故」、「國學」等不同的名稱。所以就我們中國學術的整體作爲研究的對象，都可稱爲「漢學」或「國學」。只是外國人研究它，就叫它做「漢學」；我們中國人研究它，就叫它做「國學」，分別只是在此。外國人所以叫它做「漢學」，是由於他們感覺到中國學術的目標、基礎、精神和內涵，與他們自己的有顯著的不同，是一種別成體系的學術，所以才在「logy」上另加一個「Sino」，以示區別。

中國人把學術分爲四大範疇，那就是「考據之學」、「義理之學」、「經世之學」、「詞章之學」。

㈠考據之學—文字學、聲韻學、訓詁學等。

㈡義理之學—經學、子學、理學、佛學、玄學等。

㈢經世之學—天文學、地理學、史學、兵學等。

㈣詞章之學—駢文學、散文學、修辭學等。

我們知道中國學術所共同追求的境界，是「眞」、「善」、「美」三者，所以說，對「漢學」和「國學」的名義與範圍是不値得爭論的，主要是在發揚中國學術的全體大用。

二、漢學研究在海外的概觀

㈠漢學研究在美國

「漢學研究在美國」一詞，包括所有與美國有關的各國人民，而不論他們是否獲有美國公民身份；同時也包括那些曾在美國的書報雜誌發表過論著的各國學者。我們知道，美國是屬於熔爐文化。此種文化的主要特色之一，是它能羅致並同化世界各地的學者。美國的漢學家將得永遠借助於外來的學者，吸收歐洲的漢學研究傳統及遠東的祖傳知識。到了二十世紀，此種趨勢尤爲顯著。因爲美國已大量地吸引中國學者，在其境內從事各種教學及研究的計劃。

美國的漢學發展，大致可分爲三個時期。

第一期（一八三〇—一九二〇）—許多語言資料的產生，奠定了漢學研究的基礎。

第二期（一九二〇—一九五六）—嚴謹的漢學研究，各方面都有相當的擴展。

第三期（一九五八—一九八六）—美國漢學研究的黃金時代，在原有的基礎上再添上光輝的成就。

㈡漢學研究在歐洲

早在東漢和帝永元九年（西元九十七年）班超派他的部將甘英前往大秦（古之羅馬），雖未抵達，但中國人總是有心西向探索另一「天地」。而在東漢桓帝延熹初年（西元一五八年），大秦王安頓遣使來中國，這是歷史上中西交通的開端，自此以後，時斷時續，直到西元一二五三年，法王路易斯先後派傳教士盧布魯克等謁見拔都，而後乘蒙古人的西征，造成歐洲所謂的「黃禍」，震撼了東西方。早期歐洲人瞭解中國，幾乎都是從傳教士的口中一知半解地去想像，因此無論在瞭解上，文化交流上貢獻都不大，現在僅就歐洲漢學的重鎭之一—法國，作爲說明。

法國的漢學，根據法國大漢學家愛都瓦．沙畹（Edouard Chavannes 1865—1918）的法國漢學小史，把前期法國漢學分爲三期：

第一期（一七二八—一七八三）轉述時期，在此期中，中國研究，多半有賴於耶穌會的傳教士，認識一些浮光掠影的中國社會風俗人情，但多不夠深入。如卜海瑪（Le Pere

Premara、高比 Le Pere Gaubil、邁亞 Le Pere Mailla)三位神父。

第二期(一八一五—一八九〇)—啓蒙時期，在這一時期，對中國的研究，不僅賴於傳敎士，而且法國政府也開始有計劃地注意東方問題。如海繆沙特 Abel Hemasat(1788—1832)、儒蓮 Stanislas Jalien(1799—1873)二位。

第三期(一八九五—一九八六)—研究時期，在這一階段，可以說是法國漢學研究的發皇及黃金時代。如沙畹及其四大弟子伯希和 Paul Pelliot(1878—1945)馬伯樂 Henri Maspero(1883—1945)葛蘭言 Marcel Granet(1884—1940)戴密微 Paul Demieville(1894—1979)，可說是近世法國的漢學大師。

(三)漢學研究在日本

長久以來，日本文化是在中國文化的薰陶和培養下長大和茁壯。而對其倍受矚目的近代化過程(明治維新)，更扮演著重要的角色。雖然在其吸收外來事務的同時，不全然以中國文物爲主，然其精神的指導力量，源自儒家思想，殆無疑義。

現在擬將日本明治維新到今爲止的漢學研究略作回顧：

第一期(一八六八—一八八七)衰落時期，在這個時期，日本人因從事於所謂「文明開化」運動，在盲目地崇拜歐美文明的大旗幟下，將一切固有文化都置之不顧，尤其把漢學認爲是阻礙日本現代化的絆脚石，極力加以排斥。如「古逸叢書」、「日本訪書誌」的被棄。

第二期（一八八八－一九〇七）復活時期，在這個時期，日本人對於盲目的歐化主義，開始強烈地反省，逐漸發現固有文化的優點，重新予以評價，並加以發揚光大。而我國清代四大藏書家（八千卷樓、海源閣、皕宋樓、鐵琴銅劍樓）之一的陸心源「皕宋樓」被日本「靜嘉堂文庫」購入，也在這個時期。

第三期（一九〇八－一九一八）－科學化時期，當時無論在大學任教的教授或在學的學生，都是受過非常嚴格的外文訓練，對世界情勢及歐美文學，非常熟悉，所以這些師生，一旦投入漢學研究的行列，就不再墨守成規，以他們世界性的眼光和豐富的科學知識，從事漢學的研究。如英人斯坦因（A. Stein 1862－1943）和法人伯希和（P. Pelliot，1878－1945）從我國敦煌帶回去的寫本，曾在日本激起研究敦煌學的熱潮。此外，東京的「東洋文庫」購進英人莫里遜（G.E.Morrison 1862－1920）的藏書，也是在這個時期。

第四期（一九一九－一九四五）－「支那學」時期，在這個時期，漢學研究採法國式的「支那學」作風，首由京都大學提倡、推展，終至風靡於全國，並成立學會，創刊雜誌，先後設立東京等六個帝國大學，都設有漢學科，專門研究中國的學問。

第五期（一九四六－一九八六）－分工合作時期，在這個時期，日本的漢學研究，比起以前有顯著的不同和進步。加上教育的普及，漢學的研究也隨之改觀。在此之前，個人主義的研究方式，已被集體及分工所取代，所以後來漢學研究的視野和領域也隨之擴大。

三、漢學研究的方向和方法

(一)漢學研究的方向

1. 學術思想的探討。
2. 歷史資料的彙集。
3. 文學理論的建立。
4. 實物資料的研究。
5. 工具書籍的編製。
6. 專著論文的簡介。

(二)漢學研究的方法

1. 目錄的蒐集與整理。
2. 資料的辨析與判斷。
3. 文獻的調查與統計。
4. 成果的闡述與發揮。

四、漢學研究的回顧與前瞻

有關漢學研究的書籍，先後如張其昀先生編印的「世界各國漢學研究論文集」、馬導源先生的「日本漢學研究論文集」、宋晞先生的「美國的漢學研究」、費海璣先生的「法國漢學研究」、周法高先生的「漢學論集」等書，尤其周先生在「論歐美漢學研究的趨勢」一文中，提出了各國漢學研究幾點共通的問題：

㈠研究工作分工日趨精細。

㈡學習漢學的路線，通常有從中國學習或從日本學習兩條。

㈢研究重點向上展延。

㈣中國學者在歐美漢學研究的比重逐漸增加。

㈤年青教授的出頭。

㈥漢學各部門的研究，在方法和理論上隨各該普通學科的發展而有變化。

除此之外，周先生還強調：要注意學科與學科間的研究、要注意集體研究的重要性，研究一個問題，除了完備的資料外，還要加以綜合分析研究得出結論，評估此結論的眞實性和重要性如何？

由上所述可知，加強漢學研究的國際聯繫，是刻不容緩的。在第二次世界大戰以前，各國研究學問的方法，大都採孤單式，少與國外作積極的聯繫。戰後則朝公開互惠的原則，並因情勢所趨，已漸由個人走向集體，由單向走向輻射，由純一走向系列。歐、美、日各國如此，我們的中央研究院，故宮博物院、中央圖書館、及全國各大學圖書館等，也漸採國際交流與館際合作的方式，服務學界，這是很可喜的現象。

結論

總結而言，無論從文化背景、漢學資料、研究人才、研究成果各方面來看，中華民族的復興基地—台灣，都足夠資格確立其國際漢學中心的地位。但問題不在於建立，而是在如何發揚。行文至此，每有「禮失求諸野」之歎。他山之石，或足攻錯，值此台北中央圖書館新館甫開，漢學研究資料及服務中心設立伊始，期盼不分彼我，各盡所長，互補所短，肩負起國際漢學研究的橋樑工作，那麼國際漢學的重鎮，「文化大國」的雅譽，當指日可待。

（原載逢甲青年第二十一期75.11.15.）

一代儒宗朱舜水先生

前言

中華歷史文化緜延五千年，而益顯其博大精深，此乃我民族特有之秉性，及其所孕育之文化有以致之，故爲國脈之所繫。明季風節盛冠前史，當時士大夫敦尙忠義，抗淸死事之烈，前所未有。且有明華人流寓日本者衆，然於中國文化之東漸，以「勤王滅淸」之愛國精神爲日本文化之啓發，奠定水戶學之基礎，孕育「尊王攘夷」之思潮，成爲一百八十五年後明治維新之靈魂與原動力，下開三百年後民國之肇造，其行爲最奇特者，首推朱舜水。

舜水先生，早年絕志功名；辭謝朝廷之徵辟凡十二次。方明季世，政綱敗壞，民生凋蔽，致流賊蠭起，淸陷明都，崇禎殉國。當是時，各地豪俊之士，不甘屈於異族之統治，靡不秉民族大義，風起雲湧，先後擁明室後裔，戮力於救亡圖存之擧。舜水亦矢志籌畫，冀圖匡復，常年奔走於舟山、廈門、安南、日本之間，欲續包胥之業，以報朝廷之恩，後因閩浙相繼失陷，愛國志士先後殉難，有感於寸木難支既頹之廈，不得已乃蹈海全節，以保明室衣冠。

朱舜水，卽爲此一澎湃之民族大洪流中代表之一。但其最後之遭遇，較諸其他歸隱之遺民，卻遠幸十百倍，所謂失之東隅，收之桑榆。其秉義守禮，堅貞不渝之精神，與學務實際，博學多聞之學殖，在其抗清復明失敗後，悽愴浮海渡日，竟使鎖國數十年之日本，爲之破例，允其居留，當時宰輔，水戶侯德川光國，欽其學養，聘爲國師，不意二十三載晚年歲月中，竟能以其極光明俊偉之人格，極純摯和藹之情誼，極和平淵貫之學識，創立水戶學派，加惠彼邦之人士。其遵孔孟軌轍，敎讀經史，使漢邦禮儀，植根於異域；其倡尊王攘夷、大一統之思想，啓明治維新之大業。追思前賢，朱舜水以一介遺民，東渡扶桑，竟能爲中日民族文化交流史上，開絢爛之新頁，其人其事，乃至其學，實深値吾人惕勵、借鏡，爰作斯文以記之。

一、朱舜水先生傳略

舜水先生，明史無傳，乃錄日人安積覺撰「明故徵君文恭先生碑誌」以知其概。

「徵君姓朱氏，諱之瑜，字魯璵，號舜水，明浙江紹興府餘姚縣人。曾祖詔，誥贈榮祿大夫；祖孔孟，誥贈光祿大夫；考正，總督漕運軍門，誥贈光祿大夫上柱國；妣金氏，前封安人，詔贈一品夫人；有三子焉，徵君其季也。生於萬曆二十八年（西元一六〇〇年）。穎悟夙成。九歲喪父，哀毀踰禮。及長，受業吏部左侍郎朱永佑。精研六經，特通毛詩。少抱經世之志，有識期以公輔，擢自南京松江府儒學學生，舉恩貢生，考官吳鐘巒貢劄，稱爲開國來第一。天啓以降，政理廢弛，國是日非，故絕志於仕進，而有高蹈之風。崇禎末，蒙辟不就；弘光元年，又徵，即授重職。其薦出荊國公方國安，而大學士馬士英當國，徵君不欲累於姦黨，固辭不受。臺省交章劾其偃蹇不奉朝命。徵君星夜逃於舟山。時清兵渡江天下靡然，薙髮變服；徵君惡之，乃浮於海，直來我邦（指日本），轉抵交趾，後還舟山。監國魯王，駐蹕舟山，文武諸臣交薦之，然先生豫料其敗，上疏固辭。凡蒙徵辟，始自崇禎，前後十二次，皆力辭焉。監國九年，魯王特敕徵之，徵君適在交趾，奉敕歔欷，欲往赴之。會安南國王，檄取流寓識字之人，差官應以徵君。國王召見，逼而使拜，徵君長揖不拜。君臣大怒，將殺之。徵君毫無沮喪，辨析彌厲，久而感其義烈，反相敬重。既而欲還舟山，謝恩陳情，聞其已陷，進退失據；於是熟察時勢，知已不可復振，決意稅駕，因住長崎，實我萬治之二年（西元一六五九年）也。流落海外，幾十五載，數至我邦，及漂泊交趾、暹羅之間；艱苦萬狀，往而復返，蓋志在有爲，而事竟無成也！其在長崎，貧不能支，門人安東守約，折俸之半而養之。寬文五年（西元一六六五年），我水戶侯梅里公，聞其學殖德望，厚禮而聘，徵君慨然赴焉。待以賓師，禮遇甚隆，每引見辨論，依經守義，啓沃備至。教授學者，亹亹不倦，雖老而疾，手不釋卷。天和二年（西元一六八二年）四月十七日，卒於江戶駒籠（註一二）之第，享年八十有三，葬於常陸久慈郡大田鄉瑞龍山下（註一二）。梅里公謚曰：「文恭先生」，彰其德也。親題其墓曰：「明徵君」，成其志也。其在鄉里，有子男二人：大成、大咸，妻葉氏所出；女高，繼室陳氏所出，皆先歿。

徵君嚴毅剛直，動必以禮，學務適用，博而能文。爲文典雅莊重，筆翰如流。平居不妄言笑，惟以邦仇未復爲憾；切齒流涕，至老不衰，服明室衣冠，始終如一。魯王敕書，奉持隨身，未嘗示人；歿後始出（註二）。今猶在。凡古今禮儀大典，皆能講究，致其精詳；至於宮室器用之制，農圃播殖之業，靡不通曉，其遺文，則有集存焉。」

至於先生之年譜，有梁任公、姚名達兩人之本，皆記至先生卒後二百二十九年，清帝遜位爲止。任公將之與顧炎武、黃宗羲、王夫之、顏元並列，稱爲清初五大師。姚名達在其年譜後記曰：「我做朱舜水年譜，在他死後還記了若干條，那是萬不可少的。他是明朝的遺臣，一心想驅逐滿清，後半世寄住日本。他曾說過，滿人不出關，他的靈柩不願回中國。果然，那靈柩的生命比滿清還長，至今尚在日本。假使我們要去搬回來，也算償了他的志願。我因爲這一點，所以在年譜後記了太平天國的起滅，及辛亥革命清室遜位，直到滿清覆亡。朱舜水的志願總算償了。」誠如姚氏所云：先生年譜後記的若干條，是萬不可少的。否則既違先生之志，亦失吾人紀念之意義。茲將年譜之卒後若干條節錄於后，以見其義：

壬戌，（永曆三十六年，清康熙廿一年，西元一六八二年）先生年八十三歲。

是年正月，先生在江戶（卽東京）。先生自遭國變，幽憂痛憤，重以冒犯風濤，四方奔走，心力俱瘁，病咯血四十餘年，幸所養甚深，善自嗇攝，是以老而不衰，至是病乃大漸。三月某日，設宴招待親友及門人等，力疾起坐，諄諄敎誨，蓋永訣也。四月十七日，無有他疾，語言聲色，不異平常，未時，奄然而逝。年八十三。先旣制棺，又逆備葬具，門人殮畢；源光國率其世子綱條及諸朝士臨其葬，以四月廿六日葬於常陸久慈郡大田鄉瑞龍山楚。依中國式作墳，題曰：「明徵君子朱子墓」。是年正月初九，顧炎武卒，年七十。

明年，先生周忌，安東守約爲位而哭，祭之以文。又明年，源光國於先生所居之駒籠別莊構祠堂，十二月十二日遷主，祭用少牢，自爲文祭之。

先生卒後之二年，甲子，（永曆三十八年，清康熙廿三年，西元一六八四年）清兵入台灣，鄭克塽出降，明正朔絕。

是年，五十川剛伯編錄「朱徵君集」十卷，上之加賀侯。

先生卒後之三年，乙丑，（清康熙廿四年，西元一六八五年）先生孫毓仁重來日本，拜墓而返。

先生卒後之四年，丙寅，（清康熙廿五年，西元一六八六年）先生同里後學張斐來日本。（斐字非文，號霞池，餘姚人。國變後，潛奉明懷宗第三子定王慈炯，矢志光復，有所謀求于日本，未遂其志。）斐有祭舜水先生文二篇。其一云：

「登彼西山兮蹈此東海，夷齊千古兮而有公在。公之不死兮將有所待，公而既死兮痛詎有艾。嗟予小子兮有志未逮，獨行寡和兮群刺爲怪。天乎知我兮心則已憊，既窮域內兮復之海外。初至國門兮闇者以戒，憂從中來兮誰與爲解。異方之人兮鬼神是賴，公其佑我兮無卽于殆。」其二云：

「嗚呼！中原陸沈，天傾地拆，狂瀾一瀉，九州盡決。旣胥溺而莫救，何大海之不可涉？奮一往而輕身，去故鄉以永別！蹇孤踪而至止，懷綱常於無缺。況忠信之所孚，又此邦之多傑。咸儼師而敬友，復尊德而樂業，管寧渡遼而俗化，文翁入蜀而教洽。蓋君子之所處，必有益於人國。唯我公之高躅，亦獨遵夫前轍。苟吾道之可行，又何憾乎異域？嗚呼！吾獨悲夫夏祠之猶存，篡羿之未絕。詎斟鄩之遂無其人，遽壽命之忽焉而奪。甘夷餓而非難，辱箕奴而不屑。將忍死而有爲，非逃此而苟活。竟夙志之無成，僅一身之歸潔。目豈瞑而淚漬，心不灰而血結，國隕祚而長悲，家望祭而徒切。悵歸魂於萬里，渺驚波之難越。嗚呼已焉哉！唯浩氣之常存，塞中天而不滅。起後生之頑懦，勵壯夫之名節。慨予生之獨晚，慕前修之餘烈。聞父老之遺言，心每傷而鳴咽。跪陳辭以奠哀，靈飄渺其來接。」（按：讀此兩文，可以想見張先生之孤孽志抱，與朱先生同不朽矣！）

先生卒後之十五年，丁丑，（日本元祿十年，西元一六九七年）源光國著大日本史記成。（按：大日本史之編纂，仿朱子綱目體例，重褒貶，嚴是非之辨，開館之始，先生亦與其事。）

先生卒後之十八年，庚辰，（日本元祿十三年，西元一七〇〇年）源光國卒。

先生卒後之十九年，辛巳，（日本元祿十四年，西元一七〇一年）安東守約卒。

先生卒後之三十三年，乙未，（日本正德五年，西元一七一五年）先是源光國手輯「朱舜水先生文集」二十八卷，至是年由其子綱條刻成之。

先生卒後之一百八十五年，戊辰，（日本明治元年，西元一八六八年）日本大將軍德川慶喜奉還大政。史稱「王政復古」。

先生卒後之二百二十九年，辛亥，（清宣統三年，西元一九一一年）清室遜位，翌年民國建立。

姚先生年譜如此做法，雖能慰先生忠魂於九泉之下，然先生之宿願，則有待吾人去完成。他日神州光復，迎遷舜水先生遺骨，還葬故鄉，以遂其初志。

二、朱舜水先生之學術思想

朱舜水先生之學術思想，雖於日本學術史上獨成一派曰水戶學派（創始於先生之弟子源光國），與彼時之朱子學派、陽明學派並列，然其學術理脈實本朱子。先生對陽明之學，一如明末顧（炎武）、王（船山）有深切之同感。但顧、王對陽明之學，攻之甚苛，言之不免過激，矯之亦不免過枉。先生則不然，終身講學，從不論人，亦從未以口舌文字作反激之論，先生基本態度爲積極之立己立人，其言曰：「儒教不明，佛不可攻，儒教既明，佛不必攻。」（答元善書）其論宋儒之學曰：「宋儒之學，可爲也；宋儒之習氣，不可師也。」（註四）先生對朱陸之異同，言之尤爲警辯：「尊德性，道問學，不足爲病，更不必問其同異。生知學知，安行利行，到竟總是一般。是朱者非陸，是陸者非朱，所以玄黃水火，其戰不息。譬如人在長崎往京，或從陸或從水，從陸者須一步一步走去，由水程者，一得順風，迅速可達。從陸計程可至，從舟非得風，累日坐守，只以到爲期。豈得曰從水非，從陸非乎？」（註五）先生對陽明之學未及一字，惟答安東守約問曰：「王文成亦有病處，然好處極多。出撫江西，早知寧王必反。彼時宸濠勢力薰天，滿朝皆其黨羽，文成獨能與兵部尚書王瓊，先事綢繆，一發卽擒之。其剿橫水、桶岡、浰頭之方略，與安岑之書，折衝樽俎，亦英雄也。」（註六）此乃對陽明事功上之稱論，而未及其良知之學。又，先生與黃梨洲同縣，又同於舟山軍中，而始終不相聞問，未悉何以不願與之作緣，疑與學術見解不同有關，蓋先生對學術見解不同者，不但不與爭論，且力避結緣。

時有日本朱子學派之巨子伊藤誠修者，欲懇安東守約介於先生，先生數書止之。其一云：

「伊藤誠修貴國之翹楚，頗有見解。……彼之所謂道，自非不佞之道也。不佞之道，不同則卷而自藏耳。萬一世能大用之，自能使子孝臣忠，時和年登，政治還醇，風物歸厚，絕不區區爭鬥於口角之間。宋儒辨析毫釐，終不曾做得一事，況又於其屋下架屋哉？如果聞其欲來，賢契幸急作書止之，若一成聚訟，便紛然多事矣。此是貴國絕大關頭，萬勿視之泛泛也。……若果來，不佞當以中朝之處徐鉉者處之。必不與之較長絜短也。」（註七）其二云：

伊藤誠修學識人品，爲貴國之白眉，然所學與不佞有異。不佞之學，木豆瓦登布帛菽粟而已。伊藤之學，則雕文刻鏤錦繡纂組也，未必相合。」（註八）

由此可見朱舜水先生之爲人與爲學態度。爲人之態度是：凡與見解信仰不同者，絕不與人「辨析毫厘，較長絜短」。爲學之態度是：舍短取長，正視一切學術，而無矯枉偏激之弊。此宜爲吾人所當取法者。

以上乃先生對人及學術之態度，茲再分實踐哲學、政治思想、文藝理念，略陳其學術體系於次。

㈠實踐哲學

在中國學術史上，宋明是理學發達之時代。然因明以八股舉士，致文人以剽竊爲工，求名爲志。又因講道之人，高談性理，無補實際。舜水先生處此時代，少卽有志用世，洞澈其弊，對明末學問空疏之風，深爲痛心，以身體力踐之務實精神，起而糾之。先生以爲讀書乃在行道，而非干祿，其所謂道，卽指「經邦弘化，康濟艱難」而言。

「明朝中葉，以時文取士；時文者制義也。此物旣爲塵飯土羹，而講道學者，又迂腐不近人情，如鄒元標、高攀龍、劉念臺等，講正心誠意，大資非笑，于是分門標榜，遂成水火，而國家被其禍，未聞所謂巨儒鴻士也。巨儒鴻士者，經邦弘化，康濟艱難者也。」（註九）

「經邦弘化，康濟艱難」八字，是其學問之主旨。此一實踐哲學，對當時主全國學界思想之姚江學派，痛予針砭，而倡行於日本學界，挽救德川幕府時代文教內身所隱伏之空虛無根，充實當時及往後德川氏之日本國民精神。

日人安積覺舜水文集後序：「其所雅言，不離乎民生日用彝倫之間。本乎誠而主乎敬，發於言而徵於行。」（註一〇）觀此以知舜水之學術思想卽以誠爲首，由此而居之以敬，敦之以禮，問之以學，其最終之目的，蓋在於實行此一貫之實踐哲學也。

甲、存誠

日月代明，四時錯行，淵泉時出，川流躍動，鳶飛戾天，魚躍於淵，吾人仰觀俯察之餘，深感吾人所居之宇宙，實乃一活動之大有機體，而其動能，卽中庸所云之「誠」：「誠者，天之道也。」（中庸第二十章）、「故至誠無息，不息則久，久則徵，徵則悠遠，悠遠則博厚，博厚則高明。」（中庸第二十六章）、「凡爲天下國家有九經，曰修身也，尊賢也，親親也，敬大臣也，體群臣也，子庶民也，來百工也，柔遠人也，懷諸侯也。……凡爲天下國家有九經，所以行之者一也。」（中庸第二十章）。一卽誠也，蓋誠爲治國平天下之根本；又云：「天下之遠道五，所以行之者三，曰君臣也，父子也，夫婦也，昆弟也，朋友之交也，五者天下之達道也，知仁勇三者，天下之達德也，所以行之者一也。」（中庸第二十章）。一則誠而已矣，蓋誠亦爲道德學問之泉源，故由誠出，則可明道盡性，可修己立人，可齊家治國，可平治天下，可達「天人合一」之境界，可修「內聖外王」之極致，甚而由至誠以明一己生存之道，進而推己及人，明乎人類共生共存之道，更進而能體天行道，參贊天地之化育也（註一一），故知誠之爲用大矣。

舜水之學問，蓋由誠而生也，其言曰：「修身處事，一誠之外更無餘事。故曰：『君子誠之爲貴。』自天子至於庶人，未有舍誠而能行者也，今人奈何欺世盜名自矜得計哉？」（註一二），其贈奧村德輝云：「世降俗薄，生質漸漓；不患不巧，獨患不誠。誠者作室之基，培築鞏固，則堂構壼奧，凌雲九層，皆於斯託始焉。子今者，旭日之陽，能潛心好學，不荒於嬉，超於世俗遠矣。由是全其誠而不已，其何所不至乎！『誠者，天之道；思誠者，人之道。』子其愼思之可乎？」（註一三）。舜水之所謂：「全其誠而不已」，蓋卽中庸：「至誠無息，不息則久，久則徵，徵則悠遠，悠遠則博厚，博厚則高明也。」之意。

朱舜水答安東守約書云：「不佞於言行之間，但知內不欺己，外不欺人，行而不言者有之矣，未有能言而不能行者也。」（註一四），此卽大學所謂：「誠其意者，毋自欺也，如惡惡臭，如好好色，此之謂自謙，故君子必愼其獨也。」之意。其又云：「不肖性行質直，一無所長，惟此與人爲善之誠，迫於飢渴，」（註一五），其諭門人五十川剛伯規曰：「不實則不誠，如作室而無基，雖有梗楠豫章，凌雲巧構，無地可施。」（註一六），其答近藤定久云：「劉忠宣公（劉安世）問：『一言而可以終身行之者』溫公曰：『其誠乎！』誠則始終不忒，表裏一致，敬信眞純，往而必孚。故曰：『君子誠之爲貴』故曰：『至誠而不動者，未之有也；不誠，未有能動者也。』……子思子曰：『誠則明矣，明則誠矣。』焉有誠而患其不明者哉？」（註一七），舜水平素持己教人，一以誠爲本，蓋欲學生由此進德而修身，而問學，以矯明代虛僞之風也。

舜水爲奧村庸禮作德始堂記云：「余平生不欵曲於人，容有齟齬。自流離喪亂以來，二十六七年矣，其瀕於必死，大者十餘，似乎呼吸之間，可通帝座。其有能知之人，乃偏存於庸愚，故恒以此自信也。是故青天皦日，隱然有雷霆震驚於上；至於風波嶮巇，傾蕩顚危，則坦然無疑，蓋自信素耳。」（註一八），此自先天之誠而明白天下之至理，乃中庸所謂：「誠則明矣，明則誠矣。」其答野節書云：「朋友之道，德業相長爲本，飲食燕衎其末也；質誠欵洽爲良，虛恢文飾其敝也。卽如飲食，有則八珍可羅，無則瓜瓠之羹，疏糲之飯，可以共飽。主不必以烹葱翦韮爲慚，賓不必爲饌玉粲瓊而作，是所謂素交也，是所謂質任自然也；素質自然，可久之道也。僕平生交友不多，然而數十年之久，死生貴賤貧富不少渝者，用此道耳。」（註一九），其所謂質誠欵洽，素質自然，蓋卽「誠」也，誠乃見其眞，舜水以爲眞誠乃人與人相處所不可或缺者。

舜水答小宅生順書云：「僕事事不如人，獨於『富貴不能淫，貧賤不能移，威武不能屈』，似可無愧於古聖先賢萬分之一。」（註二〇）舜水此剛毅之德行，磊落之人格，蓋卽孟子所謂萬物皆備於我矣，反身而誠，樂莫大焉，強恕而行，求仁莫近焉。

乙、居敬

居敬乃存誠之手段。天理雖在我心，但易爲外物所蔽，故須居之以敬，時刻涵養省察，道德方能日進，此卽伊川所謂：「涵養須用敬」之意。劉念臺易簣語云：「爲學之要，一誠盡之矣，而主敬其功也，敬則誠，誠則天。」故知居敬者，乃存誠之手段也。蓋敬卽存心養性之功夫，伊洛所拈出之「敬」字，卽愼獨也，其以爲愼獨之外，別無功夫，無事，愼獨卽存養之要，有事，愼獨卽省察之功，故君子之學唯愼獨耳，其所謂愼獨，蓋本乎中庸之戒愼恐懼也。戒愼恐懼，卽敬也，亦卽愼獨也。

「凡爲天下國家有九經，曰修身也，尊賢也，親親也，敬大臣也，體群臣也，子庶民也，來百工也，柔遠人也，懷諸侯也。」（中庸第二十章），此乃君敬臣也。「爲人君止於仁，爲人臣止於敬。」（大學第三章）此乃臣敬君也。「景子曰：『內則父子，外則君臣，人之大倫也，父子主恩，君臣主敬』」。（孟子公孫丑下），此乃謂君使臣，臣事君皆以敬也。子張問孝，子曰：今之孝者是謂能養，至於犬馬皆能有養，不敬何以別乎？」（論語爲政篇），子曰：「事父母幾諫，見志不從，又敬不違，勞而不怨。」（論語里仁篇），此乃子敬父也。「踐其位，行其禮，奏其樂，敬其所尊，愛其所親，事死如事生，事亡如事存，孝之至也。」（中庸第十九章），此敬尊也。「五霸桓公爲盛，葵丘之會，諸候束牲載書，而不歃血，初命曰：誅不孝，無易樹，子無以妾爲妻，再命曰：尊賢育才，以彰有德，三命曰：敬老慈幼，無忘賓旅。」（孟子告子下），此乃敬老也。「親親仁也，敬長義也，無他，達之天下也。」（孟子盡心篇），此敬長也。「孩提之童無不知愛其親者，及其長也，無不知敬其兄也。」（孟子盡心篇）此敬兄也。「用下敬上謂之貴貴，用上敬下謂之尊賢，貴貴尊賢，其義一也。」（孟子萬章篇），此上下相敬也。「是焉得爲大丈夫乎？子未學乎丈夫之冠也，父命之，女子之嫁也，母命之，往送之門，戒子曰：『往之女家，必敬必戒，無違夫子，以順爲正者，妾婦之道也。』」（孟子滕文公篇），此敬夫也。「仁者愛人，有禮者敬人，愛人者，人恒愛之，敬人者，人恒敬之。」（孟子離婁篇），此敬人也。「樊遲問仁，子曰：『居處恭，執事敬，與人忠，雖之夷狄，不可棄也。』」（論語子路篇），此敬事也。「子張問行，子曰：『言忠信，行篤敬，雖蠻貊之邦行矣。』」（論語衞靈公篇），此敬行也。「士見危致命，見得思義，祭思敬，喪思哀，其可已矣。」（論語子張篇），此敬祭也。「樊遲問知，子曰：『務民之義，敬鬼神而遠之，可謂知矣。』」（論語雍也篇），此敬鬼神也。

由上觀之，吾國之道德修養，僅一「敬」字，劉宗周（念台）體認親切法云：「朱子一生學問，半得力於主敬。」予以爲朱舜水先生之學問，蓋全得力於主乎敬也。其全集中，言敬之處，隨手可見，其敬齋箴云：「人之爲德，莫大於敬」、又「夫敬爲德之聚，則百爾德行皆萃於敬矣」、「仁也、敬也、孝也、慈也、信也，無非一敬之所爲也。」（註二一）其答野節問云：「至若『居敬』工夫，是君子一生本等，何時何事，可以少得？」（註二二），此言敬之重要也。

其答野傳書云：「若夫敬之一字，堯、舜至於文武，心法相傳惟此耳。」（註二三）又其敬強齋序云：「曾子在孔門獨得其宗，習聞夫『君子無不敬，敬身爲大』之旨。」（註二四），此言敬授受之源流也。

其讀資治通鑑札記云：「帝堯以欽明作則，舜、禹、益一延授受已，湯之敬躋，文之敬止，武之敬勝，一也。」（註二五）。其敬齋箴云：「是故爲人君，則止於仁，爲人臣則止於敬，爲人子則止於孝，爲人父則止於慈，與國人交則止於信，仁也，敬也，孝也，慈也，信也，無一非敬之所爲也，由是而推之，無德不備，無一非敬。」（註二六），此言敬之道不一，其用敬之道亦不一名也。

其贈奧村庸禮云：「富貴不能淫，威武不能屈，惴褐寬博，而必往千萬人，乃天下之至敬矣。」（註二七），其雜著云：「蘭陵論將略曰：『敬謀、敬職、敬事、敬衆、敬敵；敵而敬，則無乎不敬矣。』孫子曰：『智、信、仁、勇、嚴』嚴者，敬也。敬則未有不勝者矣，不敬則未有能勝者矣。」（註二八），此言敬之爲用也。

其雜著云：「君子之心，純乎敬者也。敬天，敬心，敬大人，敬高賢，無地可容其慢易也。」（註二九），此言君子以敬存心也。

其敬齋箴云：「故上而二帝三王，下而五霸，以至冀野之匹夫匹婦，其人之足以垂世立教者，皆主於敬而已。」又云：「天子能敬，萬國歸仁，民淳俗厚，風動如春。公候能敬，敷政優優；兆民有賴，荷天之休。大夫執事，敬貴身光；爲民最率，孰不勉旃。賞僭則濫，則過則淫；善人是懼，奸宄生心。成人小子，惟敬爲事；子臣弟友，君子道四。庶人之敬，節用謹身；勳供租賦，善養二親。敬之維何？守謙執競；內敬其心，外敬其行。衣冠瞻視，雖曰威儀；奇袞佻達，何德不墜？動靜云爲，表裏如一；『念茲在茲』，罔敢暇逸。存養省察，有初有終；端本範俗，垂教無窮。」（註三〇），此言所有德性皆萃於敬也。

丙、敦禮

禮乃天理之節文，人事之儀則，國家之楨幹。若一國之民能依禮而行，則言行合於繩墨，國可長治久安，反之則否。舜水先生以爲明之破滅及鄭成功之失敗，皆禮教頹廢所致。舜水深究禮制，曾爲水戶侯源光國作諸侯五廟圖說等，博採衆說，會通經史，援古證今，見之者無不譽爲不朽之盛典，手授日本儒生，對日本儒學重振之貢獻頗大。

禮記樂記云：「禮者，天地之序也」，仲尼燕居云：「禮也者，理也。」朱熹曰：「只是合禮處，便是天理。」喪服四制云：「凡禮之大體，體天地，法四時，則陰陽，順人情，故謂之禮。」故知禮乃自然界之秩序也。是以舜水云：「禮者，乃天理自然之節文也。」（註三一）

禮記樂記云：「天尊地卑，君臣定矣，卑高已陳，貴賤位矣，動靜有常，小大殊矣，方以類聚，物以群分，則性命不同矣，在天成象，在地成形；如此，則禮者天地之別也。」又曲禮上云：「夫禮者，所以定親疏，決嫌疑，別同異，明是非也。」蓋禮者，乃人之大防也。孫叔通爲漢制禮云：「禮者，因時勢人情爲之節文者也。」程頤性理會通一書云：「行禮不可全泥古，須當視時之風氣自不同，故所處不得不與古異。」朱熹朱子類語類亦云：「禮、時爲大。」宋書禮志序：「夫有國有家者，禮儀之用尚矣。然而歷代損益每有不同，非務相改，隨時之宜故也。」禮記禮運篇云：「故治國不以禮，猶無耜而耕也；爲禮不本於義，猶耕而弗種也。」又云：「四體既正，膚革充盈，人之肥也；父子篤，兄弟睦，夫婦和，家之肥也；大臣法，小臣廉，官職相序，君臣相正，國之肥也；天子以德爲車，以樂爲御，諸侯以禮相與，大夫以法相序，士以信相考，百姓以睦相守，天下之肥也；是謂大順。」禮記禮器篇云：「禮也者，猶體也。體不備，君子謂之不成人。設之不當，猶不備也。禮有大、有小、有顯、有微，大者不可損，小者不可益，顯者不可揜，微者不可大也。」又云：「禮也者，合於天時，設於地財，順於鬼神，合於人心，理萬物者也。」禮記曲禮云：「貧者不以貨財爲禮，老者不以筋力爲禮。」又云：「禮從宜。」孔子曰：「禮不可不省（察也）也，禮不同，不豐、不殺。」禮器作者引孔子語，並下一按語：「蓋言稱也。」

賈誼新書云：「道德仁義，非禮不成；教訓正俗，非禮不親；班朝治軍，蒞官行法，非禮威嚴不行；禱祠祭祀，供給鬼神，非禮不誠不莊；是以君子恭敬指節退讓以明禮。」故知禮者，乃爲治國治民之大道也。是以舜水云：「禮樂不可斯須去身。」（註三二）

荀子禮論篇云：「凡禮，始乎梲，成乎文，終乎悅校，故至備，情文俱盡，其次，情文代勝，其下復情以歸大一也。天地以合，日月以明，四時以序，星辰以行，江河以流，萬物以昌，好惡以節，喜怒以當；以爲下則順，以爲上則明，萬變不亂，貳之則喪也。禮豈不至矣哉？」，此乃言禮備情文，故舜水答明石源助云：「蓋士君子之相接也，有情有文有禮，未可苟焉而已也，則亦何以異於市井負販百工伎術之徒哉？是以君子愼之。禮，三擯三介而後相見，不然則已褻，三揖三讓而後升，不然則已逼。古之君子豈好爲煩瑣，而不近於事情，緣禮不可瀆耳！」（註三三）

荀子議兵篇云：「禮者，治辨之極也，強固之本也，威行之道也，功名之總也，王公之所以得天下也，不由所以隕社稷也，故堅甲利兵不足以爲勝，高城深池不足以爲固，嚴令繁刑不足以爲威，由其道則行，不由其道則廢。」此謂禮者，爲爲政之本，由禮則存，不由禮則亡。是以舜水答明石源助書云：「不佞總角時，恒見先人與士大夫相接，冠裳濟濟，言論豐采，進退周旋，皆雍容彬彬焉，斯時太平氣象，致足尚也，其後士大夫好爲脫略，而惡言禮，以爲厭物，以爲王道，所謂王道者，非尊之也，亦借名斥絕之辭耳，未能二十年，而國已淪亡，前年至廈門，赴國姓之召，見其將吏，並寄居薦紳，皆佻達自喜，屏斥禮教，以爲古氣，以爲骨董，不佞知其事必無成，故萬里耑行，不投一刺而返，不幸果無所濟，今紛紛未有所底，可見禮也者，不特爲國家之精神榮衞，直乃爲國家之楨幹，在國家爲國家之幹，在一身爲一身之幹，未可蔑也。」（註三四）荀子大略篇：「禮者，人之所履也。」又云：「禮者，人當履之。」白虎通亦曰：「禮者，履也，履道成文也。」此蓋言禮重實行，非虛文也。舜水之敦禮，蓋如是也。

丁、問學

舜水先生主張學問以濟世實用爲目的，所學爲人倫日用之道。稠人廣衆之中，必有我師；事務紛繁之際，必有其理。家有母則學孝，家有弟則學悌，家有婦則學睦，有君上則學忠，有友朋則學信，隨處隨時皆是學問。舜水先生敎其學生宜多讀史，方可鑒往知來，此一研究風氣，影響日本學界不小，其弟子水戶侯源光國所發動編輯之大日本史，卽受其感發而作。

孟子道性善，荀子言性惡，孔子謂：「性相近也，習相遠也。」舜水答古市務本問云：「性非善，亦非惡，如此者，中人也，中人之性，習於善則善，習於惡則惡，全藉乎問學矣。學之則爲善人，爲信人，又進而學之，則爲君子，又進而學之不已，則爲聖人。」（註三五），此言爲善爲惡，端賴乎問學也，學之則成聖成賢，不學則爲小人矣。

舜水典學齋記云：「人之所以必資於學者何？蓋前人之學也已成，所以著之卽爲教也，後人之學也，未成而求成，因以循古先聖賢之道而爲之，斯爲學，學之於人也，其執柯伐柯也乎。……夫學者，所以學爲人爾，子臣弟友，皆爲學之地，忠孝謹信，皆爲學之方，出入定省，皆爲學之時，詩書執禮，皆爲學之具，……終始典於學，而學有不成者乎？」（註三六），此言爲學之目標，蓋學爲人也。

舜水答矢野保庵書云：「僕荒陋無似，何足以知爲學之道。然竊嘗聞之於師矣，爲學非難，立志爲難。志既堅定，則寒暑晦明，貧富夷險，升沈通塞，均不足以奪之矣。如此而學有不成者乎？……眞善爲學也，善立志也。」（註三七）其答藤井德昭問云：「學者志不可雜，頃言專心致志者此也。若今日欲學何事，明日又欲學何事，其人到老不能精一藝，何也？以其志泛而心浮，且欲速也。」（註三八），此皆言爲學首重立志也，志立則學成，反之則否。

舜水與源光國啓事云：「及今預教，已不爲早，況更遲遲乎？待其習慣成自然，乃欲揉而直之，蓋亦難矣。」（註三九），此言爲學應及早，卽禮記學記所謂：「時過然後學，則勤苦而難成。」之意也。

舜水寫勉亭林春信碑銘云：「知敦行漸進之爲學已，則其學必有所立。」（註四〇），其雜題識聖像贊云：「盈科而進，成章而達，苟爲無本，涸可立待。」（註四一），此言爲學必須循序漸進，不能求其速成，亦不得躐等而求進，此卽孟子所謂不盈科不行，不成章不達也。

舜水答古市務本云：「教人之道，有一定不易者，有因人而施者，俗儒執一不通，其誤人也多矣。」（註四二），其答安東守約問三十四條云：「師之教人，必因材而篤焉，無所爲法也。」（註四三），此乃孔子所以問同答異，因材施教之方也。

舜水答奧村庸禮云：「儻得同志之友，十人五人，共相講磨，則事理自然明白，識見自然增長，若有疑難者，姑置之，待來年到此，不佞尚無恙，互相質證，疑者闕之，愈久愈覺有味，自然不至厭煩。」（註四四），其又云：「子夏有云：『百工居肆，以成其事，而大學之法，藏脩息游亦必於學宮，乃所以習焉安焉。』」（註四五），禮記學記謂：「獨學而無友，則孤陋而寡聞。」，故舜水以「藏脩息遊，必於學宮」方可收互爲觀摩之效，而達安其學而親其師，樂其友而信其道也。

舜水答桐山知幾云：「但學須內求，不在貌取，近世之人，多貌取以炫世已爾，非有眞能實實求進於學者也。」（註四六），舜水言學順內求，不在貌取，蓋卽荀子勸學篇所謂：「古之學者爲巳，今之學者爲人，君子之學也，以美其身，小人之學也，以爲禽犢。」之意也。

舜水答奧村德輝云：「能學，則稠人群聚之時，必有我師，事務紛錯之際，皆有其學……，故曰：『學者立志當如山，求師當如海。』」（註四七），此孔子所謂：「三人行必有我師焉。」韓愈師說所謂：「聖人無常師也。」

舜水答小宅重治云：「古來爲學，不問其貧富貴賤，不問其事冗事簡，惟問好不好耳，好則最煩最不足者，偏有餘力餘功，不好則千金之子，貴介之冑，祇以嗜酒漁色，求田問舍，何復有一念及於學問……。漢光武明帝之時，期門羽林，皆讀論語孝經，分番上直，以書納之懷中，暇則出而讀之，何有不可學之時哉?日日而積之，則善人信人，大而君子，無不可爲者巳。」（註四八），此言人人可學，時時可學也。

舜水答小宅生順云：「或者謂貴國『尙武，何必讀書』，是未知古來名將讀書者之多也。爲將而不讀書，則恃勇力而干禮義；能讀書，則廣才智而善功名。」（註四九），其又云：「武夫悍將，詆譏文人無用者。彼祇見迂儒小生，三村學究，膠柱鼓瑟，引喻失義者耳。如王欽若輩，閉戶誦經，賦詩退虜者耳。若陸宣公、李長源、王文成、高文襄輩，圖度虜情，如指諸掌，雖健將累百，有能出其範圍者哉？又安在悉索刀瘢箭痕哉？是欲大將名將，必當讀書。」（註五〇），此乃言讀書非文士之專業，武夫更應讀書也。

舜水答安東守約書云：「豈孔、顏之獨在於中華，而堯、舜之不生於絕域？然而亘千古而未見者何？不肖雖面牆充耳，聞見狹小，卽舉其所見所聞者，盈尺之璧，不能無瑕，徑寸之珠，不能無纇，正以不學之故耳。不學則執非禮以為禮，襲不義以充義，雖上智容有過差，況其下焉者哉？其為弊亦有三端：岸然自高，枵然自是，而恥於下人，一也。在日本者，不自安其分，在中國者，嘗欲求其疵，閂捷於口頰，二也。愚蔽於他端，而希必不然之獲，老死而不悔，三也。三者橫於中，其何以進於學哉？」（註五一），此言不讀書之弊害也。

舜水答古市務本云：「足下公餘之暇，惟在讀書。一則日親古人，一則日遠損友。古人日益親，則路境日益熟；匪人日益遠，則持身日益高。閒事不涉，則禍患不侵；閒人不交，則浪費節省。若能高尚而不詭俗，和光而不同汙，斯善之善者也。」（註五二），此言讀書之益處也。

戊、實行

舜水之實踐哲學，以「誠」為出發點，以「君敬」「敦禮」「學問」為手段；而其目的，則在「實行」。（註五三），舜水認為求學問當有實功，有實用，身體力行，方為有得。其題程明道像，不讚其理學，而重其不阿世俗，與其有用之學，蓋明道歷宦雖小，然必盡心。又其病陽明之說，然却稱其事功。當朱、陸兩派互攻之時，舜水以爲要在實行，猶生知學知，安行利行，雖殊途而同歸。故陸派之尊德行，而朱派之道問學，各有所長。舜水之學問，雖大都用歸納之法，求其結論，但有時亦用演繹之法，斷然獨行。其學根源於朱熹，却不抑陸氏（九淵）。故曾謂：「宋儒之學，可爲也。然宋儒之習氣，不可爲也。」蓋因宋儒能言而不能行也。

舜水答安東守約問八條云：「學問之道，貴在實行；顏子聞一知十，而列德行之首，可見矣。」（註五四），其答小宅生順問云：「爲學當有實功，有實用。」（註五五），又安積覺先生文集後序云：「嘗謂門人曰：爲學之道，外修其名者，無益也。必須身體力行，方爲有得。」（註五六），又答小宅重治書云：「家有母，學爲孝；家有弟，學爲友；家有婦，學爲和；出而有君上，學爲忠愼；有朋友，學爲信。無往而非學矣。」（註五七），其典學齋記亦云：「夫學者，所以學爲人爾。子臣弟友，皆爲學之地，忠孝謹信，皆爲學之方，出入定省，皆爲學之時，詩書執禮，皆爲學之具。」（註五八），其答古市務本書七首云：「他日聞足下事親孝養，事君竭誠，則學問之徵矣。」（註五九），是知舜水爲學之對象，在乎日用倫常之間，無一不可身體而力行矣。

舜水爲加藤朋友作勿齋記云：「知道之至極者，不在於生知安行，而偏在於學知利行及勉強而行之者乎？」（註六〇），其答野節問云：「兼致知力行，方是學，方是習，若空空去學，學個甚底？又習個甚底？」（註六一），舜水之學，務在實行，其深體「聖賢要道，在於日用倫常之間。」故能將大學格致誠正修齊治平之道，闡釋明白，言堯舜之道，孔孟之聖，人人可學而能，可求而至，苟人人能由日用倫常中去體驗、實踐，則可敦品勵德矣。

㈡政治思想

吾國古時之政治家，皆深知政治為經濟之集中表現，徵諸史實，殆無疑義。故其傳統政策，莫不先圖經濟之穩固，而後及於政治。實者廣義之政治，應含教養兩者，蓋先養而後教也。蓋舜水對日本之影響，乃在正統儒學之傳授，及愛國精神之感召，與日本政治則未嘗親與。因其晚歲客居異域，始終避嫌，德川光國每有請教，亦僅引喻諷勸耳。然水戶藩之教化，德川光國之治功，無不因此而益臻於善美。雖無從政干預之名，却有默化潛移之實。

甲、仁民愛物

論語載：「子適衞，冉有僕。子曰：『庶矣哉！』冉有曰：『既庶矣。何如？』曰：『富之！』『既富矣。何如？』曰：『教之』」。管子亦曰：「衣食足而知榮辱，倉廩足而知禮節。」可見古之治理，教養兼施。保民理民之道，固并行而不廢也。

舜水先生元旦賀源光國書云：「伏以治道有二，教與養而已。養處於先，而教居其大。蓋非養則教無所施。此奚暇治禮義之說也。非教則養無所終，此飽食暖衣，逸居無教之說也。」（註六二）。

舜水於赤林重政字貿五說云：「獨不聞『堯舜之道，不以仁政，不能平治天下』乎？獨不聞『諸侯之寶三，土地、人民、政事』乎？獨不聞『堯舜之仁，不偏愛人』乎？故曰：『爲政以德，譬如北辰，居其所而衆星拱之。』總之，蘊之於躬則爲德，設施於事則爲政。無仁德以爲之本，則爲徒法；無政治張弛以紀綱之，則爲徒善。二者相須而行，不可偏廢者也。」（註六三）。

舜水爲加賀守鍋島直能作伯養說云：「然君子之一身，上以承天之明命，下以作民之父母，是故以一人勞天下，不以天下奉一人。」（註六四）。

乙、知人善任

中庸云：「文武之政，布在方策，其人存，則其政擧，其人亡，則其政息。」故舜水云：「獨不聞『徒善不足以爲政』乎？」（註六五），又舜水謝源光國賀七十算啓云：「伏以興邦之大道非一，而其止在於尊賢。」（註六六），故知好士而後知是非之所在，今也爲民父母者，當知爲政任士之道也。

哀公問，何爲則民服，孔子對曰：「擧直錯諸枉則民服，擧枉錯諸直則民不服。」故舜有天下，選於衆，擧臯陶，不仁者遠矣，湯有天下，選於衆，擧伊尹，不仁者遠矣。舜水於赤林重政字貿五說云：「獨不聞『擧直錯諸枉，能使枉者直』乎？」（註六七）其勉水戶世子書三首云：「選者賢，與者能，則萬事皆理；選者不賢，與者不能，則萬事皆亂。」（註六八），觀此知舜水之政治思想在知人善任，選賢與能。

舜水批古文奇賞四十九條云：「越王勾踐有寶劍五，聞於天下。客有能相劍者名薛燭，王召而問之。一劍耳，產之有其時，成之有其道，尚且寶護愛惜，不肯輕易。今有賢人君子鍾天地之間氣而生，得父兄師友之敎訓涵育而成，幸而國家得之，當如何珍重者！而乃棄擲若瓦礫，亦相劍之不如，是欲不亡也得乎？」（註六九），此乃言人才對國家盛衰存亡之重要也。

丙、人倫立敎

孟子曰：「后稷敎民稼穡，樹藝五穀，五穀熟而民人育，人之有道也，飽食煖衣，逸居而無敎，則近於禽獸，聖人有憂之，使契爲司徒，敎以人倫，父子有親，君臣有義，夫婦有別，長幼有序，朋友有信。」若飽食煖衣而無敎，則思淫欲，如此則人倫之關係亂矣。故爲政之要，在正人倫，明人倫。而人倫之明，則有賴於敎育。故舜水答安東守約云：「聞貴國京江戶有設學校之舉，甚爲喜之！貴國諸事俱好，只欠此耳。然此事是古今天下國家第一義？如何可以欠得？今貴國有聖敎興隆之兆，是乃貴國興隆之兆也。自古以來，未有聖敎興隆，而國家不昌明平治者。近者，中國之所以亡，亡於聖敎之隳廢，則奔競功利之路開，而禮義廉恥之風息。欲不亡得乎？」（註七〇）。

舜水答加滕明友云：「則建學立師乃所以習長幼上下之禮，申孝弟之義，忠君愛國，而移風易俗也。」（註七一），其答野節問三十一條云：「今指爲本根者如何？君臣、父子、夫婦、昆弟、朋友，天地間之定位也。士、農、工、商，『國之石民也』。男耕而食，女織而衣，民生之常經也。所謂本根者，如斯而已。」（註七二），舜水以五倫爲根本而立敎，蓋在申孝弟之義，述忠君愛國之思，繼而移風易俗，以正五倫。故孟子曰：「人倫明於上，庶民親於下矣。」，蓋卽此也。

丁、大同思想

舜水先生於元旦賀源光國書云：「昔者孔子曰：『大道之行也，與三代之英，丘未之逮也，而有志焉。夫大道之行也，天下爲公，選賢與能，講信脩睦。故人不獨親其親，不獨子其子；使老有所終，壯有所用，幼有所長。其不幸不全於天者，皆有所養。男有分，女有歸。貨惡其棄於地也，不必藏於己；力惡其不出於身也，不必爲己。是故纖慝盡閉，至理聿臻，故外戶而不扃，質實而無僞，是謂大同。』夫以禹、湯、文、武、周公之治爲少康，而以此爲大同。可見雍熙之盛，非有奇謨異術也。瑜居恒讀此書，慨然興歎曰：『吾安得身親見之哉！』」（註七三）。

此大同社會，在今日文明各國，尙多懸爲理想，而三百多年前，先生旣已注意於此，然以未得親覩爲憾。故知先生政治上之見地，又不止於敎養而已，將由此而躋於大同之域也。

㈢文藝理念

先生既務實學，於當時流行制義，詆毀甚力。其答安東守約書云：「中國以制義取士，後來大失太祖高皇帝設科之意。以八股爲文章，非文章也。志在利祿，不過藉此干進，彼安知仁義禮智爲何物？不過鉤深棘遠，圖中試官已耳，非眞學問也。」（註七四）。

先生以明代之亡，亡於八股。與顧亭林先生謂八股之害，等於焚書，言之尤有甚焉。底下擬分論程朱、論陸王、論詩文，以觀其概。

甲、論程朱

程朱陸王異同之說，於舜水定居日本之前，已傳入日本，當時學者於朱王之辨，頗有疑惑，故時來請益，然舜水志在經國濟民，於理學家門戶之見，深爲排斥。

舜水與安東守約書云：「絕不區區爭鬥於口角之間，宋儒辨析毫釐，終不曾做得一事。」（註七五），舜水所雅言者，蓋指存誠、居敬、敦禮、問學、實行之工夫也。故其所謂宋儒之習氣，即指洛蜀門戶之爭也，舜水最忌講學有門戶。

舜水答安東守約書云：「嘉、隆、萬曆年間，聚徒講學，各創書院，名爲道學，分門別戶，各是其師。聖賢精一之旨未闡，而玄黃水火之戰日煩。高者求勝於德性良知，下者徒襲夫峨冠廣袖，優孟抵掌，世以爲笑。是以中國問學眞種子幾乎絕息。況乎貴國素未知此種道理，而又在稂莠桀桀之時，獨有嘉禾油然秀出於其畔，然亦甚可危矣。賢契慨然有志於此，眞千古一人，此孔孟程朱之靈之所踵，豈以華夷近晚爲限，幸惟極力精進，以卒斯業，萬勿爲時俗異端所撓也，至若以不佞爲程朱，不佞問學荒陋，文字粗疏，豈易當此？賢契求師之專，故以未似之有若爲似也。媿極媿極！」（註七六）。

舜水答安東守約問：「明道先生甚渾厚寬恕，伊川先生及晦菴先生，但欲自明己志，未免有吹毛求疵之病。」（註七七）。

舜水慨論明季門戶講學之無當，並嘉安東守約之有志於聖賢之業，東邦學者尊舜水爲程朱，而舜水自愧爲未似，然觀其以朱注爲圭臬，知其固宗程朱，然亦不願以所尊爲標榜而啓門戶也。

乙、論陸王

舜水答佐野回翁書云：「來問朱、王之異，不當決於後人之臆斷，寒暖之向背，卽當以孔子斷之。生知之資，自文王、周公而後，惟孔子、顏淵而已。孔子曰：『我非生而知之者，好古敏以求之者也。』又曰：『十室之邑，必有忠信如某者焉，不如某之好學也。』他如『學而不厭』，『下學上達』，不一而足。其於顏淵也，不稱其『聞一知十』，而亟道其『不遷怒、不貳過』爲好學，是可見矣。朱子道問學、格物致知，於聖人未有所戾。王文成卽有高才，何得輕詆之？不過沿陸象山之習氣耳！王文成固染於佛氏，其欲排朱子而無可排也，故舉其格物窮理，以爲訾議爾已。愚謂此當爭其本源，不當爭其末流。孟子於伯夷、伊尹、柳下惠尚曰「不同道」。周公、召公分陝而治，德敎相似，治效相方，猶且不相悅。此豈有所是非耶？……王文成爲僕里人，然燈相炤，鳴雞相聞。其擒宸濠，平峒蠻，功烈誠有可嘉，官大司馬，封新建伯。後厄於張璁、桂萼、方獻夫，牢騷不平之氣，故託之於講學。若不立異，不足以表見於世。故專主良知，不得不與朱子相水火，孰知其反以僞學爲累耶？愚故曰：『文成多此講學一事耳。』是故古今人惟無私而後可以觀天下之理，無所爲而爲而後可以爲天下之法。今貴國紛紛於其末流而急於標榜，愚誠未見其是也。又何論朱與王哉！」（註七八）

故知舜水大抵尊程朱，不宗陸王，然其尊程朱者，蓋以程朱從孔孟經義重昌儒學耳，非以程朱爲儒學中一門戶而崇之也，要之舜水論學大旨，重實功實用，而不拘於理學之攀籠，是以於理學上朱陸之異同，不加深辨也。

丙、論詩文

舜水先生既主實學，故於詩文，每以先德行，後文章；重文章，輕詩賦；貴獨創，鄙因襲；喜樸質，厭浮華；求性靈，斥八股。蓋舜水以學貴有用，注重實功，故鄙棄一切浮華、雕琢之辭，但求辭達而已。

舜水與野節書云：「文章匡翼世教，必使宜乎義，合乎禮，協乎萬人之情，非徒以媚悅一二人而已。甚不可以苟焉，況乎鐫之金石者！至若文之工不工，則係其人之才思學力，豈能勉而至也？要當使其規模不失耳。」（註七九）

舜水答安東守約問云：「今詩不比古詩，無根之華藻，無益乎民風世教；而學者汲汲爲之，不過取名干譽而已。卽此一念，已不可入於聖賢大學之道，故程子曰：『爲之大足喪志。』」（註八〇）。

舜水答安東守約問云：「不佞文字無甚佳致，只是一字不杜撰，一字不落套，一字不剿襲他人唾餘。信手作百篇，其間格局句語，少有同者而已。更長短俱成格局，無有潦草塗塞，勉強湊搭之病。」（註八一）。

舜水作勉亭林春信碑銘云：「既知浮華瀚漫之非學已。」（註八二）。

舜水與小宅生順書：「文章之貴，立格立意，……若止於擒辭繪句，雖膾炙人口，正如春苑之華，鮮妍易謝。」（註八三）。

舜水答安東守約書云：「內旣充溢，則下筆自然湊泊，不期文而自文，若有意爲文，便非文章之至也……而性靈尤是作文之主。」（註八四）。

舜水答古市務本書云：「今之詩益無用矣，高者宣淫導豫，下者學步傚顰。掇取事文類聚及詩學大成等書，飾令名物，敷衍數字，雜合成章，此不過欲虛張名譽，巧取世資，何嘗發之性靈？」（註八五）。

舜水以八股爲塵飯土羹，非眞學問，其錮閉才性，甚於咸陽坑儒，故力主性靈，以矯其弊也。

三、朱舜水對日本學術界之影響

舜水先生幼長於明季，其時士節隳壞，學風空靡，承家學務實之精神。直追孔門眞義，本有崛起箴砭之意，及明亡寄孤縱於異域，旣受聘爲國師，此務實之學說，自然傳諸彼邦。以受德川光國領導之水戶學派，蓋皆受業其門下，薰陶旣深，受其影響啓發亦大。

㈠朱子學說之闡明

當日本鎌倉時代（西元一一九八—一三一七年），武人皆好禪，僧由宋元來，始將宋學輸入。其時宋代性理之學，至朱晦菴而集其大成。惟朱子學說，雖已輸入，而朝臣及武人，皆不能習之，只桑門（註八六）研究而已。足利氏之世，士庶倦禪，於是性理之學，有取而代之之勢。應仁亂後（西元一四六七年），滿地戰塵，學僧四散，遂由僧裝而變爲醇儒。至江戶時代（西元一六一一—一八六六年），學術乃大昌。故大都偏於玄虛，流爲空談，而不切實際，舜水以爲格物窮理，若不能見諸行事，亦無甚功效，故須躬行力踐，方足以收格物窮理之功。

朱舜水答野節問云：「前答吉水太守問「格物致知」，粗及朱、王異同耳。太守以臨民爲業，以平治爲功，若欲窮盡事事物物之理，而後致知以及治國平天下，則人壽幾何，河清難竢。故不若隨時格物致知，猶爲近之。至若『居敬』工夫，是君子一生本等，何時何事，可以少得？僕謂治民之官與經生大異，有一分好處，則民受一分之惠，而朝廷享其功，不專在理學研窮也。」（註八七）。

舜水此種「隨時格物致知」之論，對偏於玄虛之宋儒性理之學，有振衰起敝，摧陷廓清之功，是以日本自天保（西元一八三〇年）以後，儒學以經世治民爲要道，以務實踏實爲習尚，此乃受舜水之賜也。

日本古無庠序之制，舜水爲作學宮圖說，爲造古祭器，敎習釋奠禮，使斯時之水戶，頗有洙泗之風。

㈡水戶學派之啓發

朱子學在日本，除性理之外，爲歷史之敘述者，實起源於水戶學派。水戶學派創始於德川光國，然其精神則全得之於舜水先生。舜水籍隸餘姚，其史學精神，促使源光國創立彰考館，編纂大日本史之偉業。其首任總裁—安積覺氏。自束髮卽從先生學，素聞舜水之尊周王、退諸侯、外夷狄，明正統之春秋大義，故其編纂大日本史，仿朱子通鑑綱目之例，明君臣之分，嚴是非之辨，以正皇統，褒貶臣工。故該史完成之後，便成爲日本國民精神指導之象徵。於是尊王抑藩，忠君愛國之思想，深植於國民之心中，是以在水戶侯德川齊昭尊皇攘夷之號召下，統一運動得以盛開，至將軍慶喜，更主張王政復古，辭却將軍之職，而奉還大政，下令廢藩置縣，建設一統，造成歷史上著名之明治維新。

追溯維新志士「尊王攘夷」「大一統」之思想，蓋源於水戶學派，而水戶學派之創立，則舜水與有功焉。是以舜水史學精神，導致日本之明治維新，誠非過言也。

四、結語

舜水先生以一儒者，遭時不遇，身懷亡國之痛，雖有志於匡救，而時不我與，事不可為，終流落外邦，然於愴然不樂之中，猶能以其所學發揚光大，澤及鄰國，使水戶藩在其薰陶之下，成為當時全日文化之中心。而其尊王攘夷，依經守義之精神，與水戶核心有密切之關聯，終於促使王政復古，開創明治維新大業，其影響之大，在中世以後中日文化上，實無人可與匹儔。非惟如此，其一生三赴安南，五渡日本，志在借援兵以圖滅清復明，事雖不濟，然其法伯夷之恥食周粟，效仲連之義不帝秦，蹈海全節，終身不廢明衣冠之精神，對中國近代之　國父孫中山先生之革命雄心，及　先總統蔣公之反共意志，皆深受其志業之感召也。

附註：

註　一：江戶駒籠卽今東京駒込，德川幕府副將水戶侯—德川光國（俗稱水戶黃門），特為朱舜水建造別莊於此，現為東京大學之農學院，曾於西元一九一二年六月二日，朱舜水紀念會，舉辦舜水先生來日二百五十周年祭，並立「朱舜水先生終焉之地」紀念碑，同時出版「朱舜水」一書，以爲紀念。西元一九八二年五月二十日（農曆四月十七日）又爲我國大儒朱舜水先生舉辦朱舜水先生逝世三百年之紀念式，儀式隆重，筆者有幸，恭逢其盛，記憶尤深。

註二：常陸久慈郡大田鄉，即今茨城縣常陸太田市，舜水逝世後，葬於德川家之瑞龍山，特爲建中國式之墳墓，光國並於墓石親題「明徵君子朱子墓」，稱子而不書其名，蓋仿孔孟之例，示崇敬之意也。張伯謹先生多次親謁舜水墓，香酒奠祭之餘，每感朱氏之孤苦零丁，又念國事之前途多艱，不禁憂從中來，愴然泣下。遂成一絕：「海外西風拜墓堂，荒山野水亦淒涼。那堪平虜忠君志，遺恨長留在異鄉。」

註三：明魯王之勅詔，略爲：「爾矯矯不折，遠避忘家，陽武之推，尚堪再試；終軍之請，豈能忘情。予夢寐求賢，延佇以俟。茲特耑勅詔爾，即言旋前。可來佐余復興事業，當咨爾節義文章……」此勅詔係永曆八年（西元一六五四年）三月發出，因舜水行踪不定，三年後始接到。原藏一小漆盒中在朱氏逝世前，非特無人見之，且亦無人知曉，則其始終不忘明室之情，可見一斑。

註四：見朱舜水集，卷十一，問答三，頁三八二。

註五：見朱舜水集，卷十一，問答三，頁三九六。

註六：見朱舜水集，卷十一，問答三，頁三九七。
註七：見朱舜水集，卷七，書簡四，頁一六〇。
註八：見朱舜水集，卷七，書簡四，頁一六二。
註九：見朱舜水集，卷十一，問答三，頁三八三。
註一〇：見朱舜水集，附錄四，序跋，頁七八六。
註一一：見陳師立夫先生「人理學研究」，頁二一二至二一七。
註一二：見朱舜水集，卷十七，雜著，頁四九五。
註一三：見朱舜水集，卷十七，雜著，頁五〇一。
註一四：見朱舜水集，卷七，書簡四，頁一七九。
註一五：見朱舜水集，卷七，書簡四，頁一七〇。
註一六：見朱舜水集，卷二十，規，頁五七九。
註一七：見朱舜水集，卷十七，雜著，頁四九五。
註一八：見朱舜水集，卷十六，記，頁四八七。
註一九：見朱舜水集，卷八，書簡五，頁二二三。
註二〇：見朱舜水集，卷九，書簡六，頁三一一。
註二一：見朱舜水集，卷二〇，箴，頁五七六。

註二二：見朱舜水集，卷一一，問答三，頁三八六。
註二三：見朱舜水集，卷八，書簡五，頁二四六。
註二四：見朱舜水集，卷一五，序，頁四七四。
註二五：見朱舜水集，卷一七，雜著，頁五〇一。
註二六：見朱舜水集，卷二〇，箴，頁五七五。
註二七：見朱舜水集，卷一五，序，頁四七五。
註二八：見朱舜水集，卷一七，雜著，頁五〇一。
註二九：見朱舜水集，卷一七，雜著，頁四九四。
註三〇：見朱舜水集，卷二〇，箴，頁五七六。
註三一：見朱舜水集，卷五，書簡二，頁八三。
註三二：見朱舜水集，卷五，書簡二，頁八三。
註三三：見朱舜水集，卷五，書簡二，頁八二。
註三四：見朱舜水集，卷五，書簡二，頁八三。
註三五：見朱舜水集，卷一〇，問答二，頁三七九。
註三六：見朱舜水集，卷一六，記，頁四八七。
註三七：見朱舜水集，卷五，書簡二，頁八六。

註三八：見朱舜水集，卷一一，問答四，頁四二一。
註三九：見朱舜水集，卷六，書簡三，頁一三四。
註四〇：見朱舜水集，卷二一，碑銘，頁六〇〇。
註四一：見朱舜水集，卷一九，贊，頁五五八。
註四二：見朱舜水集，卷九，書簡六，頁三三二。
註四三：見朱舜水集，卷一一，問答三，頁三九四。
註四四：見朱舜水集，卷八，書簡五，頁二七三。
註四五：見朱舜水集，卷八，書簡五，頁二七二。
註四六：見朱舜水集，卷五，書簡二，頁八七。
註四七：見朱舜水集，卷八，書簡五，頁二八三。
註四八：見朱舜水集，卷九，書簡六，頁二九七。
註四九：見朱舜水集，卷九，書簡六，頁三一二。
註五〇：見朱舜水集，卷八，書簡五，頁二六五。
註五一：見朱舜水集，卷七，書簡四，頁一六九。
註五二：見朱舜水集，卷九，書簡六，頁三三四。
註五三：見郭垣所編著「朱舜水」，頁四三。

註五四：見朱舜水集，卷十，問答二，頁三六九。
註五五：見朱舜水集，卷九，書簡六，頁三一三。
註五六：見朱舜水集，附錄四，序跋，頁七八七。
註五七：見朱舜水集，卷九，書簡六，頁二九八。
註五八：見朱舜水集，卷一六，紀，頁四八八。
註五九：見朱舜水集，卷九，書簡六，頁三三四。
註六〇：見朱舜水集，卷一六，記，頁四八五。
註六一：見朱舜水集，卷一一，問答三，頁三八七。
註六二：見朱舜水集，卷六，書簡三，頁一一五。
註六三：見朱舜水集，卷一三，說，頁四四六。
註六四：見朱舜水集，卷一三，說，頁四五一。
註六五：見朱舜水集，卷一三，說，頁四四六。
註六六：見朱舜水集，卷六，書簡三，頁一四四。
註六七：見朱舜水集，卷一三，說，頁四四六。
註六八：見朱舜水集，卷六，書簡三，頁一五〇。
註六九：見朱舜水集，卷一八，批評，頁五四一。

註七〇：見朱舜水集，卷七，書簡四，頁一三八。
註七一：見朱舜水集，卷一一，問答三，頁三八一。
註七二：見朱舜水集，卷一一，問答三，頁三八八。
註七三：見朱舜水集，卷六，書簡三，頁一一三。
註七四：見朱舜水集，卷七，書簡四，頁一七三。
註七五：見朱舜水集，卷七，書簡四，頁一六〇。
註七六，見朱舜水集，卷七，書簡四，頁一七三。
註七七：見朱舜水集，卷一一，問答三，頁四〇二。
註七八：見朱舜水集，卷五，書簡二，頁八四。
註七九：見朱舜水集，卷八，書簡五，頁二〇五。
註八〇：見朱舜水集，卷一一，問答三，頁三九五。
註八一：見朱舜水集，卷一一，問答三，頁三九九。
註八二：見朱舜水集，卷二一，碑銘，頁六〇〇。
註八三：見朱舜水集，卷九，書簡六，頁二九九。
註八四：見朱舜水集，卷七，書簡四，頁一八六。
註八五：見朱舜水集，卷九，書簡六，頁三三五。

註八六：桑門，本梵語 Sramana 之音譯，爲息心、靜志、貧道之意，此處泛指出家之僧侶、佛徒、沙門而言。

註八七：見朱舜水集，卷一一，問答三，頁三八六。

參考書目及期刊

朱舜水	郭垣	正中書局
朱舜水	石原道博	吉川弘文館
朱舜水傳	宋越倫	中央文物供應社
舜水遺書	馬浮	古亭書屋
朱舜水集	朱謙之	中華書局
朱舜水全集	朱舜水	世界書局
朱舜水年譜	梁啓超	中華書局
朱舜水評傳	王進祥	臺灣商務印書館
朱舜水研究	田原剛	臺大碩士論文
朱舜水學記	王瑞生	文大博士論文
朱舜水的一生	朱力行	世界書局

朱舜水	高瀨武次郎	史學界三—八
朱舜水小考	松本純次郎	史學雜誌五四—七
讀朱舜水集	錢　穆	華岡文科學報一二
朱舜水十二考	石原道博	人文科學一五
朱舜水之思想	藍　文　徵	東海學報一—一
朱舜水的生平	翁　咸　新	暢流五六六—五六九
朱舜水二三事	安　懷　音	中副四一年三月十九日
民族志士朱舜水	郭　垣	反攻三七
朱舜水先生傳略	劉　志　清	人生三一一
朱舜水其人其事	黃　得　時	中副六九年五月三十日
朱舜水與明治維新	李　嘉	百年來中日關係論文集
朱舜水と日本文化	山久四郎	東京支那學報三
朱舜水與日本文化	賴　橋　本	師大國文學報七
朱舜水與日本文化	杜　元　載	青年學術會論文集（上）
朱舜水與日本文化	梁　容　若	大陸雜誌八—四
朱舜水先生在日本	陳　鵬　仁	東方雜誌一三—七

朱舜水とその遺墨	今關天彭	書苑七—三
朱舜水先生之生平	王　恢	人生八—九
朱舜水及其民族思想	陳克強	暢流三五—一〇
朱舜水先生學行略識	毛子水	中日文化論集（二）
讀梁任公著朱舜水年譜	梁容若	大陸雜誌七—九
啓發日本近代文化的朱舜水	吳東權	教育文化二三三
明末流寓日本的大儒朱舜水	施溪潭	古今談二二
鄉賢朱舜水先生及其對日本學術思想及建國之影響	盧守耕	餘姚史料五

（原載逢甲學報二十期　76、11）

敦煌學研究之現狀

敦煌學在當今世界上，所以成爲受矚目的學問，是因它的研究領域非常的廣泛，內容非常的豐富。

敦煌學是本世紀才產生出來的，（註一）有八十六年的歷史。以人類的年齡而言，八十多歲可說是高齡晚年，而就敦煌學的研究則不然，現在正如年輕人的成長期，天眞濶達，是一門生氣蓬勃的學問。

敦煌學本來已含敦煌文書與敦煌石窟二種學問，就像一對孿生兄弟。敦煌文書，是指本世紀初，清光緒二十六年（西元一九〇〇年）王圓籙道士在藏經洞所發現出土的四、五萬件及古代文獻，其中包括歷史、政治、經濟、軍事、宗教、民族、文學、藝術、語言、文字、科學技術、中西文化交流等，各方面的資料，爲中世紀名實相符的圖書重寶之一。敦煌石窟，是指有我國規模最大、歷史最古、內容最富，而且又是最精緻的藝術，世界上沒有類似的藝術寶庫。這些石窟，反映了傳統君主時代各階層、民族、社會生活的各種形象，同時反映了人類從艱苦的現實生活解脫之善良願望及理想之審美藝術表現。這些和佛教、道家、儒學、歷史、美學、文學、美術史等，都有密切的關係，且由複雜中，表現它整體的藝術。

敦煌文書與敦煌石窟，雖有它各自的領域，各自的體系，然却有相互補足的關係，實在是由它複雜的組合和廣泛的學科群所形成。現在，世界上約有二十個國家及地區的學者，從事於這種學問的研究，主要以中國、日本、法國、英國等，已有很好的成果，尤其這幾年，更有新的發展。日本地區的學者，從歷史、經濟、宗教、文學、石窟藝術等各方面，作新的探求，已有一些收獲。例如，日本平凡社出版的「敦煌莫高窟」五大册，堪稱目前集敦煌壁畫、文物之精華，餘如日本學者專家論文的「敦煌石窟」，及大東出版社出版的敦煌叢書「講座敦煌」十三大册、「敦煌の美」、「敦煌への道」等，卽是其中的一部分。法國學者所研究的論文，大部分是有關語言、文字、民族、宗教、文學等方面，如伯希和（Paul Pelliot 1878－1945）奪取的藏經目錄與伯希和石窟記錄手稿，已陸續付梓。另外如蘇俄學者奧登保（S.F.Oldenburg 1863－1934）所研究的及奪取的經典目錄，也部分慢慢地公布和整理編纂。英國的學者，則編纂有關斯坦因（M.A.Stein 1862－1943）奪取的敦煌書，在倫敦也逐次地刊出。其他如：西德、澳洲、印度、美國等在這方面的研究，正盛行著，特別是美國紐約大學藝術研究所的學生畢業論文，論及敦煌石窟的藝術，有一證據，曾提及「敦煌景氣」影響到美國。

「敦煌學」研究，最早始於中國。「敦煌學」一詞，爲陳寅恪先生所取的名稱。但，當初因敦煌文獻大量被盜去，資料蒐集不易，且研究者不多，更遑論研究成果。直到後來學術研究才逐漸盛行，研究成果才漸可觀。例如：「敦煌遺書總目索引」、「敦煌曲初探」、「敦煌─偉大的文化寶庫」、「敦煌資料」第一集、「敦煌變文集」等的出版。民國三十二年我政府成立敦煌藝術研究所，只發現三〇九窟，後來重新調查，已增至四九二窟。壁畫的總面積爲四萬四千八百三十平方公尺。若是這個壁畫以二公尺高的畫面換算，敦煌畫廊的長度，約二二．五公里。的確敦煌壁畫是世界最大的古代藝術畫廊。大陸淪陷後，敦煌文物研究所（民國四十年改換名稱）雖曾編纂過「敦煌壁畫」、「敦煌彩塑」、「敦煌唐代圖案」等圖錄的出版。也擧辦過二十幾次敦煌藝術展覽會。然却因十年的「文革」動亂，敦煌學遭受批判，這段時間的敦煌研究，幾至停頓，直到「四人帮」垮臺後，敦煌學始再重振及被重視。

敦煌學與敦煌是不可分離的。所以自敦煌莫高窟開放後，國內外的敦煌學研究，受到很大的影響。首先，國內外的學者，陸續到敦煌參觀、訪問、調查的同時，敦煌壁畫也在日本、法國擧行摹寫的展示。各國學者經由敦煌文物的摹寫展示及學術研討，交換彼此的心得經驗，共同爲促進國際敦煌學的交流而努力。數年前（民國七十一年，西元一九八二年）日本平凡社出版的中國石窟叢書─敦煌莫高窟、及法國出版的「敦煌學術研討會論文集」等，可說是這階段國際敦煌學互相合作的新成果。其次如：香港新亞研究所敦煌學會，自民國六十三年起，先後出版的「敦煌學」四輯，和自民國七十年起，由中國文化大學中文研究所敦煌學會，繼續出版的「敦煌學」，現已出至第十一輯，餘如近年新文豐出版公司出版的「敦煌寶藏」一十四輯，共一百四十鉅冊（黃永武先生編），同爲這段時期研究蒐集的另一成果。

　　在國際的敦煌學熱潮聲中，我國敦煌學的研究，也逐漸地有更多人的投入，首先，如已有四十多年歷史的敦煌藝術研究所（後改爲敦煌文物研究所），它的工作重點，已由單純的摹寫展示，轉爲更深、更廣的內容研究，設立敦煌遺書研究室，針對研究所所藏敦煌遺書著手研究。這些年來，已發表的學術論文將近百篇。在此同時，港、臺兩地的學報專書、期刊雜誌，雖較後出，但近年來，已陸續出版，且有後來居上的趨勢，不論在質與量上，也頗受到國內外學者的注目和好評。餘如：北京大學唐史研究中心出版的「敦煌文書研究論文集」、武漢大學歷史系出版的「吐魯番文書研究論文集」二冊、蘭州大學歷史系出版的「敦煌學集刊」等，都有論文發表。除此之外，像浙江大學、中山大學、南京大學、四川大學、山東大學、中央美術學院，也開設敦煌文獻或有關石窟的講座。在國內，早在十多年前，潘石禪先生卽在港、臺兩地首開「敦煌學」的課程，並成立研究學會，從事有關敦煌文獻的蒐集、整理、研究。所以近年來各大學也漸有「敦煌學」、「俗文學」等課程的開設。而國立故宮博物院、國立歷史博物館，也舉辦過多次的敦煌學術講座。最盛大的如民國七十五年（西元一九八六年）八月一日至三日，在國立中央圖書館新廈所舉辦，首屆敦煌學國際研討會，及由漢學研究資料及服務中心出版的「敦煌學國際研討會論文」專號，最具意義。

我國的敦煌學研究，具有獨自的特色和新的領域。除了一面繼承敦煌藝術的遺產，一面以推陳出新的手法，並從事新藝術的創造與開發。例如：雲門舞集—薪傳、歷史舞臺劇—絲路的花吹雪等所展現的，就是此類典型的優秀作品，經由靜止的壁畫寫實，進而研究敦煌舞蹈動態的展示，可以看出敦煌舞蹈優美的姿態和動作，所創造出的韻律美、節奏美。在音樂上，由於敦煌文書的留傳，使唐代樂曲得以重現，現在已有三位學者，致力於這方面的研究（其中一人爲日本人）將已成絕響的唐代音樂，在千餘年後，再譜爲今日人人能聽的曲調。在壁畫上，近年來已被利用作許多建築的裝飾壁畫。敦煌圖案，也被運用到現代潮流的用品及佈置上，如絨毯、絹織物、唱片封面、畫册封面等，且有逐漸發展的趨勢。總之，敦煌藝術的遺產，在中華文物的精神文明中，仍扮演著積極多采的角色及作用。

現階段的敦煌學，已進入到新的歷史層面，由已往的點線探討，到全面的科技整合。分別從敦煌的歷史地理、石窟考古、敦煌文書、敦煌文學、敦煌美術、語言文字、宗教民族、敦煌的音樂舞蹈、中西文化交流等，作較深入的研究。

綜觀當前的敦煌學情勢，對將來的展望，有下列幾點感想：

一、現在敦煌學的各種文獻研究，仍僅止於基本的個個文書的研究，雖說這種工作是最基本的科學研究，却被認爲是分類研究、總合研究，及深邃理論研究的基礎。現在我國與日本、法國等各國的學者，主要採這種方法，將許多重要的文獻加以對照、字的識別、記錄、校勘、訓詁，因此對古書眞僞、異同等的研究考訂，反而忽略，因爲只有這樣，才能成爲科學研究信賴的根據。日、法兩國的學者，在這方面的努力，有著豐富的經驗，收到很多的成果，而且已向分類研究、總合研究在邁進。然因資料的不完全，而時感困難。目前除了以前各國已編成出版。（註二）有關敦煌的目錄外，多年前中國大陸編有「敦煌文獻總目索引」，國內如：漢學研究資料及服務中心，最近出版的「敦煌研究論著目錄」（鄭阿財先生編）及新文豐出版公司，正將現存世界各地的敦煌微捲及歷來研究成果作大整合，如「敦煌叢刋」初集十六册、「敦煌古籍敍錄」一十八册、「敦煌遺書最新目錄」一册，相信爲將來開拓敦煌研究的新領域，間接、直接促進其發展，必有所貢獻。

二、敦煌石窟的研究，敦煌藝術研究所，一直負擔著重要的任務。雖說四十多年來，在它實際的調查中，幾已掌握了全面的資料，針對石窟時代的判別和區分、石窟內容的考證，已獲某些成果，然在字的識別、校勘、訓詁等，仍多有待商榷。（註三）首如，現存最初期的石窟，斷定爲北涼，是從北魏、隋的石窟中，跟北周窟加以比對鑑定，從宋元的石窟中，跟西夏窟加以比對鑑定等而來，使它恢復歷史的本來面貌。又如，「佛傳」壁畫被誤認，現在訂正爲「沙彌守戒自殺因緣」（第二五七窟南壁）、「赴會菩薩」訂正爲「須摩提女因緣」（第二五七窟西壁）等，過去許多錯誤的內容，已逐一被訂正。另外，更有新的內容發現，例如，背屏後方有大佛像的「劉薩訶緣起」幾十年來在三二一窟南壁經變名字未定，經長期的考究發現，經變上部的雲海中有兩隻手，一邊托月，一邊托日，日與月的中間空懸，被新解爲則天武后的名字「曌」字。這是當初則天武后長壽二年（中宗嗣聖十年，西元六九三年）從「佛說寶兩經」中被翻譯，經變的全部內容未明所致。還有石窟藝術史的研究，我國與各國石窟的比較研究，宗教藝術之美學的研究等，已逐漸廣泛地在進行研究。日本、法國及蘇俄在中央亞細亞一帶，作佛教遺跡的調查，發掘出的成果，都是成爲我們非常貴重的參考資料。

三、像今日科學技術發達的時代裡，各國民間的相互往來，各國學者間的學術交流，必然更加頻繁，由於學術交流的溝通，敦煌學研究將更發展。近年來各國的考古學者、歷史學家、哲學家、藝術家、宗教家、音樂家、舞蹈家、美術史家、博物館專家、文物保護專家等，甚至旅遊者，除了實地至敦煌參觀、調查外，純作學術鑽研者，亦不在少數，深信不久的將來，因彼此資訊的傳遞，造成另一波「敦煌學」研究的熱潮，乃勢所必至。

由上觀之，敦煌已成爲敦煌學的交流中心，那麼將來國際敦煌學的研究及發展，將因資訊時代的來臨，而改變時空的限制。當然，我們更希望由於我國漢學研究資料及服務中心的成立，發揮它積極的功能，並配合各大學逐年普設的「敦煌學」，使中華民國也成爲敦煌學研究的重鎮之一。

附註：

註一：敦煌在我國地圖上，位於東經九十五度，北緯四十度的地方。它西鄰新疆、南接青海，是甘肅省最西的一個縣。絕大部分都是沙漠，有限的耕地和草原，就是我們熟稱的綠洲。早在西元第四世紀至十四世紀之間，因有塑像和壁畫的開鑿而得名——莫高窟（卽千佛洞），西元一九〇〇年（淸光緒二十六年）又因敦煌文物被發現而著名，後來陳寅恪先生並將「敦煌學」一詞，首先用於中國書刊中。

註二：魏雷（A．Waley 1889 — 1966 ）曾於西元一九三一年在倫敦出版「英國博物館所藏敦煌圖書目錄」。

翟理斯（L. Giles 1875 — 1958 ）費了三十八年的精力，於西元一九五七年在倫敦出版「敦煌漢文寫本書解題目錄」。

王重民等，於西元一九六二年在北京圖書館出版「敦煌遺書總目索引」。

蘇聯亞洲民族研究所先後於西元一九六三、一九六七年出版「敦煌漢文寫本解說目錄」兩册。

法國巴黎國家圖書館，於西元一九七〇、一九八〇、一九八三年出版「敦煌漢文寫本解題目錄」三冊。

日本池田溫等，於西元一九六四年出版「スタイン（斯坦因）既紹介（已公布）西域出土漢文文獻分類目錄初稿，非佛教文獻之部，古文書類」兩冊。

日本三木榮於西元一九六四年出版「西域出土醫藥關係文獻總合解說目錄」。

日本吉岡義豐於西元一九六九年出版「敦煌文獻分類目錄・道教之部」。

日本田中良昭於西元一九六九年出版「敦煌禪宗資料分類目錄」初稿。

日本大淵忍爾於西元一九七八年出版「敦煌道經目錄篇」。

日本大淵忍爾於西元一九七九年出版「敦煌道經圖錄」。

註三：可參考潘重規先生「敦煌俗字譜」、「龍龕手鑑新編」、「敦煌變文集新書」等，或蘇瑩輝先生「敦煌論集」、「敦煌論集續編」等、或陳祚龍先生「敦煌學海探珠」、「敦煌資料考屑」等。

（本文原載敦煌學十二期75.1.20.）

陽明學研究論著目錄

余自民國七十年撰述「陽明學說對日本之影響」後，距今六年矣。在拙著之後附有中日兩國陽明學者之專著及論文目錄，爲同道研究，稱便不少，唯隨手抄錄，闕漏難免，屢思補訂之念。同年倖取教育部公費留考，得有機會，前往東京大學進修研究，乃擴大蒐集範圍（宋明理學），逐一增補，故將原供自己參考資料，詳加董理，予以付梓，公諸同好。

近年來，雖科技迅速發展，然人文並未隨之同步，且每有偏枯之虞，筆者有感於資訊時代卽將帶來之衝擊，唯有人文之提振，方是治本之良策，爰乃別闢蹊徑，從事此孤寂之工作，深盼爲時代潮流與變遷過程，略盡心力，倘能因此而聯合更多同道，參與此艱鉅工作，策勵來茲，影響國內人文研究風氣，洵爲深具意義之工作。

本文蒐集自西元一八九七至一九八六年，包括近九十年，中日兩國陽明學者研究之成績。本文大別專著及論文兩部份，專著分書名、作者、出版社、年份等；論文則分篇名、作者、卷期、年份等，歸類舉述，唯部份大陸作者書名、篇名用詞較為敏感者，則予從略，倘有遺珠之憾，敬祈見諒，並予指正。

一、中文篇—專著

書名	作者	書局	年份
王陽明	胡越 著	上海・中華書局	一九四〇
王陽明	牟宗三 著	台北・幼獅出版社	一九五五
王陽明	楊天石 著	上海・中華書局	一九七二
王守仁	錢穆 著	台北・商務印書館	一九六八
王守仁	段天烱 著	台北・勝利出版社	一九四五
陽明傳（國劇創作）	張孔祥筠著	華岡出版有限公司	一九七二
陽明學	賈豐臻 著	台北・商務印書館	一九六七
陽明學派	謝无量 著	上海・中華書局	一九一五
陽明學傳	張希之 著	台北・中華書局	一九六一

左派王學	嵇文甫 著	上海・開明書店	一九三四
王陽明傳	鄭繼孟 著	台南・綜合出版社	一九七三
王陽明論	林振玉 著	台南・復文書局	一九七六
王學解蔽	張鐵君 著	台北・新中國出版社	一九五六
王學要略	歐陽煦 著	大中國圖書公司	一九八四
王陽明全集	徐　愛等輯	台北・考正出版社	一九七二
王陽明全書	王陽明 著	台北・正中書局	一九五五
王陽明與禪	陳榮捷 著	台北・無隱精舍	一九七三
王陽明哲學	蔡仁厚 著	台北・三民書局	一九七四
陽明學述要	錢　穆 著	台北・正中書局	一九五五
陽明學論集	蔣和琪 編	文新印刷有限公司	一九五八
陽明學論文集	張其昀等著	台北・中華學術院	一九七二
陽明學說眞諦	張鐵君 著	中國新聞出版公司	一九五六
陽明學說體系	黃敦涵 著	台北・泰山書局	一九六二
陽明實踐哲學	羅睿槿 著	漢華文物出版社	一九七六
陽明先生傳纂	余重耀 著	上海・中華書局	一九二四

陸王哲學辨微　胡哲敷　著　台北・水牛出版社　一九六六

廣王陽明四句教　方大心　著　台北・自由出版社　一九五七

王陽明聖學探討　鄧元忠　著　台北・正中書局　一九七五

王陽明致良知教　牟宗三　著　中央文物供應社　一九五四

王陽明致良知說　王開府　撰　台北・學生書局　一九七四

王陽明教育學說　丁仁齋　著　台北・復興書局　一九五五

王陽明學說新論　陳健夫　著　台大青年雜誌社　一九五四

陽明學說在今日　張鐵君　著　台北・學園月刊社　一九七五

王守仁與明理學　宋佩章　著　上海・商務印書館　一九三一

比較中日陽明學　張君勱　著　台北・商務印書館　一九七〇

王陽明哲學研究　沈善洪　等　浙江人民出版社　一九八一

王陽明傳習錄注釋　于清遠　著　高雄・黃埔出版社　一九五八

王陽明的政治思想　李福登　著　私立台南家專　一九七七

王陽明入聖的工夫　朱秉義　著　幼獅文化公司　一九七九

王陽明傳習錄札記　但衡今　著　自印本　一九五七

王陽明哲學與事功　周同　著　高雄・國際文摘社　一九五七

王陽明思想之進展　鍾彩鈞　著　文史哲出版社　一九八三
陽明思想與現代教育　龔書綿　著　自印本　一九六八
明王文成公守仁年譜　楊希閔　著　台北・商務印書館　一九八一
王陽明與中國之儒家　李群英　著　台北・中華書局　一九七四
陽明學對韓國的影響　鄭德熙　著　文史哲出版社　一九八六
日本的古學及陽明學　朱謙之　著　北京・三聯書店　一九六四
王陽明知行合一之教　梁啓超　著　台北・中華書局　一九五八
王陽明傳習錄及大學問　黎明編輯部　黎明文化公司　一九八七
王陽明之生平及其學說　王禹卿　著　台北・正中書局　一九七七
陽明講學的精神和風度　張濟時　著　國父遺教出版社　一九五五
陽明學說對日本之影響　戴瑞坤　著　台北・華岡書局　一九八一
王陽明傳習錄詳著集評　陳榮捷　著　台北・學生書局　一九八三

其　他

梅園論學集—陽明評象山說格物　戴君仁　著　台北・開明書店　一九七〇
梅園論學續集—王陽明與陸象山　戴君仁　著　台北・藝文印書館　一九七四
錫園哲學文集（上）—陽明學述　吳　康　著　台北・商務印書館　一九六一

中國歷代思想家（三四）—王守仁	王熙元 著	台北・商務印書館	一九七八
王門諸子致良知學之發展	麥仲貴 著	香港・中文大學	一九七三
明清儒學家著述生卒年表	麥仲貴 著	台北・學生書局	一九七八
力行哲學淺說	胡一貫 著	國防部總政治部	一九六〇
力行哲學論證	聞亦博 著	台北・正中書局	一九七三
力行哲學精義	黃公偉 著	中央文物供應社	一九六六
知行哲學之研究	曾介木 著	中央文物供應社	一九六九
中國知行學說研究	楊承彬 著	台北・商務印書館	一九七八
蔣總統思想與陽明哲學	周世輔 著	政大・三民主義研究所	一九七七

二、中文篇—論文

篇名	著譯者	刊名卷期	年份
王學原論	涉泉生	牖報 一	一九〇七
王學原論	涉泉生	牖報 二	一九〇七
王學原論	涉泉生	牖報 四	一九〇七
良知說	倪義抱	國學雜誌 一—三	一九一五

王陽明性說	籀公譯	新中國	一—六	一九一九
王陽明心理學	汪震	心理	三—三	一九二四
王文成公全書題辭	章炳麟	華國月刊	二—一	一九二四
王文成公全書後序	章炳麟	華國月刊	二—一	一九二四
王陽明之直覺主義	黃建中	哲學月刊	一—七	一九二七
王陽明與斐希脫	高瀨武次郎 蔣經三譯	中大語史週刊	二—一六	一九二八
王守仁的哲學	黃子通	燕京學報	三	一九二八
王陽明先生年譜校錄	黃叙倫	浙江圖書館報	二	一九二八
日本研究陽明學說書目介紹	蔣經三	中大語史週刊	二—一六	一九二八
王陽明論「良知」	馮日昌	朝華月刊	一—五	一九三〇
談王陽明的知行合一	王去病	建國月刊	四—三	一九三一
王陽明先生	談師籍	中興週刊	一〇	一九三三
王學闡微	姚廷杰	國學論衡	二	一九三三
王陽明的事業及其良知說的矛盾	公靄	汗血月刊	二—一	一九三三
實幹主義者王陽明	黎駒	汗血月刊	二—六	一九三四
王陽明的人生哲學	徐心芹	中庸半月刊	一—七	一九三五

王學發揮	張壽鏞	光華大學半月刊	三─六、八　四─一、二	一九三五
王陽明先生年譜校記	毛春翔	浙江圖書館館刊	四─五	一九三五
王陽明思想之淵源及其本質	翁琴崖	仁愛月刊	一─二、三	一九三五
陽明學爲今時救國之本論	唐文治	學術世界	一─三	一九三五
由陽明學說談到中國民族的精神教育	陳世英	遺族校刊	二─四、五	一九三五
王陽明政治思想之概述	儀方	政治月刊	三─三	一九三五
王守仁的哲學	程憬	安大季刊	一─四	一九三六
王陽明之事功及其學說	馮俠夫	仁愛月刊	一─九	一九三六
陽明之教凡五變說	汪震	北平晨報	五六、五七	一九三六
十六世紀東方的哲學軍事大家──王陽明先生	王金振	華北日報	七五	一九三六
陽明學說之疑難	陳恩成	書林	一─二、四	一九三七
王陽明的倫理哲學	王昌祉	工商學誌	九─一	一九三七
在龍場驛丞任內的王陽明	曹經沅	越風	二─一	一九三七
王陽明集外遺文	薇園	國學叢刊	九	一九四二
王陽明的學習方法	操震球	自學	一	一九四三

文化改造與陽明學說	張鐵君	中央日報	九、一九	一九五四
王陽明知行合一說的要義	陳大齊	中央日報	一一、二一	一九五四
王陽明知行合一說的眞義	楊一峯	中央日報	一二、五	一九五四
王陽明與荀子	陳大齊	新生報	一二、一一	一九五四
東林派與王學辨微	張鐵君	中央日報	三、六	一九五五
浙東學派與陽明心教	章群	新亞校刊	六	一九五五
王陽明的南贛鄉約	周天固	民主評論	六—五	一九五五
日本近世陽明學派概述	黃敦涵	民主評論	六—一一	一九五五
陽明學說述評（上）	羅鴻詔	自由中國	一三—一一	一九五五
陽明學說述評（下）	羅鴻詔	自由中國	一三—一二	一九五五
王陽明學行簡述	牟宗三	幼獅	三—三	一九五五
陽明成學前的一番經歷	錢穆	幼獅	三—四	一九五五
陽明並不否認「知難」的鐵證	張鐵君	建設	三—八	一九五五
陽明哲學要義及其時代精神	黃浩然	國魂	一一〇	一九五五
陽明哲學之分析	范錡	國魂	一一一	一九五五
王陽明定宸濠之亂	邦儀	國魂	一一一	一九五五

王陽明的教育思想（下）	胡美琦	人生	一二—一〇	一九五六
王陽明之才志學養及事功	黃建中	建設	五—六	一九五六
王陽明的人格生活與教育事業	鄭繼孟	反攻	一五二	一九五六
王陽明的教育思想	邱椿	北師大學報	二	一九五七
王陽明致良知哲學的要義	柳嶽生	國魂	一四一	一九五七
對王陽明主觀唯心主義的批判	郝善群	新建設	五七—四	一九五七
王陽明的心物論	孫振青	新鐸聲	一二	一九五七
陽明心學及其教育思想	黃建中	師大學報	二	一九五七
心學原流考辨（上）	黃建中	大陸雜誌	一四—一一	一九五七
心學原流考辨（下）	黃建中	大陸雜誌	一四—一二	一九五七
陽明學述	吳康	中國哲學史論集	一	一九五八
知行合一與心物合一	周伯達	建設	七—二	一九五八
陽明哲學要義	姜漢卿	國魂	一五七	一九五八
王學與學庸	姜漢卿	國魂	一五九	一九五八
王陽明的宗教觀	孫振青	恒毅	七—一二	一九五八
王陽明的宗教觀（續）	孫振青	恒毅	八—一	一九五八

陽明哲學闡微	黃建中	革命思想	四—一	一九五八
陽明教育思想	鄧玉祥	師大教育研究所集刊	一	一九五八
陽明學說的研究	王寒生	民主憲政	一五—八、九	一九五九
陽明學說的研究（續一）	王寒生	民主憲政	一五—一〇	一九五九
陽明學說的研究（續完）	王寒生	民主憲政	一六—二	一九五九
陽明學說之推陳出新	金耀基	革命思想	六—三	一九五九
王陽明哲學研解	周世輔	革命思想	六—六	一九五九
陽明「究竟話頭」淺釋	邱來晉	國魂	一六九	一九五九
論陽明之學㈠	胡秋原	民主評論	一〇—五	一九五九
論陽明之學㈡	胡秋原	民主評論	一〇—六	一九五九
王陽明「致良知」的理論與實踐	曹國霖	建設	九—六	一九六〇
陽明之學（上）	錢穆	新亞生活	三—三	一九六〇
陽明之學（下）	錢穆	新亞生活	三—五	一九六〇
陽明之學	錢穆	人生	二〇—七	一九六〇
陽明知行哲學與教育思想	秦汝炎	師大教育研究所集刊	二	一九六〇
日本漢學者對於朱王異同之論斷	任覺五	立達文稿	二七	一九六一

陽明修身格物論之研究	邱來晳	國魂	一八九	一九六一
王陽明與孫中山學說之批判	溫心園	人生	二一－九	一九六一
陽明學在日本的傳播	朱謙之	文滙報	四、一	一九六二
王陽明的思想方法	宋哲	建設	一〇－九	一九六二
王守仁的教育思想評介	羅炳之	江海學刊	六	一九六二
王學眞相之探討（上）	林繼平	人生	二四－四	一九六二
王學眞相之探討（下）	林繼平	人生	二四－五	一九六二
中國古代哲學家—王陽明	王明等	教育與研究	四	一九六二
王學所表現的人格	林繼平	人生	二五－三	一九六二
王陽明的政治思想	易大軍	政治評論	九－一	一九六二
關於王陽明的政治思想及其哲學思想的討論	伍健之	文滙報	一、二〇	一九六三
從陽明憨山之釋大學看儒佛疆界	林繼平	人生	二五－五	一九六三
論王學的工夫問題（上）	林繼平	人生	二五－八	一九六三
論王學的工夫問題（下）	林繼平	人生	二五－九	一九六三
「王陽明集」中的江西「九姓漁戶」	傅衣凌	廈門大學學報	一	一九六三

王陽明的生平與思想	張起鈞	新時代	三—一一	一九六三
朱子陽明的格物致知說和他們整個思想的關係	戴君仁	孔孟學報	九	一九六四
王陽明的「致良知」教育學說	伍振鷟	台灣教育輔導月刊	一四—五	一九六四
陽明心學述評	劉珍修	哲學年刊	二	一九六四
王陽明與禪	陳榮捷	人生	二七—一一	一九六四
陽明居夷	吳蕤	人生	二八—八	一九六四
關於王陽明的「知行合一」	閻長貴	光明日報	一〇、二三	一九六五
日本陽明學說近況(一)	費海璣	學園	一—一	一九六五
日本陽明學說近況(二)	費海璣	學園	一—二	一九六五
陽明學說與東林學派—明清反王學批判之一	張鐵君	學園	一—二	一九六五
陽明先生格物學說釋義	姜一華	學園	一—四	一九六五
王陽明痛論士風	陳健夫	學園	一—四	一九六五
陽明學的究竟義	姜漢卿	學園	一—一一	一九六六
文武兼資的陽明先生	陳恒昇	暢流	三三—一一	一九六六

陽明學說是朱陸的統一思想	張鐵君	學園	一—五	一九六六
陽明學說釋疑	費海璣	學園	二—三	一九六六
陽明學析論（上）	王安邦	思想與時代	一四六	一九六六
陽明學析論（中）	王安邦	思想與時代	一四七	一九六六
陽明學析論（下）	王安邦	思想與時代	一四八	一九六六
陽明學析論（續完）	王安邦	思想與時代	一四九	一九六六
關於王陽明之知行合一	閻長貴	光明日報	一〇、三	一九六七
王陽明評傳	陳芳草	學園	三—三	一九六七
王陽明評傳（續）	陳芳草	學園	三—四	一九六七
總統 蔣公何以重視—陽明知行合一哲學	李康五	學園	三—一〇	一九六八
陽明先生事略	宋海屏	大學生	四八	一九六八
陽明學與朱陸異同重辨㈠	唐君毅	新亞學報	八—二	一九六八
內聖外王的王陽明先生	方鳳陽	浙江月刊	一—五	一九六八
陽明學與朱陸異同重辨㈡	唐君毅	新亞學報	九—一	一九六九
陽明評象山說格物	戴君仁	大陸雜誌	三九—四	一九六九

王陽明大學問之批判	王美奐	華岡學報	五	一九六九
王陽明經略西南邊務	鄭壽彭	中國邊政	二五	一九六九
明治維新與陽明學	安岡正篤 景嘉譯	東西文化	二五	一九六九
陽明哲學的流傳與影響	周世輔	生力月刊	三—三五	一九七〇
略論王陽明的致良知	周世輔	生力月刊	三—三六	一九七〇
略論王陽明的知行合一	周世輔	生力月刊	四—三七	一九七〇
王陽明的人生觀人性論與宇宙論	周世輔	生力月刊	四—三九	一九七〇
王陽明與其力行哲學	范誦堯	戰史彙刊	二	一九七〇
王陽明與道教	柳存仁	中國文化研究所學報	三—二	一九七〇
王陽明學風的轉變	困五	學園	五—一一	一九七〇
陽明晦菴的天理人欲論	周世輔	學園	六—一	一九七〇
論王陽明思想之豁然貫通	姜一華	學園	六—二	一九七〇
知行合一哲學之研究	羅睿權	學園	六—二	一九七〇
王陽明認識論研究	周世輔	學園	六—四	一九七〇
王學心物一體論探討	羅睿權	學園	六—五	一九七一
陽明學的內涵概述	姜一華	學園	六—六	一九七一

陽明學的究竟義	姜漢卿	學園	六—八	一九七一
良知、致良知以及實踐	羅睿權	學園	六—九	一九七一
陽明學的究竟義（續）	姜漢卿	學園	六—九	一九七一
王陽明的功夫與合一思想	原德汪	學園	六—九	一九七一
陽明理氣心性之學	羅睿權	學園	六—一〇	一九七一
陽明篤實履踐精要	原德汪	學園	六—一一	一九七一
論究竟話頭—陽明天泉證道的四言教研究	羅睿權	學園	六—一二	一九七一
良知良能與人性	周鼎珩	學園	七—一	一九七一
王陽明合一思想之結穴	姜漢卿	學園	七—二	一九七一
陽明哲學與道統	羅睿權	學園	七—三	一九七一
陽明的宇宙觀與人生論	羅睿權	學園	七—四	一九七一
王陽明與贛南鹽務	吳蕤	鹽務	二一	一九七一
王陽明先生「究竟話頭」之辨	蕭天石	藝文誌	七一	一九七一
朱王之異同	周彝	孔孟月刊	一〇—一	一九七一
王陽明「朱子晚年定論」評議	劉一葦	黃埔月刊	二三九	一九七一

王陽明的修養論	吳爽熹	哲學論集	一	一九七二
王陽明門人個性之認識	費海璣	東方雜誌	五—二	一九七二
王學聖人境界造詣之淵源	鄧元忠	文藝復興	三〇	一九七二
王學的分化與發展	牟宗三	新亞學術年刊	一四	一九七二
陽明心學之再闡釋	劉述先	新亞學術年刊	一四	一九七二
王陽明先生軍事思想之研究	魏汝霖	中華文化復興月刊	四—六	一九七二
明史陽明平寧藩考	曾霽虹	國立中央圖書館館刊	四—四	一九七二
陽明哲學與儒家思想體系	張性如	台南師專學報	四	一九七二
王陽明與陸象山	戴君仁	孔孟學報	二四	一九七二
王陽明「朱子晚年定論」評議	劉一葦	黃埔月刊	二三九	一九七二
世界學術對王陽明五百週年的紀念	唐端正	華僑日報	七—一七	一九七二
王陽明誕生五百週年紀念	張其昀	陽明學論文集		一九七二
圓融統一的陽明學	張其昀	陽明學論文集		一九七二
重讀「陽明傳習錄」隨筆	吳經熊	陽明學論文集		一九七二
王陽明論心	羅光	陽明學論文集		一九七二
陽明學與朱子學	唐君毅	陽明學論文集		一九七二

陽明理學概要	陳貽鈺	孔孟月刊	一〇—五	一九七二
王陽明先生的學術思想	張其昀	國魂	三一七	一九七三
餘姚的理學大師—王陽明	袁建祿	浙江月刊	五—七	一九七三
陽明哲學的探討	陳峯津	中國國學	二	一九七三
王陽明在軍事上之成就	張明凱	黃埔月刊	二五五	一九七三
從陽明詩中體認陽明及其道	褚柏思	教與學	五—三	一九七三
陽明學說在朝鮮的委屈	金忠烈	華學月刊	一六	一九七三
陽明先生衆弟子之個性	費海璣	民主憲政	四二—一	一九七三
王陽明先生的門人性行考	費海璣	現代國家	九〇	一九七三
「致知議辯」疏解	牟宗三	新亞學術年刊	一五	一九七三
王陽明對於我國學術思想的影響	田聰岳	古今談	一〇四	一九七三
論陽明學形成及其開拓之人生境界	林繼平	中華文化復興月刊	六—九	一九七三
日本天理大學藏「王陽明講學答問並尺牘」卷初探	杜維明	大陸雜誌	四六—三	一九七三
王陽明答周道通書五封	杜維明	大陸雜誌	四七—二	一九七三

王陽明思想的發展與完成	蔡仁厚	中國學人	五	一九七三
陽明學與現代	山室三良 蔡茂豐譯	華學月刋	一七	一九七三
陽明心學	譚作人	嘉義師專學報	四	一九七三
記王陽明先生詩七首	姚嘯父	暢流	四七—四	一九七三
日本的陽明學	山下龍二 溫文科譯	華學月刋	二一	一九七三
陽明哲學的認識	方剛生	浙江月刋	六四	一九七四
王陽明功業及其遭誣始末	翁咸新	暢流	五二	一九七四
王陽明之人生哲學與勳業	林振玉	黃埔月刋	二六三	一九七四
王陽明光明磊落之人格	林振玉	黃埔月刋	二六八	一九七四
王陽明悟良知及其事功人格之展現	林繼平	文藝復興	五〇	一九七四
陽明龍場悟境探微	林繼平	新時代	一四—二	一九七四
主觀唯心主義的修身術—評王守仁「傳習錄」	楊煥亭	文物	一一	一九七四
略論中華文化大勢及歷代學術思想概要（續）—王陽明	馬融	恒毅	二三—八	一九七四
論陽明學的「晝夜」「死生」問題	林繼平	人文世界	四—三	一九七四

陽明先生的教育精神	羅　睿　權	中華日報	九、三〇	一九七四
王學展現無我無相的事功	林　繼　平	幼獅	三九—一	一九七四
王陽明良知論	孫　鵬　圖	訓練通訊	一二八	一九七四
陽明學的基本義旨	蔡　仁　厚	孔孟學報	二八	一九七四
王陽明知行合一的眞實意義	蔡　仁　厚	獅子吼	一三—五	一九七四
王陽明的詩境	蔡　仁　厚	文藝復興	五四	一九七四
王陽明四句教與天泉證道	蔡　仁　厚	哲學與文化	五	一九七四
王陽明社會思想之研究	張　承　漢	台大社會學刋	一〇	一九七四
王陽明致良知說	王　開　府	師大國研所集刋	一八	一九七四
陽明學說的要義	林　麗　貞	孔孟月刋	一三—一〇	一九七五
王陽明	江　　　達	新江西大學	二	一九七五
知行學說之理論研究（上）	徐　心　涵	台中商專學報	七	一九七五
批判王陽明的「心學」	邱　鋒　等	新江西大學	二	一九七五
陽明心學之流變	譚　作　人	嘉義師專學報	六	一九七五
從宗教觀點看陽明學說	陳　忠　成	孔孟月刋	一三—九	一九七五
簡述王陽明及其學說	黃　淑　惠	中國國學	四	一九七五

王陽明致良知哲學之要點	鄭世雄	哲學論集	五	一九七五
「王陽明哲學」序目	蔡仁厚	華學月刋	三七	一九七五
王陽明「經學卽心學」的基本要旨	蔡仁厚	中華文化復興月刋	八—九	一九七五
王陽明對 蔣總統的影響	吳經熊	蔣總統八十晉九誕辰紀念論文集		一九七五
靜坐教法與陽明哲學	林繼平	香港自由報	一五二八、一五三四	一九七五
王陽明及其哲學思想	蘇雨	中興評論	二二—三	一九七五
知行學說之理論研究（下）	徐心涵	台中商專學報	八	一九七六
陽明學初探	林繼平	自由副刋	十—八、一三、一五、一九	一九七六
王陽明的兒童教育觀（上）	楊漢之	中央日報	九、六	一九七六
王陽明的兒童教育觀（下）	楊漢之	中央日報	九、七	一九七六
王陽明論「誠」（上）	朱秉義	中央日報	九、二七	一九七六
王陽明論「誠」（下）	朱秉義	中央日報	九、二八	一九七六
「陽明學大系」評介㈠	戴瑞坤	華學月刋	五九	一九七六
「陽明學大系」評介㈡	戴瑞坤	華學月刋	六二	一九七七
「陽明學大系」評介㈢	戴瑞坤	華學月刋	六三	一九七七

「陽明學大系」評介㈣	戴瑞坤	華學月刊	六五	一九七七
「陽明學大系」評介㈤上	戴瑞坤	華學月刊	七二	一九七七
王陽明的四有教與王龍溪的四無論	葉偉平	鵝湖	二—一一	一九七七
王陽明的一體觀	楊祖漢	鵝湖	三—四	一九七七
陽明學說體系新探	梁兆康	復興崗學報	一六	一九七七
論知行合一	朱秉義	三民主義學報	一	一九七七
致良知學說的功用	柳嶽生	中華國學	五	一九七七
知與行—陽明思想管窺	周富貴	教育月刊	二二	一九七七
陽明哲學與禪宗（上）	張志良	中美技術季刊	二二—二	一九七七
陽明哲學與禪宗（下）	張志良	中美技術季刊	二二—三	一九七七
孟子與王陽明的良知說	詹秀惠	孔孟學報	三四	一九七七
「傳習錄」與王陽明的思想要旨	陳弱水	書評書目	五六	一九七七
陽明哲學與禪宗（續完）	張志良	中美技術季刊	二三—一	一九七八
「陽明學大系」評介㈤下	戴瑞坤	華學月刊	七三	一九七八
「陽明學大系」評介㈥	戴瑞坤	華學月刊	七四	一九七八

王陽明對道禪的吸收與活用	朱秉義	華學月刊	七七	一九七八
陽明學說在今日	張鐵君	華學月刊	七八	一九七八
鄉先賢陽明先生在中國學術思想界之地位	徐炎	餘姚史料	三	一九七八
王學發展的高峯—羅近溪	蔡仁厚	華岡哲聲	三—八	一九七八
陽明學探微	金偉中	東方文化	一三—一七	一九七八
王陽明之武功	姜一華	夏聲	一五九	一九七八
陽明學中佛學的影子	王志楣	孔孟月刊	一六—七	一九七八
從歷史透視看陽明哲學精義（上）	方東美著 孫智燊譯	中央日報	七、一八	一九七八
從歷史透視看陽明哲學精義（下）	方東美著 孫智燊譯	中央日報	七、二五	一九七八
王陽明的學術思想及其對世界的影響	王熙元	中華文化復興月刊	一一—七	一九七八
王陽明之武功與學術	張永明	東方雜誌	一二—二	一九七八
「王陽明入聖的工夫」提要	朱秉義	華學月刊	八一	一九七八
王陽明先生之人格與風格	魏元珪	哲學與文化	五六	一九七八
王陽明天泉證道	甄在明	大學雜誌	一一八	一九七八

王陽明的融貫孔孟	朱秉義	三民主義學報	三	一九七九
王陽明的「學宗與道統」	朱秉義	華學月刊	八八	一九七九
王陽明解「格物」	朱秉義	文藝復興	一〇三	一九七九
論王守仁的「知行合一」學說	張立文	北方論叢	六	一九七九
王陽明心學的產生及其特點	呂景琳	河北大學學報	二	一九七九
王陽明之武功與學術	張永明	餘姚史料	四	一九七九
陽明學與明代佛教	荒木見悟著 如實譯	佛光學報	四	一九七九
陽明學說的眞諦	陳右勳	嘉義師專學報	九	一九七九
陽明哲學與禪宗	張志良	藝術學報	二六	一九七九
王陽明答周衝書五通	楊天石	中國哲學	一	一九七九
一個政治家的王陽明	徐復觀	餘姚史料	五	一九八〇
王陽明先生的生命體會	鄧元忠	餘姚史料	五	一九八〇
王陽明哲學評述	李雄揮	台東師專學報	八	一九八〇
先總統 蔣公闡述陽明學說之研究	談遠平	復興崗學報	二三	一九八〇
王陽明教育思想試評	陳增輝	天津師院學報	三九	一九八一
陽明先生的智略	黃志民	孔孟月刊	二〇—二	一九八一

論王陽明哲學思想的積極意義	沈善洪等	中國哲學	五	一九八一
評王守仁的「知行合一」說	張紹良	中國哲學	五	一九八一
王陽明講學答問并尺牘	杜維明	中國哲學	五	一九八一
王陽明「四句教」之善惡思想	秦家懿	中國哲學	六	一九八一
王陽明與佛道二教	柳存仁	清華學報	一三—一・二	一九八一
王陽明「知行合一」與「致良知」之研究	孫方琴	孔孟月刊	二〇—五	一九八二
從大學看陽明心學的發展	林日盛	鵝湖	七—一二	一九八二
王陽明心學之發展及其影響	林日盛	文大哲研所碩士論文		一九八二
王守仁「知行合一」說評議	周立生等	中國哲學史研究	八	一九八二
王陽明在貴州	李德芳	貴州文史叢刊	八	一九八二
王陽明哲學思想合理因素試探	陳遠寧	中國哲學	七	一九八二
試論王守仁的泛神論	曾樂山	學術月刊	一五九	一九八二
論王陽明的倫理思想	張靜賢	學習與探索	二三	一九八二
簡略王守仁的「知行合一」說	霍方雷等	中國哲學史研究集刊	二	一九八二
西方對王陽明研究	陳榮捷	中國哲學	九	一九八三

王守仁「知行合一」說新探	龔振黔	貴州社會科學	二〇	一九八三
王陽明哲學的內在矛盾	沈善洪等	中國哲學	九	一九八三
論王守仁的「致良知」	顧寶田	宋明理學討論會論文集		一九八三
王陽明實踐道德說初探	劉宗賢	宋明理學討論會論文集		一九八三
王陽明「知行合一」命題發微	臧宏	宋明理學討論會論文集		一九八三
王守仁的政治思想與教育思想	許抗生	宋明理學討論會論文集		一九八三
略論張載和王守仁的泛神論	曾樂山	宋明理學討論會論文集		一九八三
王陽明知行合一之釐定	陳德和	中國文化月刊	五〇	一九八三
論王陽明之物觀	劉紀璐	哲學年刊	二	一九八三
陽明對朱學似有誤	周世輔	文藝復興	一四一	一九八三
王陽明的致良知	陳郁夫	師大學報	二八	一九八三
王陽明詩研究	崔完植	師大國研所博士論文		一九八四
王陽明與康德道德哲學的比較研究	鄭其良	文大哲研所博士論文		一九八四
安岡正篤與陽明學在日本之薪傳	廖慶洲	台北市銀月刊	一五—二	一九八四
「尊嚴無畏」王陽明	林繼平	中華文化復興月刊	一七—四	一九八四
陽明言「物」諸義之解析	陳一峰	中國文化月刊	六二	一九八四

湛甘泉與王陽明（上、下）	陳郁夫	東方雜誌	一八—三、四	一九八四
國父知難行易學說與王陽明知行合一哲學之研究	賴新生	建國學報	三	一九八四
陽明思想研究法之探討舉例	陳烱彰	食貨	一五—三、四	一九八五
王陽明致良知說的詮釋	古清美	台灣商務文史論文集		一九八五
劉蕺山對陽明致良知說之繼承與發展	古清美	台大中文學報	一	一九八五
陽明學對韓國的影響	鄭德熙	師大史研所碩士論文		一九八五
王陽明親民思想與十六世紀英國入世思想之比較研究	陳烱彰	淡江學報	二三	一九八五
王（陽明）曾（國藩）二儒論學與志之研究	魏智美	輔大中研所碩士論文		一九八五
席元山與王陽明的交誼—陽明「知行合一」說的形成	林繼平	東方雜誌	一八—七	一九八五
國父「知難行易」說與王陽明「知行合一」說的比較研究	黃克仁	革命思想	五九—五	一九八五

論陽明學說對近代學界之影響	吳　蘭	南亞學報	五	一九八五
王陽明知行合一與致良知學說的哲學	林玉華	行政學報	一七	一九八五
國父知難行易學說與王陽明知行合一哲學之研究（續）	賴新生	建國學報	四	一九八五
陽明學說精要之探討（上、下）	陳添丁	革命思想	六〇：二、三	一九八六
王陽明「大學問」思想析論	蔡仁厚	書目季刊	二〇：一	一九八六

三、日文篇——專著

書名	作者	書名	年份
良知	中尾水哉著	參天閣	一九〇七
王陽明	三宅雄二郎著	政教社	一八九三
王陽明	白河鯉洋著	博文館	一九〇〇
王陽明	亘里章三郎著	丙午出版社	一九一一
王陽明	杉原夷山著	近代文藝社	一九三三
王陽明	山田　準著	章華社	一九三七

王陽明	保田　清著	弘文堂	一九四二
王陽明	山本正一著	中文館	一九四三
王守仁（中國の思想家下）	近藤康信著	勁草書房	一九六三
王陽明	谷　光隆著	人物往來社	一九六七
王陽明（陽明學大系2、3）	安岡正篤等	明德出版社	一九七二
王陽明	大西晴隆著	講談社	一九七九
陽明學	西東　玄著	鑽石社	一九八二
王陽明	山下龍二著	集英社	一九八四
傳習錄	山田準 鈴木直治著	岩波書店	一九三六
傳習錄（新釋漢文大系13.）	近藤康信著	明台書院	一九六一
傳習錄	山本正一著	法政大學出版局	一九六六
傳習錄（漢文大系16.）	富山房編集部	富山房	一九七五
傳習錄（中國古典新書69.）	安岡正篤著	明德出版社	一九八一
王學指掌	宮內默藏著	國光社	一九〇一
陸王研究	秋月胤繼著	章華社	一九三五
陽明と禪	里見常次郎著	寶文館	一九〇四

四言教論（洗心洞文庫）	高瀨武次郎著		一九二二
陽明學派	小柳司氣太訂	春陽堂	一九三五
陽明門下（陽明學大系5.6.7.）	荒木見悟 等	明德出版社	一九七二
陽明學階梯	高瀨武次郎著	參天閣	一八九九
王陽明詳傳	高瀨武次郎著	文明堂	一九〇四
陽明學新論	高瀨武次郎著	榊原文盛堂	一九〇六
傳習錄講義	東　敬治著	松山堂	一九〇六
陽明學講話	宮內鹿川著	文華堂	一九〇七
陽明學活眼	陽明學研究會編	文化書院	一九一〇
陽明學要義	東　正堂著	昭文堂	一九一一
陽明學眞髓	春日潛庵 春日昇一郎著		一九一一
王陽明年譜	亘里章三郎著		一九一一
王陽明研究	桑原天泉著	帝國堂	一九一七
王陽明研究	安岡正篤著	玄黃社	一九二二
日本陽明學	井上哲次郎 蟹江義丸著	大鐙閣	一九二二
陽明學提要	芝本善次郎著	田中宋榮堂	一九二四

陽明學講話	高瀬武次郎著	弘道館	一九二八
陽明學精義	山田　準　著	三友社書店	一九三二
陽明學叢話	高瀬武次郎著	成泉堂	一九三二
陽明學講話	山田　準　著	章華社	一九三四
陽明學研究	木村秀吉編	陽明學研究會刊行	一九三八
陽明學入門（陽明學大系1）	宇野哲人等	明德出版社	一九七一
陽明學大系（十二巻・別巻一）	宇野哲人等	明德出版社	一九七一
王陽明の詩	菅原兵治著	黎明書房	一九七二
陽明學便覽	橋本榮治等	明德出版社	一九七四
陽明學研究	野村惠二著	世界思想社	一九七四
傳習錄索引	九大中哲室編	九州大學研究室	一九七七
陽明學入門	後藤基巳著	青春出版社	一九八〇
王陽明文集	岡田武彦著	明德出版社	一九八一
王陽明研究—改訂版	安岡正篤著	明德出版社	一九八一
陽明學十講	安岡正篤著	明德出版社	一九八一
陽明學講話—新版	山田　準　著	明德出版社	一九八二

王陽明全集（全十卷）	安岡正篤等	明德出版社	一九八二
日本の陽明學	高瀬武次郎著	鐵華書院	一八九八
王陽明の修養	鹽見平之助著	東海堂	一九〇八
達磨と王陽明	忽滑谷快天著	丙午出版社	一九〇八
王陽明言行錄	渡邊芳雄著	內外出版協會	一九〇九
王陽明先生傳	宮內鹿川著	文華堂	一九〇九
陽明學と偉人	佐藤庄太著	武田文永堂	一九一一
王陽明の哲學	高森良人著	聖山閣	一九二七
王陽明の哲學	三島復著	大岡山書店	一九三四
陸家山王陽明	山田準著	岩波書店	一九四三
陽明學の研究—成立編	山下龍二著	現代情報社	一九七一
陽明學の研究—展開編	山下龍二著	現代情報社	一九七一
日本の陽明學（陽明學大系8.9.10.）	柳町達也等	明德出版社	一九七二
佛敎と陽明學	荒木見悟著	第三文明社	一九七九
陽明學派の人物	石崎東國著	前川書店	一九一二
陽明學關係書類	渡邊瑳美著		一九一二

陽明主義の修養	高瀨武次郎著	東亞堂書房	一九一八
日本陽明學語錄	柴田甚五郎編	東亞研究會	一九三五
言志錄と陽明學	山田　準　著	主張社	一九三六
王陽明の解脫觀	安藤州一　著	敞文館	一九四二
精神修養と陽明學	鳥　有生	東海堂	一九〇二
日本陽明學派の哲學	井上哲次郎著	富山房	一九〇〇
王陽明の人物養成譚	木村鷹太郎著	大學館	一九〇二
陽明哲學叉子付問答	東　正堂　著	成進堂	一九〇四
王陽明と明末の儒學	岡田武彥　著	明德出版社	一九七〇
王陽明の禪的思想研究	久須本文雄著	日進堂	一九五八
幕末維新陽明學者書簡集	岡田武彥　等	明德出版社	一九七二

四、日文篇——論文

篇名	著譯者	刊名	卷期	年份
知行合一說に就きて	元良勇次郎	東洋哲學	四—七	一八九七
王陽明の四言教を論ず	高瀨武次郎	東洋哲學	六—八	一八九九

王陽明	高瀨武次郎	史學界	一	一八九九
王學辯論	東　敬治	東洋哲學	九	一九〇二
王陽明の學を論ず	中島德藏	史學雜誌	一九	一九〇四
王陽明の性說	高瀨武次郎	東洋哲學	一一	一九〇四
王陽明の良知固有論	高瀨武次郎	東洋哲學	一一	一九〇四
知行合一說	東　敬治	東洋哲學	一一	一九〇四
ストア哲學と陽明學	池澤定吉	東洋哲學	一二	一九〇五
致良知之工夫	高瀨武次郎	東洋哲學	一三	一九〇六
陽明學派諸子略傳	高瀨武次郎	東洋哲學	一三	一九〇六
王陽明先生略傳	村瀨誨輔	陽明學	一	一九〇八
陽明學に就いて	井上哲次郎	陽明學	一	一九〇八
王陽明と禪宗	忽滑谷快天	禪宗	一六三、四	一九〇八
陽明學と女子教育	中根東里	陽明學	一	一九〇九
處世と陽明學	高瀨武次郎	陽明學	一	一九〇九
王陽明の人生觀	里見無聲	陽明學	一	一九〇九
王學管見	山田　準	陽明學	一	一九〇九

禪と陽明學	孤峯鳥石	禪宗	一七六	一九〇九
王學の淵源並に陽明學の教育法と方今の教育法	磯部檢藏	陽明學	二	一九一〇
陽明學大意	井上哲次郎	陽明學	二	一九一〇
陽明學と佛教	道重信孝	陽明學	二	一九一〇
陽明先生の事蹟に就いて	東　敬治	陽明學	二	一九一〇
陽明學と安心立命	高瀨武次郎	禪宗	一八一	一九一〇
王陽明の人物を拜す	內田周平	東洋哲學	一七	一九一〇
眞宗より觀たる陽明學	前田慧雲	東洋哲學	一七	一九一〇
陽明學と安心立命	高瀨武次郎	禪宗	一八一	一九一〇
陽明學駁議	內田周平	東洋哲學	一七	一九一〇
詩學上より見たる陽明先生	谷村映雪	陽明學	三	一九一一
陽明先生の詩について	山崎光太郎	陽明學	四	一九一一
陽明學の源流	菊地晉二	陽明學	四	一九一二
王陽明と立志	山田　準	東洋哲學	一九	一九一二
王學要論	井上光太郎	東洋哲學	一九	一九一二

王子と知行合一	山田　準	東亞研究	三	一九一三
現代の思想と陽明學	小林正榮	陽明學	五	一九一三
陽明先生の唯心觀	長谷井超山	陽明學	五	一九一三
陽明學と經濟學	山路愛山	日本經濟新誌	五	一九一三
王陽明と善惡	山田　準	東亞研究	三	一九一四
現代哲學と陽明學	長谷井超山	陽明學	六	一九一四
陽明先生傳	高瀨武次郎	陽明學	七	一九一五
王陽明と論語	安井小太郎	東亞研究	五、六	一九一五
王陽明先生傳	河住　玄	陽明學	八、九	一九一六
陽明王子と修養	山田　準	東洋哲學	二三	一九一六
王陽明の良知說	林　茂吉	東亞研究	六	一九一六
王陽明の性格を論ず	三島　復	東洋哲學	二六	一九一九
現代の修養と陽明學	三島　復	斯文	一	一九一九
王陽明の論語解	三島　復	斯文	四	一九二二
印度哲學と陽明學との異同	長谷井超山	陽明學	一三、一四	一九二二
王陽明と現代思想	松村介石	東洋文化	一	一九二四

王陽明の致良知	高瀨武次郎	斯文	八	一九二六
陽明學の人生觀	高瀨武次郎	禪學研究	一〇	一九二九
陽明學と辯證法	紀平正美	哲學雜誌	四四	一九二九
陽明學の研究	山田準	丁酉倫理會倫理講演集	三一五	一九二九
王陽明よりみたる朱子及び朱子學	山田準	大東文化	一	一九三一
陽明學概論	山田準	漢文學講座	六	一九三三
陽明學に就いて	山田準	道德	二	一九三三
龍城配所の王陽明	西川平吾	精神科學	二	一九三四
陽明學に於ける自性の徹見	蔦川芳久	大東文化	一一	一九三五
王陽明先生流謫事蹟考	河住玄	東洋文化	一二八～一三二、一五〇	一九三五
王子少年事蹟考	河住玄	東洋文化	一五二	一九三七
王陽明の人物を評す	內田周平	東洋文化	一五五	一九三七
王陽明先生年譜箋記(一)	河住玄	東洋文化	一六二	一九三八
陽明思想の倫理學的考察	保田清	哲學研究	二三	一九三八
王陽明佛刹巡歷年譜會要	久須本文雄	禪學研究	二九	一九三八
王陽明の哲學	尾崎筆五郎	日本大文學科研究年報	六	一九三九

王陽明の遊歴禪刹とその禪的影響	久須本文雄	支那佛教史學	四	一九四〇
王陽明出身靖亂錄の出所	長澤規矩也	書誌學	一五	一九四〇
王陽明の學說	山田　準	書苑	四	一九四〇
王陽明	瓶　龕	書苑	四	一九四〇
王陽明の思想と六祖法寶壇經	久須本文雄	禪學研究	三七	一九四二
陽明學の性格	安田二郎	東方學報	一四	一九四三
四句教法考—王陽明の哲學に就いて—	平下欣一	東亞研究	二四	一九四三
王陽明書		國華	五三	一九四三
陽明學における人間概念の自我意識の展開と其意義(一)(二)	島田虔次	東洋史研究	八	一九四三
陽明學の性格	安田二郎	東方學報（京）	一四	一九四三
知行合一論私見	和田正俊	斯文	二五	一九四三
陽明思想成立に關する一二の考察	山本正一	斯文	二五	一九四三
全書本傳習錄考(一)	今井宇三郎	斯文	二七	一九四五
手簡より見たる王陽明の思想大要	保田　清	哲學研究	三二	一九四八

王陽明晩年の思想—致良知論釋—	楠本正繼	叙説	五	一九五〇
陽明學の精神	楠本正繼	哲學雜誌	七一一	一九五一
陽明的「心理卽」の一考察	大西晴隆	東洋の文化と社會	三	一九五三
陽明學小論	清水泰次	歷史教育	二	一九五四
陽明思想成立に關する一二の考察	山本正一	斯文	二六	一九五四
中國思想における實踐論の展開	山本秀夫	思想	三六九、三七〇	一九五五
陽明學研究の歷史から	山下龍二	歷史教育	三	一九五五
致良知に關する一私言	小林信明	漢文教室	二八	一九五七
知行合一論の一檢討	荒木見悟	支那學研究	一八	一九五七
陽明學の生成	清水泰次	社會科學討究	三	一九五八
王陽明の思想の變遷について	山下龍二	日本中國學會報	一〇	一九五八
傳習錄を讀む	猪城博之	西南學院大學文學論集	六	一九五九
大禮の議と王陽明	天田武夫	中國哲學	一	一九六〇
王陽明における平等の思想について	天田武夫	中國哲學	二	一九六一
王文成公全書の合刻について	鈴木隆一	懷德	三二	一九六一

王陽明における悪の成立	高橋行司	大東文化大漢學會誌	四	一九六一
陽明の大學解釋について—誠意と致良知—	友枝龍太郎	哲學	一三	一九六一
心卽理の哲學	吉田賢抗	集刋東洋學	五	一九六一
良知說存在之意義	野村惠二	大阪府立大紀要	九	一九六一
陽明の「致知」についての一考察	美原道輝	九州中國學會報	八	一九六二
王陽明倫理說における「性善」の研究—孟子性善說との比較について—	野村惠二	大阪府立大紀要	一〇	一九六二
王陽明—朱子との認識論的比較考察—	洞野修一	愛知大文學論叢	二七	一九六三
王陽明說動機論に就いての一考察	野村惠二	大阪府立大紀要	一一	一九六三
陽明學研究の問題點	岩間一雄	名古屋大法政論集	二五	一九六三
王陽明の研究（年譜）	志賀一朗	東洋學論集	內野博士還曆紀念	一九六四
陽明學に於ける修學の態度について	野村惠二	大阪府立大紀要	一二	一九六四

傳習錄に於ける引用典例㈠㈡㈢	野村惠二	大阪府立大紀要	一三、一四 一五	一九六四、五
陽明敎學の矛盾ー 聖人觀を中心としてー	高橋行司	中國哲學	三	一九六五
王陽明への傳記的素描	岩間一雄	岡大法經學雜誌	一五	一九六五
王文成公全書概要	山下龍二	四庫提要譯注	集一	一九六六
王學の庶民性に關する社會的歷史的意義	酒井忠夫	龍谷史壇	五六、五七	一九六六
明初以降の思想動向と陽明學の形成	岩間一雄	岡大法經學雜誌	一七	一九六六
陽明學の歷史的性格	岩間一雄	名大法政論集	三四	一九六六
王陽明	山下龍二	講座東洋思想	二	一九六七
王陽明と封爵について	間野潛龍	東洋史論叢	田村博士 頌壽號	一九六八
湛甘泉と王陽明	荒木見悟	哲學年報	二七	
王陽明と湛甘泉	志賀一朗	日本中國學會報	二一	一九六九
王陽明に於ける敎學と中庸の關係	野村惠二	藝林	一八	一九六九
王陽明における萬物一體說	藤澤弘昌	廣島大學敎養部紀要	一	一九六九

王陽明における性と悪	笠井　清	群馬専校研究報告	一	一九六九
陸、王心卽理說考	笠井　清	群馬専校研究報告	二	一九六九
王陽明の教育思想	笠井　清	群馬専校研究報告	三	一九七〇
王陽明における學問の性格	笠井　清	群馬専校研究報告	四	一九七〇
心學と理學	荒木見悟	禪學研究	五八	一九七〇
王陽明の『大學』解釋と「自慊」	笠井　清	倫理學年報	二〇	一九七〇
「心卽理」「知行合一」「致良知」の意味	山井　湧	日本中國學會報	二三	一九七〇
「致良知」の成立と王陽明の生涯	山室三良	福岡大學人文論叢	二	一九七〇
王陽明「聶文蔚に答ふる第一書」	山室三良	福岡大學人文論叢	二	一九七一
王陽明「聶文蔚に答ふる第二書」	山室三良	福岡大學人文論叢	三	一九七一
拔本塞源論を讀て	山室三良	福岡大學人文論叢	三	一九七一
陽明學における佛教の影響	浦邊正信	東洋學術研究	一〇	一九七二
錢緒山の「傳習錄」編纂について	吉田公平	九大哲學年報	三一	一九七二
王陽明の思想	木南卓一	帝塚山大學紀要	九	一九七二
王陽明の「心卽理」の再檢討	上田弘毅	中哲文學會報	一	一九七四

王陽明の學問と事功の兩行について	近藤康信	東洋學論叢	宇野哲人白壽紀念	一九七四
陸王二子の佛教觀について	下斗米晟	大東文化大學紀要	一二	一九七四
陸王二子の類同點と相違點について	下斗米晟	東洋學論叢	宇野哲人白壽紀念	一九七四
三重縣と陽明學	印田義保	東洋文化	三七	一九七五
明末儒學の展開—幕末朱王學—	岡田武彥	中國哲學論集	一	一九七六
王陽明の家庭と王家運命	佐野公治	愛知大學十周年紀念論集		一九七六
陽明學倫理說における價值判斷の問題	野村惠二	大阪商業大學論集	四四	一九七六
王陽明の思想に關する一考察	成重正信	廣大中國哲學研究室		一九七七
王陽明の天地萬物一體觀	笠井　清	淑德大學研究紀要	九、一〇	一九七七
王陽明の心卽理說に關する一考察	市川安司	二松學大東洋學研究所集刊		一九七七
王陽明の「自慊」について	難波江通泰	皇學館論叢	一〇—四	一九七七
王守仁の思想解放論	洪　樵榕	二松學大論集	創立百周年紀念號	一九七七
王陽明の思想—誠意說について—	吉田公平	東北大敎養學部紀要	二五	一九七七

王陽明の思想—體認をめぐって—	吉田公平	中國哲學論集 三	一九七八
中國思想の展開と陽明學	赤塚　忠	二松學大陽明學特輯	一九七八
儒教倫理の本質と陽明學	宇野精一	二松學大陽明學特輯	一九七八
陽明學と三島中洲	山口角鷹	二松學大陽明學特輯	一九七八
王陽明の詩文	石川梅次郎	二松學大陽明學特輯	一九七八
わが國における陽明學の受容	山田　琢	二松學大陽明學特輯	一九七八
陽明學における人情事變について	中田　勝	二松學大論集	
王陽明その隱遁の思い	藪　敏　也	中國哲學論集 五	一九七九
王陽明の「徐昌國墓誌」について	竹內弘行	高野山大學論叢 一五	一九八〇
王陽明・その事上磨鍊の勸め—陽明文錄を讀む—	藪　敏　也	荒木教授退休紀念 中國哲學史研究論集	一九八一
王陽明・湛甘泉の交遊詩	上野日出刀	荒木教授退休紀念 中國哲學史研究論集	一九八一
王陽明の「朱子晩年定論」について—明末清初朱陸論序說—	吉田公平	明代思想文藝論集	一九八一
陽明學の開展と佛教	福山　殖	中國哲學論集 一〇	一九八四

朱子學研究論著目錄

早在拙著「陽明學研究論著目錄」發表之前，「朱子學研究論著目錄」已具雛形，後因撰述「陽明學說對日本之影響」一書而暫予擱置，其後得幸，有機前往東大進修，補葺之念時耿於懷，返國後乃董理增訂，悉依前編——「陽明學研究論著目錄」體例，將中日兩國朱子學者之研究成果，逐一臚列。

本文蒐集自西元一八九二年至一九八六年，包括近百年中日兩國朱子學者之研究成績，凡分專著及論文兩部份：即專著分書名、作者、出版社、年份等；論文則分篇名、作者、卷期、出版刊物名稱、年份等。雖非全璧，幾已蒐羅殆盡，倘有未備，則俟諸來日。

一、中文篇——專著

書名	作者	書名	年份
朱熹	譚鳴 著	星洲・世界書局	一九六二
朱熹	周大同 著	台北・商務印書館	一九七一
朱子學	王孺松 著	台北・教育文物出版社	一九八五
朱子研究	楊筠如 著	台北・商務印書館	一九七二
朱子學派	謝旡量 著	上海・中華書局	一九一五
朱子年譜	王懋竑 著	台北・商務印書館	一九八二
朱子語類	朱熹 著	台北・中文出版社	一九七九
朱子文集	朱熹 著	台北・中華書局	一九六三
朱學論集	陳榮捷 著	台北・學生書局	一九八二
朱子大全	朱熹 著	台北・中華書局	一九六四
朱子門人	陳榮捷 著	台北・學生書局	一九八二

朱子學提綱	錢　穆　著	台北・三民書局	一九七一
朱子新學案	錢　穆　著	台北・三民書局	一九七一
朱熹倫理學	楊慧傑　著	台北・牧童出版社	一九七八
朱熹與金門	郭曉齡　著	金門政委會	一九七〇
朱熹教育學說	祁致賢　著	台北・復興書局	一九五四
朱熹思想研究	張立文　著	台北・丹青書局	一九八六
日本的朱子學	朱謙之　著	北京・三聯書店	一九五八
朱子及其哲學	范壽康　著	台北・開明書局	一九七六
朱熹及其哲學	楊天石　著	上海・中華書局	一九八一
晦庵易學探微	曾春海　著	輔大出版社	一九八三
朱熹的文學批評研究	張　健　著	台北・商務印書館	一九七三
朱子哲學思想的發展與完成	劉述先　著	台北・學生書局	一九八二

其　他

史學評論第五期（朱子思想研究專號）	錢　穆　等	史學評論社	一九八三

朱晦庵與王陽明二氏學術思想之比較研究　賈銳 著　中國學術著作獎助委員會　一九七八

二、中文篇——論文

篇名	著譯者	刊名	卷期	年份
與友人論朱陸書第四	程南園 著	國學	一—一	一九一五
宋朱熹的詩經集傳和詩序辯	傅斯年 著	新潮	一—四	一九一九
赫爾伯脫福祿培爾與朱子王陽明教育學說之比較	華超 著	新教育	三—二	一九二一
朱子經傳史略	吳其昌 著	學衡	二三	一九二三
晦庵學說平議	黎群鐸 著	國學叢刊	二—四	一九二四
朱子著述考	吳其昌 著	國學論叢	一—二	一九二七
朱熹的哲學	黃子通 著	燕京學報	二	一九二七
朱子學派與陽明學派之大別	陳復光 著	清華週報	二七—一〇、一五	一九二七
朱熹哲學述評	周予同 著	民鐸雜誌	十—二	一九二九

朱熹「格物致知」論	馮日章 著	朝華月刋	一—一	一九二九
程朱陸王「格物致知」說之反動	馮日章 著	朝華月刋	一—三	一九三〇
程朱辨異	何炳松 著	東方雜誌	二七—九、一二	一九三〇
朱子之根本精神—卽物窮理	吳其昌 著	大公報文學副刋	一四六	一九三〇
朱熹與黑格爾太極說之比較觀	賀麟 著	大公報文學副刋	一四七	一九三〇
關於朱熹太極說之討論	素癡 著	大公報文學副刋	一四八	一九三〇
朱子治學方法考	吳其昌 著	大公報文學副刋	一四九、一五〇	一九三〇
朱晦翁誕生八百年紀念	吳其昌 等	國聞週報	七—四九、五〇	一九三〇
跋洪去蕪本朱子年譜補記	容肇祖 著	燕京學報	二〇	一九三〇
朱子所見呂紀異文考釋	羅庶丹 著	湖南大學期刋	五	一九三一
朱子與呂成公書年月考	葉渭清 著	國立北平圖書館館刋	六—一	一九三二
朱熹哲學	馮友蘭 著	清華學報	七—二	一九三二
程朱論仁之闡略	甫文 著	尙志週刋	二—四～六	一九三二
朱熹與閩南文化	翁國梁 著	民俗	一二〇	一九三三
朱子的教育思想	林璋 著	師大月刋	一—四	一九三三
朱熹著述分類考略	牛繼昌 著	師大月刋	一—六	一九三三

朱熹的救荒論與經界論	鄒枋 著	建國月刊	一〇—一	一九三四
朱熹的讀書法	邱椿 著	大道半月刊	七—九	一九三四
朱子著述考	金云銘 著	福建文化	二六	一九三四
朱學鈎玄	姚廷杰 著	國學論衡	二—一六	一九三四
朱子攻擊毛詩序的檢討	龔書輝 著	廈大週刊	一四—一一、一二	一九三四
從政及講學中的朱熹	白壽彝 著	北平研究院院務彙報	六—三	一九三五
朱子在籍在官之救荒概略及其平義	董源徵 著	國專月刊	一—一	一九三五
朱子論理氣	高名凱 著	正風半月刊	一—一一、一二	一九三五
讀朱氏大學章句發疑	鄭景賢 著	廈大月刊	一四—一九	一九三五
朱子語錄諸家滙輯	白壽彝 著	北平研究院院務彙報	六—四	一九三五
朱學檢討	孫遠 著	國學論衡	五下、六	一九三五
師表四代之鄉賢朱子	饒思誠 著	江西省立圖書館館刊	二	一九三五
朱子論心	高名凱 著	正風半月刊	一—一六、一八	一九三五
朱子論理氣太極	嚴群 著	新民月刊	一—六	一九三五
記正德本朱子實紀竝朱子年譜的本子	容肇祖 著	燕京學報	一八	一九三五

程朱學派之知行學說	何格恩 著	民族	四—一	一九三六
朱子概要敍言	朱質璋 著	道德半月刊	三—四	一九三六
朱子對于易學的貢獻	白壽彝 著	北平晨報思辨	三一	一九三六
朱易散記	白壽彝 著	北平晨報思辨	三四	一九三六
朱王戴三家學術概論	姚廷杰 著	國學論衡	七	一九三六
朱子的讀書方法	葉大年 著	廈大圖書館報	一—八	一九三六
朱子讀書法中之經濟學習法	謝武鵬 著	圖書展望	一—一一	一九三六
朱熹底師承	白壽彝 著	文哲月刊	一—八、九	一九三六
朱一新漢宋兼采之議論	延 學 著	時代青年	二—一	一九三六
二汪二朱及王炎	宛敏灝 著	學風	六—七、八	一九三六
朱子所說理與事物之關係	馮友蘭 著	哲學評論	七—二	一九三六
程朱陸王之治學方法	馬子實 著	進德月刊	二—八	一九三七
朱子之文學批評	郭紹虞 著	文學年報	四	一九三八
朱陸兩派直覺思想異同考	張達愚 著	學術界	二—三	一九四四
朱子學術述評	錢 穆 著	思想與時代	四七	一九四七
朱熹的道文統一說	羅根澤 著	和平時報	八	一九四七

朱子心學略　錢穆　著　學原　二—六　一九四八

周程朱子學派論　錢穆　著　學原　二—二　一九四九

從現代觀點論朱子形而上學　張東蓀　著　學原　二—九　一九四九

鵝湖之會朱陸異同略說　黃彰健　著　中央研究院歷史語言研究所集刊　二三　一九五〇

朱熹學述　錢穆　著　民主評論　四—一　一九五三

朱子的思想　錢穆　著　新亞文學講座錄　一九五三

朱子與陸象山的交誼及辯學的經過　戴靜山　著　大陸雜誌　八—一　一九五四

朱子與呂東萊論蘇學（梅園雜記）　童壽　著　大陸雜誌　八—一二　一九五四

孔孟與程朱　錢穆　著　人生雜誌　四七　一九五四

談朱陸異同　王昭　著　中興評論　二—一　一九五五

朱子學述　吳康　著　學術季刊　三—四　一九五五

程朱「性卽理」與陸王「心卽理」之比較　康亦男　著　人生雜誌　一一一　一九五五

朱子讀書法　錢穆　著　孟氏圖書館刊　二—二　一九五六

朱熹　盧舟　著　教師報　四—一二　一九五七

朱子與校勘學　錢穆　著　新亞書院學術年刊　二—二　一九五七

日本漢學者對於朱王異同之論斷	任覺五 著	中日文化論集續篇（一）		一九五八
朱子教育思想	賈馥茗 著	師大教育集刊		一九五八
朱子宇宙哲學研評	周世輔 著	革命思想	五—六	一九五八
朱子人生哲學研解	周世輔 著	革命思想	六—一、二	一九五九
朱子行誼續考	費海璣 著	反攻	二三五	一九五九
宋代大教育家朱熹	周辛 著	合肥師範學院學報	二	一九五九
論語疑誤及朱註商榷	王素存 著	大陸雜誌	一八—五	一九五九
朱子的智識哲學與政治教育思想	周世輔 著	革命思想	六—三	一九五九
廣韻全濁上聲字朱熹口中所讀聲調考	許世瑛 著	幼獅學誌	九—三	一九五九
影宋本「晦庵朱侍講先生韓文考異」補正	楊勇 著	新亞書院學術年刊		一九五九
朱熹口中已有舌尖前高元音說	許世瑛 著	淡江學報	九	一九五九
朱陸理學之辨	曹國霖 著	建設	八—一〇	一九六〇
朱子行誼考	費海璣 著	大陸雜誌	二〇—九	一九六〇
朱子的哲學思想	吳康 著	學粹	二—五	一九六〇

對於朱子論太極的說明	杜而未 著	恆毅	一〇—二	一九六〇
朱陸之異與同	李紹戶 著	建設	九—三、四	一九六〇
朱子的氣象	費海璣 著	革命思想	九—五	一九六〇
朱子行誼續考	費海璣 著	反攻		一九六一
研究朱熹哲學的幾個問題	武仁 著	文滙報	四—一一	一九六一
朱熹的「一貫」解有參考價值	兪啓榮 著	光明日報	五、二六	一九六一
朱熹的哲學思想	林可濟 著	福建日報	一〇、一四	一九六一
朱子苦參中和之經過	牟宗三 著	新亞書院學術年刊	三	一九六一
朱熹的純理學	孫振青 著	現代學人	三	一九六一
試論朱熹哲學性質	李德永 著	江漢學報	七	一九六二
朱子升配考	昭晴 著	建設	一〇—九	一九六二
朱熹哲學性質問題的討論	集體 著	江漢學報	六	一九六二
朱陸教育思想之比較研究	伍振鷟 著	師大學報	七	一九六二
朱子與四書	陳鐵凡 著	孔孟月刊	一—一	一九六二
朱子卽物窮理之說爲科學的入門	那程霄 著	孔孟月刊	一—三	一九六二
朱子哲學裏面幾個基本概念—理氣心性	范壽康 著	師大教育研究所教育學術演講集		一九六三

大學朱王釋義之我見	萬心權 著	孔孟月刊	一—一一	一九六三
朱熹的天體演化思想	唐澤宗 著	光明日報	八、九	一九六三
對「朱熹的天體演化思想」一文的幾點意見	尹士德 著	哲學	四〇五	一九六三
朱子寫過「正蒙解」麼	張岱年 著	文史	三	一九六三
朱熹的教育思想	伍振鷟 著	教育輔導	一四—一	一九六四
從朱子論語註論程朱孔孟思想歧異	錢穆 著	清華學報（新）	四—二	一九六四
朱陸辯太極圖說之經過及評議	戴君仁 著	陳百年先生執教五十週年暨八秩大壽紀念論文集		一九六四
宋儒朱熹先生對教育本質的幾點看法	賈銳 著	文風	五	一九六四
象山與朱子之爭辯	牟宗三 著	民主評論	一六—八、一一	一九六五
朱子陽明的格物致知說和他們整個思想的關係	戴君仁 著	孔孟學報	九	一九六五
論朱子對論語「夫子之文章」的注釋並論瞭解論語的方法	黃彰健 著	孔孟月刊	三—八	一九六五

朱晦庵基本思想的剖析	李康五 著	學園	一—八	一九六五
漢學鄭玄與宋學朱熹	劉伯閔 著	華僑日報	五、二八	一九六五
朱熹與南宋偏安	徐復觀 著	華僑日報	六、九	一九六五
論朱子與程門之學風轉變	錢 穆 著	華岡學報	一	一九六五
與朱子爭辯	牟宗三 著	民主評論	一六—一八	一九六五
朱晦庵與王陽明	(日)宇野哲人 著	史語所集刊	三六	一九六五
論朱王格物致知之說	曾介木 著	學 園	一—七	一九六六
談朱子晚年思想之衍變	賈 銳 著	孔孟月刊	五—二	一九六六
論朱晦庵的修養方法	李康五 著	學 園	二—五	一九六七
朱陸異同探源	唐君毅 著	新亞學報	八—一	一九六七
論朱陸的交誼及其爭辯	楊永英 著	出 版	二三	一九六七
日本的朱子研究述評	費海璣 著	學 園	二—八	一九六七
記朱子論當時學弊	錢 穆 著	政大學報	一五	一九六七
朱熹五朝三朝名臣言行錄的史料價值	王德毅 著	東方雜誌(復)	一三	一九六七
朱子詩序舊說敍錄	潘重規 著	新亞年刊	九	一九六七

書朱子禮儀經傳通解後	戴君仁 著	孔孟學報	一四	一九六七
朱熹禮儀經傳通解與修門人及修書年歲考	戴君仁 著	台大文史哲學報	一六	一九六七
朱熹八朝名臣言行錄的原本與删節本	鄭　騫 著	中央圖書館刋（新）	一—二	一九六七
從遊延年始末記	錢　穆 著	清華學報（新）	六—一、二	一九六七
談朱子的論語集註	錢　穆 著	孔孟月刋	六—五	一九六八
朱子的周易本義	戴君仁 著	書目季刋	二—三	一九六八
對青年談朱子思想	趙尺子 著	學　園	三—一一	一九六八
朱子道統觀之哲學性	陳榮捷 著	東西文化	一五	一九六八
程朱及其門人之理學	程發軔 著	孔孟學報	一六	一九六八
綜論朱子五十七歲前之大體傾向以及此後其成熟之義理系統之型態	牟宗三 著	新亞學術年刋	一〇	一九六八
朱子與四書	陳宗敏 著	孔孟月刋	七—二	一九六八
朱子與陸王思想中之一現代學術意義	唐君毅 著	東西文化	一七	一九六八

記朱熹之校勘學	錢　穆　著	故宮季刊特刊	一	一九六九
朱熹的政治思想	王雲五　著	東方雜誌（復）	二—一一	一九六九
朱陸教育思想之比較	清　奇　著	國　魂	二八一	一九六九
朱子家學與師承	趙效宣　著	新亞學報	九—一	一九六九
朱熹之四書學	錢　穆　著	復興崗	六	一九六九
朱子學術思想之淵源	周榮村　著	中華學苑	四	一九六九
朱熹對中國文化的功績（正）	胡信田　著	醒　獅	八	一九六九
朱熹對中國文化的功績（續）	胡信田　著	醒　獅	九	一九六九
記朱熹文學上、下	錢　穆　著	東方雜誌（復）	三—一、二	一九六九
朱子易例及易傳比較研究	程元敏　著	中山學術文化集刊	四	一九六九
朱子學提綱	錢　穆　著	文化復興	二—一	一九六九
朱子泛論心地工夫	錢　穆　著	文化復興	二—一二	一九六九
朱子之學養	姜一華　著	學　園	五—八	一九七〇
宋儒東渡與日本武士道精神	東　初　著	東方雜誌（復）	三—一一	一九七〇
正中書局再版「朱子語類」序	錢　穆　著	新時代	一〇—八	一九七〇
朱陸鵝湖之會	伍振鷟　著	台灣教育輔導月刊	二一—八	一九七〇

朱子語類的重刊	亦棣 著	新時代	一〇—一一	一九七〇
朱熹的教學思想	王雲五 著	東方雜誌（復）	四—六	一九七〇
朱熹的教學思想續完	王雲五 著	東方雜誌（復）	四—八	一九七一
朱子的教育思想	宋東炎 著	教與學	四—七	一九七一
朱子釋「風」	戴君仁 著	新時代	九—三	一九七一
朱子的教育興趣與詩集傳	戴君仁 著	文史季刊	一—三	一九七一
朱子理氣系統之疏解	黎華標 著	新亞年刊	一三	一九七一
朱熹對於清初諸儒之影響	甲凱 著	東方雜誌（復）	五—三	一九七一
朱、王之異同	周彝 著	孔孟月刊	一〇—一	一九七一
讀朱子語類記	施之勉 著	大陸雜誌	四四—一	一九七二
談談朱子各門人的體會分析	費海璣 著	學園	七—六	一九七二
研究朱子門人性行感言	費海璣 著	醒獅	一〇—六	一九七二
朱子門人性行考	費海璣 著	東方雜誌	六—一	一九七二
談朱子門人	費海璣 著	東方雜誌	六—二	一九七二
弘道教育的朱子	王煥琛 著	中華文化	五—八	一九七二
朱子的歷史教育	費海璣 著	現代國家	九二	一九七二

朱子之道德的宇宙論	黎華標	著	新亞年刊	一四	一九七二
朱子「理氣觀」討論	李日章	著	大陸雜誌	四五—五	一九七二
朱熹楚辭集註與王洪二家注的比較與價值重估	傅錫任	著	淡江學報	二三	一九七三
朱熹的知識論	王綱領	譯	文藝復興	四一	一九七三
倫理思想之研究	蔡懋堂	譯	中研院史語所集刊	三六	一九七三
集諸儒之大成的朱晦庵	褚柏思	著	今日中國	二七	一九七三
朱熹對道教的評論	陳榮捷	著	國際東方學者會議論文		一九七三
朱子所定國風中言情緒詩研述	程元敏	著	孔孟學報	二六	一九七三
朱子論韓愈文之氣勢	楊勇	著	新亞年刊	一五	一九七三
評朱熹的「待人」哲學	茅森妹	著	文滙報	五、二七	一九七四
朱陸異同	譚作人	著	嘉師專刊	五	一九七四
略評朱熹	黃佳耿	著	中山大學學報	三	一九七四
朱子中庸章句的反動本質	施達青	著	光明日報	七、一二	一九七四
詩經朱注本經文異字研究	靡文開	著	東方雜誌	八—五	一九七四
論語朱熹集註與何晏集解異義考辨	陳如勳	著	明志工專學報	六	一九七四

朱熹集新儒學之大成	陳榮捷 著	中華文化復興月刊	七—一二	一九七四
朱熹與陸九淵	林貞羊 著	中國國學	三	一九七四
道學家朱熹的眞面目	文　捷 著	學習與批評		一九七四
朱子理氣論的幾個要點	蔡仁厚 著	哲學與文化	三	一九七五
朱子的政治論	宋　晞 著	史學彙刊	六	一九七五
朱子性情論與韓儒李退溪四端七情說之研析	蔡茂松 著	成大歷史學報	二	一九七五
朱熹是孔孟之道的忠實衞道士	集　體 著	福建日報	四、二二	一九七五
南宋朱陸葉三家說「克己復禮」	周學武 著	書目季刊	九—二	一九七五
朱子談讀書	陳宗敏 著	孔孟月刊	一四—三	一九七五
「性卽理」的兩個層次與朱子學之歧異	蔡仁厚 著	鵝　湖	一—八	一九七六
朱子的居敬窮理說	周學武 著	書刊季目	九—四	一九七六
朱陸通訊詳述	陳榮捷 著	華學月刊	六一	一九七七
朱子太極卽理說	戴景賢 著	書目季刊	一〇—四	一九七七
朱子對老子學之評價	萬先法 譯	中華文化復興月刊	一〇—五	一九七七

論朱子之「中和舊說」	張德麟 著	孔孟月刋	一五—一一	一九七七
朱子學流衍韓國考	錢 穆 著	新亞學報	一二—一	一九七七
朱子對於古籍訓釋的見解	胡楚生 著	大陸雜誌	五五—二	一九七七
朱子論韓愈，文之文理	楊 勇 著	新亞學術年刋	一九	一九七七
朱陸工夫異同論	葉偉平 著	鵝 湖	三—四	一九七七
日本中世和近世的華學	張興唐 著	華學月刋	七二	一九七七
象山之「心卽理」	牟宗三 著	鵝 湖	三—一二	一九七八
朱熹的詩經學	賴炎元 著	中國學術年刋	二	一九七八
朱熹小議	常國武 著	南京師院學報	二	一九七八
朱熹論性	王孺松 著	國文學報	七	一九七八
朱子心學發凡	王孺松 著	師大學報	二三	一九七八
朱子語類之成立及其版本	李迺揚 譯	華學月刋	八〇	一九七八
朱熹內聖外王的思想	陸寶千 著	中華文化復興月刋	一一—九	一九七八
心學是否爲唯心論商榷	吳登臺 著	鵝 湖	四—三	一九七八
試述朱子之人性論	祖蘭舫 著	中央月刋	一〇—一一	一九七八
陸九淵之思想及其與朱熹之異同	陳郁夫 著	中華文化復興月刋	一一—一〇	一九七八

朱陸鵝湖之會補述　陳榮捷　著　中華文化復興月刋　一一—一〇　一九七八
朱熹唯心主義認識論批判　張立文　著　西北大學學報　一　一九七八
性理精義與十七世紀之程朱學派　陳榮捷著　萬先法譯　中華文化復興月刋　一一—一二　一九七八
從朱注中庸「天命之謂性，修道之謂敎」管窺朱子思想　莊錦津　著　孔孟月刋　一七—五　一九七九
朱子的敎學思想及其影響　黃錦鋐　著　敎學與研究　一　一九七九
朱子的中和舊說與新說　蔡仁厚　著　孔孟學報　三七　一九七九
略評朱熹「格物致知」的認識論　姜法曾　著　南開大學學報　一　一九七九
朱子早年的敎育環境與思想發展轉變的痕跡　劉述先　著　幼獅學誌　一五—三　一九七九
關於朱熹哲學思想的評價問題　姜法曾　著　文史哲　二　一九七九
朱子論陰陽　王孺松　著　師大國文學報　八　一九七九
朱子論仁　王孺松　著　師大學報　二四　一九七九
朱熹及其心學　龔道運　著　國立編譯館館刋　八—一　一九七九
元代朱熹正統思想之興起　狄百瑞著　侯健譯　中外文學　八—三　一九七九
朱子與大學爲定本的義理規模　蔡仁厚　著　華學月刋　九三　一九七九

朱熹「四書集注」的天理論和人性論	邱漢生 著	中國史研究	二	一九七九
新儒家範型：論程朱之異	陳榮捷 著 萬先法 譯	中華文化復興月刊	一二—五	一九七九
朱子詩集傳評介	趙制陽 著	中華文化復興月刊	一二—一一	一九七九
西方對朱熹的研究	陳榮捷 著 劉坤一 譯	中國史研究動態	八	一九七九
中國儒學思想對日本的影響—日本儒學的特質	阿部吉雄著 龔霓馨 譯	中外文學	八—六	一九七九
朱熹「格物致知論」小議	邱漢生 著	歷史教學	九	一九七九
「朱熹陽明與船山的格物義」	曾昭旭 著	中國文化	二	一九七九
朱子與退溪的窮理思想	戴璉璋 著	鵝　湖	五—六	一九七九
朱子、陽明與船山之格物義	曾昭旭 著	鵝　湖	五—六	一九七九
元儒許衡之朱子學	龔道運 著	國立編譯館館刊	八—二	一九七九
論朱熹形而上學的「格物」說	鄧艾民 著	中國哲學	一	一九七九
朱子之人性論	郭清寰 著	高雄師院學報	八	一九八〇
朱陸門人及其後學	蔡仁厚 著	孔孟學報	三九	一九八〇
黃東發與朱子	林政華 著	孔孟學報	三九	一九八〇

朱熹哲學中的方法、知識和眞理觀	成中英著 梁燕城譯	鵝湖	七—六	一九八一
近三百年朱子學的反對學派	何佑森著	幼獅學誌	一六—四	一九八一
元儒金履祥之朱子學	龔道運著	國立編譯館館刊	一〇—二	一九八一
從朱子晚年定論看陽明之于朱子	陳榮捷著	書目季刊	一五—三	一九八一
程朱理學與封建專制主義	陳正夫著	學術月刊	一四四	一九八一
佛敎的理事說與朱熹的理氣觀	樂壽明著	哲學研究	九	一九八一
論朱熹對張載氣的學說的汲取和利用	王　冶著	遼寧大學學報	五一	一九八一
論朱熹的理本論	楊天石著	中國哲學	五	一九八一
朱熹倫理思想述評	姜法曾著	中國哲學	五	一九八一
西方對朱熹的研究	陳榮捷著	中國哲學	五	一九八一
朱熹…作爲政治家的評價	樊樹志著	復旦學報	三	一九八一
論朱熹的太極說（上、中、下）	鄧艾民著	明　報	一八二、三、四	一九八一
朱子四書集義精要隨劄（上、下）	錢　穆著	故宮季刊	一六—一、二	一九八一
評程朱理學的神學特色	丁寶蘭著	社會科學戰線	一八	一九八二
元代朱陸合流與元代的理學	唐宇元著	文史學	二五〇	一九八二

評朱熹的「豁然貫通」說　劉文英　著　社會科學（蘭州）　一三　一九八二
評朱熹的政治思想　熊鐵基　著　華中師院學報　三五　一九八二
黃士毅與「朱子語類」　姚瀛艇　著　河南師大學報　六七　一九八二
朱熹的理學思想—天理論與性論　邱漢生　著　社會科學輯刊　二一　一九八二
朱熹學派在福建的流傳及影響　昌懷辛　著　江淮論壇　四　一九八二
朱熹與王守仁之比較的探索　趙儷生　著　中國哲學史研究　八　一九八二
朱熹與宗教　任繼愈　著　中國社會科學　一七　一九八二
朱熹觀書詩小考　陳　來　著　中國哲學　七　一九八二
正確對待朱熹　張義德　著　讀　書　八　一九八二
論朱熹「會歸一理」的歷史哲學　邱漢生　著　哲學研究　六　一九八二
論朱熹的教學法思想　周德昌　著　天津師院學報　四三　一九八二
論朱熹哲學思想的二重性　賈順先　著　社會科學研究　三　一九八二
對朱熹認識論的幾點分析　李志林　著　江漢論壇　二一　一九八二
淺析朱熹的辯證法　李景文　著　遼寧大學學報　五五　一九八二
關於朱熹哲學的幾個問題　劉雨濤　著　社會科學研究　三　一九八二
關於朱熹天理人欲之辨的幾個問題　張　申　著　東北師大學報　七七　一九八二

談夏威夷「國際朱子學會議」	金恆煒 著	明報	二〇一	一九八二
國際朱子學討論會在夏威夷大學舉行	甌海 著	哲學研究	九	一九八二
朱子與佛教	秦家懿 著	新亞學術集刊	三	一九八二
朱子建立道統的理據問題之省察		新亞學術集刊	三	一九八二
朱子在中國思想史上的意義	余英時 著	中國社會經濟史研討會論文	二	一九八二
朱子詩經學要義通證	李再薰 著	台大中研所碩士論文		一九八二
朱子學的新評價	蔡仁厚 著	鵝湖作者論文研討會論文	一	一九八二
朱子說詩前後期之轉變	潘重規 著	孔孟月刊	二〇—一二	一九八二
朱子的禮學	高明 著	輔仁學誌	一一	一九八二
朱子之宗教實踐	陳榮捷 著	華學月刊	一二七	一九八二
宋代朱熹的氣象學思想	劉昭民 著	文藝復興	一三四	一九八二
朱子自稱	陳榮捷 著	中華文化復興月刊	一五—五	一九八二
朱子德性修養論中的「格物致知」教	曾春海 著	哲學與文化	九—三	一九八二
朱子之宗教實踐	陳榮捷 著	華學月刊	一二七	一九八二

朱子的形上結構論	羅　光　著	哲學與文化	九—六	一九八二
王韓易注及朱子本義之比較研究	徐正桂　著	高師國研所		一九八二
朱元晦的最後	徐復觀　著	鵝　湖	七—一〇	一九八二
程朱異同初稿	徐復觀　著	大陸雜誌	六四—二	一九八二
朱子的形上結構論	羅　光　著	夏威夷大學亞太會議論集		一九八二
朱熹的禮學	高　明　著	夏威夷大學亞太會議論集		一九八二
朱子學的新反省與新評價	蔡仁厚　著	夏威夷大學亞太會議論集		一九八二
朱子易學的形上學	曾春海　著	哲學論集	一五	一九八二
朱子學對日本的影響	陳弘昌　著	文大中研所博士論文		一九八二
朱子遇遯之家人卜辨正與考析	成中英　著	中華文化復興月刊	一五—六	一九八二
朱熹的哲學思想	趙雅博　著	華學月刊	一三一	一九八二
朱子文學理論初探	李美珠　著	師大國研所集刊	二六	一九八二
朱子倫理思想研究	王孺松　著	師大學報	二六	一九八二
朱熹哲學中的方法、知識與眞理觀	成中英　著	鵝　湖	七八	一九八二
朱子的理氣在形上學的位置	羅　光　著	哲學與文化	一〇—六	一九八三
日本德川時代初期朱子學的蛻變	渡邊浩　著	史學評論	五	一九八三

從「孟子集註」看朱子思想中舊學與新知的融會	黃俊傑 著	史學評論	五	一九八三
朱子的仁說	佐藤仁 著	史學評論	五	一九八三
朱熹論「經」、「權」	韋政通 著	史學評論	五	一九八三
略論朱子之主要精神	錢　穆 著	史學評論	五	一九八三
朱子論易及其易學著作	曾春海 著	史學評論	五	一九八三
朱子的格物補傳所衍生的問題	楊儒賓 著	史學評論	五	一九八三
朱子的仁說、太極觀念與道統問題的再省察	劉述先 著	史學評論	五	一九八三
略述元代朱學之盛	王明蓀 著	中華文化復興月刊	一六—一二	一九八三
論孔子之知與朱子之理	成中英 著	孔孟月刊	二一—九	一九八三
近思錄隨箚	錢　穆 著	故宮季刊	一七—三	一九八三
朱子的理氣說	簡宗修 著	台大中研所博士論文		一九八三
朱子易學的宇宙論	曾春海 著	輔仁學誌	一二	一九八三
朱子易學的人生哲學	曾春海 著	哲學論集	一七	一九八三
朱子理學與佛學之探討	熊　琬 著	政大中研所博士論文		一九八三

朱子人格教育思想體系	權相赫　著	師大教研所博士論文		一九八三
朱子論涵養與察識	王孺松　著	教學與研究	五	一九八三
朱熹的宗教生活	陳榮捷　著	中西文化交流國際學術會議論文		一九八三
朱子理學與文學裏的定命思想試論	侯　健　著	中外文學	一一─一一	一九八三
朱子思想中道德與知識的關係	胡森永　著	台大中研所碩士論文		一九八三
朱子學說中的體用義與韓儒張旅軒的經緯說	蔡茂松　著	中日韓文化關係研討會論文		一九八三
朱子籍貫考	王鐵藩　著	福建論壇		一九八三
朱熹遺迹研究	高令印　著	中國哲學	一〇	一九八三
朱熹「理一分殊」辨析	馬　序　著	社會科學戰線	二三	一九八三
朱熹易學思想辨析	張立文　著	中國哲學研究	一〇	一九八三
朱熹在福建墨迹考釋	高令印　著	宋明理學討論會論文集		一九八三
朱熹的易學思想	鍾肇鵬　著	宋明理學討論會論文集		一九八三
朱熹的自然觀與宇宙生成論	趙吉惠　著	宋明理學討論會論文集		一九八三
朱熹理學範疇	吳乃恭　著	宋明理學討論會論文集		一九八三
略論朱熹哲學的理	蒙培元　著	宋明理學討論會論文集		一九八三

略論朱熹哲學思想的積極一面	周德豐 著	宋明理學討論會論文集		一九八三
略論程朱理學之援佛入儒	朱日耀 著	宋明理學討論會論文集		一九八三
試論朱熹哲學的「太極」	傅雲龍 著	宋明理學討論會論文集		一九八三
朱熹的文學觀	黃　珅 著	華東師範學報	四六	一九八三
朱熹思想方法中的合理因素	丁禎彥 著	華東師範學報	四七	一九八三
朱熹的道德修養論	張善城 著	廈大學報	七二	一九八三
朱熹法律思想探索	武樹臣 著	北大學報	九九	一九八三
略論朱熹的理氣觀	劉興邦 著	湘大社會科學報	一八	一九八三
「朱子新學案」述評	陳　來 著	中國哲學	九	一九八三
朱熹理學與自然科學	陳正夫 著	中國哲學	九	一九八三
關於程朱理氣學說兩條資料的考證	陳　來 著	中國哲學史研究	一一	一九八三
朱陸通訊詳述	陳榮捷 著	中國哲學史研究	一二	一九八三
朱熹的形上結構論	何植清 著	中國哲學史研究	一二	一九八三
論朱熹與程頤之不同	陳榮捷著 陳來譯	中國哲學	一〇	一九八三
論朱熹理學向王陽明心學的演變	蒙培元 著	哲學研究	六	一九八三
朱熹閩學的干城	昌懷辛 著	中華文史論叢		一九八三

朱子學與日本神道	陳弘昌 著	台中師專學報	一三	一九八四
陳亮與朱熹之辯論	簡貴雀 著	師大國研所集刊	二八	一九八四
朱子心性論的初步探討	田中貞一著	台大哲學年刊	三	一九八四
朱子理學與佛學	熊　琬 著	華岡佛學學報	七	一九八四
知識與道德之辯證性結構—對朱子學的一些探討	林安梧 著	鵝　湖	一〇—六	一九八四
朱熹之排佛及其對王安石之評價	蔣義斌 著	史學彙刊	一三	一九八四
朱子哲學思想之發展及其成就	梁承武 著	師大國研所博士論文		一九八四
朱子詩中的思想研究	申美子 著	台大中研所碩士論文		一九八五
朱子理學與史學研究	吳展良 著	台大史研所碩士論文		一九八五
陳亮與朱熹的辯論—明道誼而計功利	黃進興 著	漢學研究	三—一	一九八五
明代中葉程朱學者對禪的批評	陳郁夫 著	師大國文學報	一四	一九八五
朱子的理氣學說	孫寶琛 著	孔孟學報	四九	一九八五
朱子格物之再省察	曾昭旭 著	鵝　湖	一一—三	一九八五
朱子與世界哲學	陳榮捷 著	哲學年刊	三	一九八五

朱熹的歷史哲學	李楠永 著	國際中國哲學研討會論文集		一九八五
朱子建立性論思想之分析	吳登臺 著	雲林工專學報	四	一九八五
朱子對北宋古文六家的批評	何寄澎 著	幼獅學誌	一八—三	一九八五
朱子心性之學綜述	蔡仁厚 著	東海學報	二七	一九八六
朱熹與新儒學	陳榮捷 著	哲學與文化	一三—一〇	一九八六
朱熹詩集傳鄭風淫詩平議	蔡根祥 著	孔孟月刊	二五—一	一九八六
朱陸異同與康德流派	謝扶雅 著	中國文化月刊	八〇	一九八六
朱陸心性論比觀	曾春海 著	東方雜誌	一九—一二	一九八六

三、日文篇——專著

書名	作者	書名	年份
朱子	後藤俊瑞 著	日本評論社	一九四三
朱子	市川安司 著	評論社	一九七四
朱子	三浦國雄 著	講談社	一九七九
朱子	佐藤仁 著	集英社	一九八五
朱熹（中國の思想家下）	友枝龍太郎著	勁草書房	一九六三

近思錄（朱子學大系9）　鈴木由次郎等　明德出版社　一九七四

近思錄（新釋漢大系37）　市川安司　著　明治書院　一九七五

近思錄（上、下）　湯淺幸孫　著　朝日新聞社　一九七六

近思錄（中國古典新書）　山崎道夫　著　明德出版社　一九八一

朱子集　吉川幸次郎　三浦國雄　著　朝日新聞社　一九七六

朱王合編　楠本碩水原輯　岡直養校補　文成社　一九三二

朱子行狀（中國古典新書）　佐藤　仁　著　明德出版社　一九六九

四書集注（朱子學大系7、8）　鈴木由次郎著　明德出版社　一九七四

朱子文集（朱子學大系4、5）　友枝龍太郎等　明德出版社　一九八三

朱子語類（朱子學大系6）　岡田武彥　等　明德出版社　一九八一

朱子の哲學　大濱　皓　著　東京大學出版會　一九八三

朱子學大系（一五卷）　諸橋轍次　等　明德出版社　一九七四

朱子學入門（朱子學大系1）　諸橋轍次　等　明德出版社　一九七四

朱子の先驅（朱子學大系2、3）　阿部吉雄　等　明德出版社　一九七八

朱子の後繼（朱子學大系10、11）　山井　湧　等　明德出版社　一九七八

朱子、陽明　武內義雄　著　岩波書店　一九三六

朱子、王陽明　荒木見悟　著　中央公論社　一九七四
朝鮮の朱子學（朱子學大系12）　溝口雄三　等　明德出版社　一九七七
日本の朱子學（朱子學大系13）　阿部吉雄　等　明德出版社　一九七七
朱子と王陽明　間野潛龍　著　清水書院　一九七四
朱熹と王陽明　高橋　進　著　國書刊行會　一九七九
朱子哲學論考　市川安司　著　汲古書院　一九八五
朱子學と陽明學　島田虔次　著　岩波書店　一九六七
朱子の思想形成　友枝龍太郎著　春秋社　一九六九
朱子倫理思想研究　山根三芳　著　東海大學出版社　一九八三
日本朱子學と朝鮮　阿部吉雄　著　東京大學出版社　一九六五
日本朱子學派の哲學　井上哲次郎著　富川房　一九〇五
幕末朱子學者書簡集維新　岡田武彥　等　明德出版社　一九七五
朱子文集固有名詞索引　山井　湧監修　東豐書店　一九八〇
晦庵先生朱文公集人名索引　佐藤　仁　著　中文出版社　一九七七

四、日文篇—論文

篇名	著譯者	刊名	卷期	年份
朱子の窮理を論ず	井上哲次郎著	哲學會雜誌	六—六一	一八九二
周張程朱の學	內藤耻叟著	東洋哲學	一—四	一八九四
分出論は朱子の本意は非ず	黑木千尋著	哲學雜誌	一〇—九六	一八九五
朱陸の異同	建部遯吾著	哲學雜誌	一一	一八九六
朱熹の哲學	大橋虎雄著	哲學雜誌	一五	一九〇〇
朱子學の由來	花岡安見著	國院雜	六	一九〇〇
朱王二子の差異	高瀨武次郎著	哲學雜誌	一八	一九〇二
鵝湖の會	山田 準著	東洋哲學	一三—二	一九〇四
朱子の生涯及其の學術	松山直藏著	東洋哲學	四—一〇	一九〇七
朱子學研究	內田正 著	哲學雜誌	二三—二四	一九〇八
朱陸二子の異同に就いて	宇野哲人著	哲學雜誌	二七	一九一二
程朱哲學史論序	大江文城著	東洋哲學	一九—一	一九一二
朱子の撰著及關係書類	大江文城著	東洋哲學	二〇—二	一九一三
朱子の禮說	浦川源吾著	哲學研究	七—三	一九二二
朱子の仁說に就て	山口察常著	東洋哲學	三〇—一	一九二二

朱子の理氣說に關する二、三の考察　宇野哲人著　哲學雜誌　四〇　一九二五

朱子の禮論に關する一考察　後藤俊瑞著　哲學研究　一〇—一二　一九二五

朱子の禮論に關する一考察　後藤俊瑞著　哲學研究　一一—二　一九二六

カントに於ける敬と程朱に於ける敬　藤井健二郎著　狩野還曆支那學論叢　一九二八

朱子の窮理論　澤野章之助著　狩野還曆支那學論叢　一九二八

朱子の非寂靜主義に就いて　青木晦藏著　東洋文化　五二　一九二八

朱子　本田成之著　岩波講座世界思潮　四　一九二八

朱子の理氣に就いて（一〜五）　青木晦藏著　東洋文化　四七〜五一　一九二八

宋儒新註書の傳來と其普及　大江文城著　高瀨記念論叢　一九二八

朱子の理氣論（一）　青木晦藏著　大谷學報　九—四　一九二八

朱子の理氣論（二）　青木晦藏著　大谷學報　一〇—一　一九二九

朱子の理氣論（三）　青木晦藏著　大谷學報　一一—一　一九三〇

朱子の理氣論（四）　青木晦藏著　大谷學報　一二—四　一九三一

朱子の性理論　青木晦藏著　大谷學報　一一—一　一九三〇

朱子の天命說に就いて	青木晦藏著	東洋文化	六三、六四	一九二九
朱子の鬼神論に就いて	青木晦藏著	東洋文化	六九、七〇	一九三〇
朱陸の異同ついて	青木晦藏著	東洋文化	七四	一九三〇
朱文公略年譜	中山久四郎著	斯文	一三—一一	一九三一
朱子の哲學	秋月胤繼著	斯文	一三—一一	一九三一
朱子の儒學大成	諸橋轍次著	斯文	一三—一一	一九三一
朱子の詩	久保天隨著	斯文	一三—一一	一九三一
朱子の學風特に其の史學に就いて	中山久四郎著	斯文	一三—一一	一九三一
朱子の經學	安井小太郎著	大東文化	一	一九三一
朱子の史學特に其の資治通鑑綱目について㈠	中山久四郎著	史潮	一—三	一九三一
朱子の史學特に其の資治通鑑綱目について㈡	中山久四郎著	史潮	二—一	一九三二
朱子學に就いて	安井小太郎著	東洋學研究	一	一九三二
朱子と論語（上、下）	藤塚　鄰著	東洋文化	一〇八、一〇九	一九三三
論語人物評論の章に於ける朱子の仁說管見	舞田正達著	大東文化	六	一九三四

朱子の居敬窮理に就いて	鈴木直治著	漢學會雜誌	二―二	一九三四
朱子の太極に就て（一、二）	鈴木直治著	漢學會雜誌	三―一、二	一九三五
朱子の孝經刊誤に就いて	三井宇一郎著	漢文學會會報	三	一九三六
朱子における性說について	岡阪猛雄著	漢文學會報	四	一九三六
朱子學に於ける識仁、定性二篇の地位	吉田抗賢著	服部古稀論文集		一九三六
文公家禮に就いて	阿部吉雄著	服部古稀論文集		一九三六
朱子實在論探究の一過程	後藤俊瑞著	服部古稀論文集		一九三六
朱子の本體論	後藤俊瑞著	台北大哲學年報	三	一九三六
朱子の學禪期について	後藤俊瑞著	漢學會雜誌	四―三	一九三六
江戶初期における宋儒新注學統一の機運	大江萬里著	斯文	一九―一一	一九三七
江戶幕府の教化政策に於ける朱子學採用の問題に就いて	平塚益德著	史苑	一一―二	一九三七
詩集傳に就いて	目加田誠著	漢學會雜誌	六―一	一九三八
朱陸王三子の異同につきて	秋月胤繼著	懷德	一六	一九三八

朱晦庵の理氣說について	津田左右吉著	東洋思想研究	二	一九三八
朱子に於ける太極と陽氣の關係	坂柳童麟著	漢文學會報	八	一九三八
語類を中心として觀たる朱子の根本思想	杉山義雄著	漢學會雜誌	七—二	一九三九
太極圖說質疑（一、二）	鈴木直治著	漢學會雜誌	七—二、三	一九三九
室鳩巢と朱子學	鈴木直治著	近世日本の儒學		一九三九
朱子の存在論における「理」の性質について	安田二郎著	支那學	九—四	一九三九
朱晦庵、張南軒の學說に就いて—特に未發已發について—（要旨）	市川安司著	斯文	一	一九四〇
朱子の「氣」に就いて	安田二郎著	東方學報（京都）	一〇—四	一九四〇
通鑑綱目を中心として見たる朱子の名分論	太田兵三郎著	國民精神文化	六—二	一九四〇
支那教育史における朱子の小學	阿部吉雄著	東方學報（東京）	一一—一	一九四〇
朱子の排佛說に於ける根本動機	結城令聞著	支那佛教史	四—一	一九四〇
朱子の白鹿洞書院について	鈴木虎雄著	懷德	一八	一九四〇

集註本論語の訓點に就いて　西澤道寛著　斯文　二二—一　一九四〇
朱子解釋について津田博士の高教を仰ぐ　安田二郎著　東方學報（京都）　一一—四　一九四一
近世におはる儒學とその史観　池田雪雄著　史潮　一一—一　一九四一
朱子の氣補說　後藤俊瑞著　漢學會雜誌　九—二　一九四一
朱子に於ける習慣の問題—序說　安田二郎著　東亞論叢　五　一九四一
朱子學における知識の問題　後藤俊瑞著　漢學會雜誌　九—三　一九四一
朱子語類「讀書法」を讀みて（要旨）　市川安司著　斯文　二四—六　一九四二
宋學の初傳とその受容形態　和島芳男著　史雜　五四—七　一九四三
朱子の學道復興—白鹿洞書院について　寺田剛著　歷史　一八—九、一〇　一九四三
朱子學の日本傳來について　福井康順著　斯文　二五—一二　一九四三
朱子の立場（要旨）　友枝龍太郎著　斯文　二五—二　一九四三
朱子學派の發生について　岩城隆利著　日本史研　二　一九四六
中世に於ける宋學の受容について　和島芳男著　學士院紀要　五—二、三　一九四七

貝原益軒における科學と朱子學	井上　忠著	史淵	三八、三九	一九四八
東洋の族制と朱子家禮	牧野　巽著	隨筆中國	三	一九四八
朱子の實踐論	荒木見悟著	日本中國學會報	一	一九五〇
朱子哲學における物と事について（要旨）	市川安司著	東京支那學會報	八	一九五一
朱子の意識主題の問題	後藤俊瑞著	哲學雜誌	六六	一九五一
朱子定論樹立の經緯について	木南卓一著	東洋の文化と社會	二	一九五二
朱子哲學における物の意義	市川安司著	日本中國學會報	三	一九五二
ジッテと朱子の學	木村卓一著	東方學報（京都）	二二	一九五三
朱晦庵の二遺業	楠木正繼著	哲學年報	一四	一九五三
太極圖說解における動靜の問題（要旨）	市川安司著	東京支那學會報	一一	一九五二
朱子に於ける絕對自我の自覺	後藤俊瑞著	日本中國學會報	四	一九五三
四書集註章句に現われたる朱子の態度	大槻信良著	日本中國學會報	五	一九五三
朱子の歷史觀	高森良人著	東方學	七	一九五三

朱子學の歴史的構造（上）―中國における封建的思惟の成立とその特質　守本順一郎著　思想　三五四　一九五三
朱子學の歴史的構造（下）―中國における封建的思惟の成立とその特質　守本順一郎著　思想　三五五　一九五四
朱子の致知格物説の由來について　鎌田正著　漢文教室　一〇　一九五四
朱子における道佛二教探究の態度　大槻信良著　千葉大文理學部紀要　一―二　一九五四
朱子哲學における理の性格―動靜を中心として―　市川安司著　東大教養學部人文科學科紀要　一九五四
朱晦庵と佛教　佐藤達玄著　印度學佛教學研究　三―一　一九五四
江戸幕府の朱子學採用説について　和島芳男著　神戸女學院大學論集　一九五四
朱子における天理人欲と道心人心　大槻信良著　支那學研究特集　一一　一九五四
日本朱子學における仁説の一展開　阿部吉雄著　人文科學紀要　四　一九五四
朱子格物論の周邊　荒木見悟著　日本中國學會報　六　一九五四

朱子における本體論の輪廓	大槻信良著	千葉大文理學部紀要	一―三	一九五五
共に生きる倫理―朱子の立場において	山根三芳著	哲學	五	一九五五
朱子の學問觀	大槻信良著	東方學	一〇	一九五五
朱子文集に見える李觀の常語―宋儒孟子觀の一班―	市川安司著	東京支那學報	一	一九五五
陸象山の主張と朱子の立場―自由と規範	木南卓一著	日本中國學會報	七	一九五五
朱子の道德思想研究―善悪について―	山根三芳著	支那學研究	一四	一九五六
孟子集註「盡心」の解釋について	市川安司著	哲學	六	一九五六
孟子心性說與朱子學	木南卓一著	哲學	六	一九五六
朱子の敬について	山根三芳著	哲學	六	一九五六
張橫渠研究―朱子の理解を中心として―	木南卓一著	思想與教育	二	一九五六

朱子哲學に見える「知」の一考察—	市川安司著	東大教養學部人文科學紀要	九	一九五六
周濂溪研究—朱子の理解を中心として—	木南卓一著	東方學	一二	一九五六
論語集註に見える天の解釋	市川安司著	漢文教室	二六	一九五六
朱子の師父と經歷及び著述について	萱谷軍次郎著	菅城學院女子大研究論文集	一〇	一九五六
朱子の佛學批判	Sargent. Eugent著 藤吉 慈海譯	佛教史學	六—一	一九五七
朱子の學における直觀と反省	友枝龍太郎著	廣島大文學部紀要	一一	一九五七
詩集傳をとはして見たる朱子の思想	友枝龍太郎著	東京支那學報	三	一九五七
朱子における理論と實踐の問題	友枝龍太郎著	支那學研究	一七	一九五七
論語の朱子學的理解	木南卓一著	懷德	二八	一九五七

注釋家の表現—朱熹集註の文章—	近藤光男著	漢文教室	三四	一九五八
朱熹集註論語現代國語譯	小澤正明著	八幡大論集	八—二、九—一	一九五八
朱子の志氣について—道德意志の一考察	山根三芳著	廣島大文學部紀要	一三	一九五八
朱子の倫理思想にる權の意義	山根三芳著	日本中國學會報	一〇	一九五八
朱子の治民策—南宋村落の階層分裂と國家權力の問題	友枝龍太郎著	東方學	一七	一九五八
朱子語類讀書法	市川安司著	倉石武四郎還曆（花甲）論文集		一九五八
朱文公家體の一考察	兼永芳之著	支那學研究	二一	一九五八
近思錄の成立過程	山崎道夫著	東京學藝大研究報告	一〇	一九五九
朱子語類雜記	市川安司著	東京大教養學部人文科學科紀要	二一	一九五九
朱子太極論の成立過程（一、二）	友枝龍太郎著	廣島大文學部紀要哲學	一〇、一六	一九五九
朱子の倫理思想における「全體」の意義	山根三芳著	支那學研究	二二	一九五九

朱子祭田疑義	友枝龍太郎著	東方古代研究	九	一九五九
朱子の鬼神論	友枝龍太郎著	支那學研究	二三	一九五九
朱子の倫理思想研究	山根三芳著	倫理學年報	九	一九六〇
朱子の思想とその時代	友枝龍太郎著	歷史教育	八—六	一九六〇
善と知を中心として朱子と曇鸞の學說の比較檢討	佐伯惠達著	九州中國學會報	六	一九六〇
朱子格物論の構造—禪學よりの脫卻と知的立場の確立	友枝龍太郎著	日本中國學會報	一二	一九六〇
朱子の倫理思想研究—幾の意味について	山根三芳著	廣島大文學部紀要	一九	一九六一
劉屛山論—建安における朱子の師友その一—	佐藤仁　著	九州中國學會報	七	一九六一
朱子の倫理思想における—「無爲」の意義	山根三芳著	哲學	一三	一九六一
朱子語類、「讀書法」	市川安司著	中國の名著		一九六一
葉子龍の晦庵先生語錄類要について	友枝龍太郎著	廣島大文學部紀要	二一	一九六二

朱子の中國防衛論	友枝龍太郎著	支那學研究	二七	一九六二
現代語譯朱子語類㈠理氣	岡田武彥・佐藤仁譯	九州中國學會報	八	一九六二
現代語譯朱子語類㈡理氣	岡田武彥・佐藤仁譯	九州中國學會報	九	一九六三
朱子の通書解について—誠と太極の問題	友枝龍太郎著	哲學	一四	一九六二
朱子の生産論	守本順一郎著	名古屋大法政論集	二一	一九六二
建安における朱子の師友その一	佐藤　仁著	九州中國學會報	八	一九六二
建安における朱子の師友その二	佐藤　仁著	九州中國學會報	九	一九六三
朱子齋居感興詩管見㈠	佐藤　仁著	九州中國學會報	九	一九六三
朱熹「楚辭集註」制作的動機	林田愼之助著	九州中國學會報	九	一九六三
朱子語類の成立	友枝龍太郎著	日本中國學會報	一五	一九六三
朱晦庵の理一分殊解	市川安司著	大東文化大學漢學會誌	六	一九六三
朱子の心性論における禪的なもの	久須本文雄著	日本福祉大學研究紀要	七	一九六四
朱子の宇宙論	山田慶兒著	東方學報（京都）	三六	一九六四
朱陸同異論源流考	岡田武彥著	目加田誠博士還曆紀念論集		一九六四
朱子の教育思想の概要	橫松　宗著	八幡大學論集	一五—一	一九六四

朱子學の矛盾=對抗	岩間一雄著	名古屋大學法政論集	三〇	一九六五
陸學の形成—朱子學的思惟展開の起點—	岩間一雄著	名古屋大學法政論集	三〇	一九六五
朱子の天について	山根三芳著	東方宗教	二六	一九六五
朱・王兩思想の比較論的研究(一)	高橋　進著	東京教育大學文學部紀要	四八	一九六五
朱子の「學」	大谷邦彥著	中國古典研究	一三	一九六五
朱子の宇宙論	山田慶兒著	東方學報(京都)	三七	一九六六
朱熹集註論語現代國語譯	小澤正明譯	八幡大學論集	一六—二	一九六六
朱子感興詩み若林強齋の感興講義	近藤啓吾著	藝林	一七—三	一九六六
朱子の仁說	友枝龍太郎著	東京支那學報	一二	一九六六
應擧の面より觀たる朱熹と陸九淵	赤塚光男著	東洋文化(復刊)	一四	一九六六
朱陸の學の異同とその背景	友枝龍太郎著	廣島大學文學部紀要	二六—三	一九六六
朱子の易經觀と周易本義の特質	戶田豐三郎著	廣島大學文學部紀要	二六—三	一九六六
呂晚村の朱子學	岡田武彥著	テオリア	一一	一九六六
論語集註朱子自筆殘稿に就いて	吉原文昭著	藝林	一七—五	一九六六
朱子學に於ける中庸と大學	木南卓一著	帝塚山大學紀要	三	一九六七

朱子新註の由來小考—論語首篇第一章について	田所義行著	比治山女子短期大學紀要	一	一九六七
刊本論語集註の系統と成立年代に就いて	吉原文昭著	東京支那學報	一三	一九六七
朱子語類に見られる重複形式	早川通介著	愛知學院大學論叢		一九六八
四書に於ける朱子の音義	內田　龍著	東横學園女子短期大學紀要	七	一九六八
近世前半期における朱子學の經驗的合理主義への變容	源子　圓著	日本女子大學紀要	一八	一九六九
朱子著作年代考	山根三芳著	漢文教室		一九六九
朱子語錄外任篇譯注	田中謙二著	東洋史研究	二八—一、二	一九六九
朱子全書にみえる宋時代の口語	Kallgren Gerty著 大原信一譯	人文學	一〇六	一九六九
朱子の封事と陳學批判	高田眞治著	東洋研究	一七	一九六九
朱晦庵と王陽明	宇野哲人著	斯文	六二	一九七〇
朱子の戊申封事	高田貞治著	東洋研究	二一	一九七〇
朱、王兩思想の比較論的研究㈡	高橋　進著	東京教育大學文學部紀要	八五	一九七〇

朱子書節要—成立及其版本— 疋田啓佑著 九州中國學會報 一六 一九七〇

張南軒の論語解に與えた朱子の影響 高畑常信著 哲學（廣島大學） 二二 一九七〇

朱子語錄外任篇譯注 田中謙二著 東洋史研究 三〇—一〜四 一九七一

朱、王兩思想の比較論的研究㈢ 高橋　進著 東京教育大學文學部紀要 九五 一九七一

中庸から見た朱熹と本居宣長 赤塚　忠著 東京支那學報 一六 一九七一

朱熹の蘇學批判—序說— 合山　究著 中國文學論集 三 一九七二

朱子の哲學の比較思想史的研究 山下正男著 京大人文學報 三五 一九七二

朱晦庵と王陽明 宇野哲人著 斯文 六二 一九七三

朱子の父と師（上・中・下） 岡田武彥著 西南學院大學文理論集 一三、一四 一九七二〜七四

朱子と陽明の修養について 宇野哲人著 東洋文化 一九 一九七四

通書「動靜」章の注に見える朱晦庵の思考法 市川安司著 宇野哲人先生白壽祝賀記念東洋學論叢 一九七四

朱子學北傳前史—金朝と朱子學— 吉川幸次郎著 宇野哲人先生白壽祝賀記念東洋學論集 一九七四

朱門弟子師事年考（續） 田中謙二著 東方學報 四八 一九七四

朱子學研究の現状と課題	後藤延子著	歷史學研究	四二一	一九七五
朱、王兩思想の比較論的研究㈣	高橋　進著	筑波大學哲學思想學系論集		一九七六
朱熹と陸游	佐藤仁　著	小尾郊一博士退休紀念中國文學論集		一九七六
朱子の讀書論	山根三芳著	高大國語教育	二三	一九七六
朱子と風水思想	牧尾良海著	智山學報	二三、二四	一九七六
朱子の禮學	上山春平著	京大人文學報	四一	一九七六
朱子の思想に於ける禪的なもの	久須本文雄著	禪文化研究所紀要	八	一九七六
佛教と朱子の周邊	柳田聖山著	禪文化研究所紀要	八	一九七六
朱子における「形而上・形而下」の概念について	望月高明著	二松學舍大學人文論叢	一二	一九七七
朱子學と陽明學	市川安司著	二松學大日本陽明學特輯		一九七八
朱子小傳（上）（中）	衣川強　著	神戸商科大人文論集	一五—二、三	一九七九
元代の朱子學と文教政策	ド・ベリーW T著　岡田武彦・吉田利和共譯	中國哲學論集	五	一九七九
朱子と謝上蔡（一）	佐藤　仁著	哲學	三	一九七九

比較思想的關心よりの朱子學研究の課題	湯川敬弘著	東方學	五七	一九七九
幕末の朱子學と陽明學	岡田武彥著	二松學大日本漢文學特輯		一九七九
朱子の已發未發說㈠	高畑常信著	香川大學國文研究	四	一九七九
朱子の已發未發說㈡	高畑常信著	香川大學國文研究	五	一九八〇
朱子の象數易思想とその意義	吾妻重二著	PHILOSOPHIA	六八	一九八〇
朱子小傳（下）	衣川　強著	神戶商科大人文論集	一五—四	一九八〇
朱子の「心」に關する若干の考察	山井　湧著	中哲文學會報	五	一九八〇
朱子と道教を女ぐる一側面	末木恭彥著	東方學	六〇	一九八〇
朱熹「鵝湖詩和陸子壽」詩について	松川健二著	中國哲學	九	一九八〇
朱子の周易解釋について	小宮　厚著	中國哲學論集	六	一九八〇
幕末朱子學の性格	宮城公子著	四天王寺女子大學紀要	一二	一九八〇
朱子學に於ける平常の重視について	小宮　厚著	荒木教授退休紀念中國哲學史研究論集		一九八一

「朱子晩年定論」の繼承—明末清初朱陸論の一端—	吉田公平著	荒木教授退休紀念中國哲學史研究論集		一九八一
許敬菴の思想—朱子學と陽明學の間をめぐって—	柴田　篤著	荒木教授退休紀念中國哲學史研究論集		一九八一
「朱子文集」に見える朱子の心	山井　湧著	中哲文學會報	六	一九八一
朱子心性論の成立過程	福島　仁著	日本中國學會報	三三	一九八一
朱熹の熙寧前後觀	石田　肇著	群馬大學教育學部紀要	三〇	一九八一
朱子の「家禮」と「儀禮經傳通解」	上山春平著	東方學報	五四	一九八二
朱子と李退溪	友枝龍太郎著	小尾博士古稀紀念中國論學集		一九八三
朱晦庵と「易」	三浦國雄著	東方學報	五五	一九八三
朱子の「知言疑義」について	朴　洋子著	日本中國學會報	三六	一九八四
朱熹「周易參同契考異」について	吾妻重二著	日本中國學會報	三六	一九八四
朱子鬼神論補	三浦國雄著	人文研究	三七—三	一九八五
朱熹の事蹟に關する幾つかの資料	吾妻重二著	中國古典研究	三〇	一九八五
朱子の工夫論について	中純　夫著	中國思想史研究	七	一九八五

國立中央圖書館出版品預行編目資料

陽明學漢學研究論集／戴瑞坤著.--初版--
臺北市：臺灣學生，民77
面；　公分.--（中國哲學叢刊；17）
ISBN 957-15-0656-7（精裝）.
ISBN 957-15-0657-5（平裝）.

1. 陽明學 - 論文,講詞等
2. 漢學 - 論文,講詞等

126.407　　83009190

陽明學漢學研究論集（全一冊）

著作者：戴瑞坤
出版者：臺灣學生書局
發行人：丁文治
發行所：台灣學生書局
臺北市和平東路一段一九八號
郵政劃撥帳號〇〇〇二四六六八號
電話：三六三四一五六
FAX：三六三六三三四
本書局登記證字號：行政院新聞局局版臺業字第一一〇〇號
印刷所：天台印刷事業有限公司
地址：台北市長泰街二九七巷三號
電話：三〇九三四九二

定價　精裝新臺幣三八〇元
　　　平裝新臺幣三二〇元

中華民國七十七年三月初版
中華民國八十三年十月初版二刷

12604

ISBN　957-15-0656-7（精裝）
ISBN　957-15-0657-5（平裝）

臺灣學生書局出版

中國哲學叢刊

①孔子未王而王論	羅夢册著
②管子析論	謝雲飛著
③中國哲學論集	王邦雄著
④王陽明傳習錄詳註集評	陳榮捷著
⑤江門學記	陳郁夫著
⑥王陽明與禪	陳榮捷著
⑦孔孟荀哲學	蔡仁厚著
⑧生命情調的抉擇	劉述先著
⑨儒道天論發微	傅佩榮著
⑩程明道思想研究	張德麟著
⑪儒家倫理學析論	王開府著
⑫呂氏春秋探微	田鳳台著
⑬莊學蠡測	劉光義著
⑭先秦道家與玄學佛學	方穎嫻著
⑮韓非子難篇研究	張素貞著
⑯商鞅及其學派	鄭良樹著
⑰陽明學漢學研究論集	戴瑞坤著
⑱墨學之省察	陳問梅著
⑲中國哲學史大綱	蔡仁厚著
⑳儒家政治思想與民主自由人權	徐復觀著

㉑道墨新詮　光　晟著
㉒中國心性論　蒙培元著
㉓管子思想研究　徐漢昌著
㉔譚嗣同變法思想研究　王　樾著
㉕明清之際儒家思想的變遷與發展　林聰舜著
㉖張載哲學與關學學派　陳俊民著
㉗道教新論　龔鵬程著
㉘儒釋道與中國文豪　王　煜著
㉙帛書老子校注析　黃　釗著
㉚中國古代崇祖敬天思想　王祥齡著
㉛黃老學說與漢初政治平議　司修武著
㉜近思錄詳註集評　陳榮捷著
㉝老莊研究　胡楚生著
㉞莊子氣化論　鄭世根著
㉟韓非之著述及思想　鄭良樹著
㊱儒家的生命情調　戴朝福著
㊲中國文化哲學　馮滬祥著
㊳朱子學與明初理學的發展　祝平次著
㊴明末清初理學與科學關係再論　張永堂著